Poderosas oraciones *de*
LAS CORTES DEL CIELO QUE
destruyen los altares del mal

Poderosas oraciones *de*
LAS CORTES DEL CIELO QUE
destruyen los altares del mal

*Estableciendo el Marco Legal para Cerrar
Entradas Demoníacas y Romper Cadenas Generacionales de la Oscuridad*

Dr. Francis Myles

© Copyright 2021–Dr. Francis Myles

Todos los derechos reservados. Este libro está protegido por las leyes de propiedad intelectual de los Estados Unidos de América. Este libro no puede copiarse ni reimprimirse con fines comerciales o lucrativos. Se permite y fomenta el uso de citas breves o la copia ocasional de páginas para el estudio personal o en grupo. Se concederá permiso previa solicitud. A menos que se identifique lo contrario, las citas de las Escrituras están tomadas de la Biblia Amplificada®, Copyright © 2015 por The Lockman Foundation, La Habra, CA 90631. Todos los derechos reservados. Usado con permiso. Las citas de la Escritura marcadas AMPC son tomadas de la Biblia Amplificada®, Edición Clásica, Copyright © 1954, 1958, 1962, 1964, 1965, 1987 por The Lockman Foundation. Todos los derechos reservados. Utilizadas con permiso. Las citas bíblicas marcadas con NKJV están tomadas de la Nueva Versión King James. Copyright © 1982 por Thomas Nelson, Inc. Usada con permiso. Todos los derechos reservados. Las citas bíblicas marcadas con NVI están tomadas de la SANTA BIBLIA, NUEVA VERSIÓN INTERNACIONAL®, Copyright © 1973, 1978, 1984, 2011 Sociedad Bíblica Internacional. Usado con permiso de Zondervan. Todos los derechos reservados. Las citas bíblicas marcadas con KJV están tomadas de la Versión Reina Valera. están tomadas de la Nueva Versión Reina Valera. Copyright © 1982 por Thomas Nelson, Inc. Usada con permiso. Todos los derechos reservados. El énfasis en las citas de las Escrituras es del autor. Tenga en cuenta que el estilo de publicación de Destiny Image pone en mayúsculas ciertos pronombres de las Escrituras que se refieren al Padre, al Hijo y al Espíritu Santo, y puede diferir del estilo de otras editoriales. Tenga en cuenta que el nombre satanás y los nombres relacionados no se escriben con mayúscula. Elegimos no reconocerlo, incluso hasta el punto de violar las reglas gramaticales.

DESTINY IMAGE® PUBLISHERS, INC.

P.O. Box 310, Shippensburg, PA 17257-0310

"Promoviendo Vidas Inspiradas".

Este libro y todos los demás libros de Destiny Image y Destiny Image Fiction están disponibles en librerías y distribuidores cristianos de todo el mundo.

Para más información sobre distribuidores extranjeros, llame al 717-532-3040.

En Internet: www.destinyimage.com.

ISBN 13 TP: 978-0-7684-7618-7

ISBN 13 eBook: 978-0-7684-7619-4

Para distribución mundial.

1 2 3 4 5 6 7 8 / 27 26 25 24 23

Contenido

	Prefacio	9
Sección Primera	**Requisitos previos**	**11**
Capítulo I	Los hombres deben orar siempre	13
Capítulo II	La Ley de Dominio	25
Capítulo III	La batalla de los altares	35
Capítulo IV	Actuar en los Tribunales del Cielo	43
Capítulo V	Siete gotas de sangre	53
Capítulo VI	Antes de entrar en la sala de vistas	67
Sección Segunda	**Bienvenido al libro de las Oraciones Poderosas**	**77**
Capítulo VII	Oraciones de Activación: Aplicando Oraciones Peligrosas que Desarraigan los Altares Malignos, ¡Ahora!	79
Oración #1	Desarraigar el altar de la muerte prematura	80
Oración #2	Desarraigar el altar del estancamiento	88
Oración #3	Desarraigar el altar de la frustración	96

Oración #4	Desarraigar el altar de la depresión.............	104
Oración #5	Desarraigar el altar de la perversión sexual........	112
Oración #6	Desarraigar el altar de la pobreza	120
Oración #7	Desarraigar el altar de la brujería	128
Oración #8	Desarraigar el altar de los espíritus familiares	136
Oración #9	Desarraigar el altar de los abusos	144
Oración #10	Desarraigar el altar de los rompe el matrimonios................................	152
Oración #11	Desarraigar el altar de la enfermedad...........	160
Oración #12	Desarraigar el altar del olvido..................	168
Oración #13	Desarraigar el altar del fracaso	176
Oración #14	Desarraigar el altar del orgullo	184
Oración #15	Desarraigar el altar de Jezabel..................	192
Oración #16	Desarraigar el altar de los espíritus marinos o acuáticos..................................	200
Oración #17	Desarraigar el altar del espíritu Dalila	209
Oración #18	Desarraigar el altar del retraso	217
Oración #19	Desarraigar el altar del autosabotaje............	226
Oración #20	Desarraigar el altar de los espíritus abortistas......	234
Oración #21	Desarraigar el altar de la lucha y la confusión	243

Oración #22	Desarraigar el altar de los espíritus mentirosos	251
Oración #23	Desarraigar el altar de las falsas profecías	259
Oración #24	Desarraigar el altar del miedo	267
Oración #25	Desarraigar el altar del trauma	275
Oración #26	Desarraigar el altar de la casa de tu padre	283
Oración #27	Desarraigar el altar de la infidelidad conyugal	292
Oración #28	Desarraigar el altar del sueño o de la falta de oración	300
Oración #29	Desarraigar el altar de la casa de tu madre	308
Oración #30	Desarraigar el altar de la desnudez	316
Oración #31	Desarraigar el altar de la infructuosidad	324
Oración #32	Desarraigar el altar de la desesperanza	332
Oración #33	Desarraigar el altar de la inquietud	340
Oración #34	Desarraigar el altar del abuso sexual	348
Oración #35	Desarraigar el altar de la Masonería libre	357
Oración #36	Desarraigar el altar que dispersa	365
Oración #37	Desarraigar el altar del suicidio	374
	Sobre el Dr. Francis Myles	383

Prefacio

Por tanto, confesaos unos a otros vuestros pecados [vuestros pasos en falso, vuestras ofensas], y orad unos por otros, para que seáis sanados y restaurados. La oración sincera y persistente de un hombre justo (creyente) puede lograr mucho [cuando es puesta en acción y hecha efectiva por Dios-es dinámica y puede tener un tremendo poder].
—Santiago 5:16

El testimonio inequívoco de las Escrituras es que la oración funciona, en cualquier momento y en cualquier lugar. Esta afirmación puede molestar a algunas personas que llevan años orando sin obtener resultados tangibles. Sin embargo, las Escrituras dicen: "Todo hombre sea mentiroso y Dios sea veraz" (véase Rom. 3:4). Desde el Génesis hasta el Apocalipsis, Dios no ha cambiado Su principal forma de comunicación con la humanidad. Es a través del vehículo de la oración. Jesús apoya la importancia de la oración cuando declara, en el capítulo dieciocho del Evangelio de Lucas, que *"los hombres deben orar siempre y no desmayar"* (Lucas 18:1). La realidad es que Dios siempre responde a la oración, incluso cuando parece que los cielos sobre nosotros están cerrados y Dios está en silencio.

En mi estudio de la oración durante más de dos décadas he llegado a la aleccionadora conclusión de que la mayoría de las oraciones no son contestadas porque se oran desde una disposición espiritual equivocada. En otras palabras, ¡se ora mal! Por eso, tras muchos años de insistencia constante por parte de mi esposa, decidí escribir un libro sobre la oración. Le demostraré que toda la oración del Nuevo Testamento se clasifica en tres ámbitos diferentes de oración. Por desgracia, muchos cristianos solo conocen uno o dos de estos ámbitos de oración. Uno de los mayores eslabones perdidos en el movimiento global de oración es cómo orar efectivamente desde los Atrios del Cielo. La ausencia de este eslabón de oración ha resultado en mucha oración sin respuesta.

Afortunadamente, ese misterio es revelado y resuelto en este poderoso libro. Decidí llamar a este libro *Oraciones Peligrosas de las Cortes del Cielo que Destruyen los Altares Malignos* porque he cargado este libro con oraciones poderosas y estratégicas que están diseñadas para ayudarle a dar en el blanco. Escribí este libro de oraciones pensando en los cientos de miles de personas que sufren la tiranía y la frustración de las oraciones sin respuesta. Para ser sincero, algunos cristianos dejaron de orar y tiraron la toalla hace mucho tiempo. A decir verdad, muchos cristianos no oran mucho, salvo en las comidas. Algunos no saben cómo orar eficazmente porque no saben qué decir en el lugar de la oración. Este libro resuelve estos problemas para los cristianos marginados de todas partes y en todos los ámbitos.

He dividido este libro en dos secciones. La primera sección establece una base bíblica sobre cómo orar y explica los tres reinos de la oración a los que todos los creyentes tienen acceso. La segunda sección de este libro es lo que yo llamo el libro de las *oraciones peligrosas*. La sección está llena de oraciones bien diseñadas para asegurar avances espirituales en cualquier área de su vida. Te reto a que compartas este libro con tus amigos y familiares. ¿Estás listo para entrar en una temporada de oraciones contestadas? ¡Pongámonos en marcha!

Tuya por el Reino del Mesías,
Dr. Francis Myles
Autor, *Issuing Divine Restraining Orders from the Courts of Heaven*
(Emisión de órdenes de restricción divinas desde los tribunales del cielo)
Prelado Presidente, Red de Invasión del
Reino y Francis Myles International

SECCIÓN PRIMERA

Requisitos previos

Capítulo I

Los hombres deben orar siempre

Jesús les Estaba contando una parábola a sus discípulos para hacerles ver que en todo momento debían orar y no darse por vencidos ni desanimarse.
—Lucas 18:1

Decir que el tema de la oración es un aspecto importante de la vida en el Reino es quedarse realmente corto: ¡es más bien como si la oración fuera para la vida espiritual lo que el oxígeno para el cuerpo humano! Conociendo está relación esencial entre la oración y vivir eficazmente en el Reino de Dios, Jesús declara: "¡Los hombres deben orar en todo tiempo y no desfallecer!" Con esta afirmación general, Jesús respaldó para siempre la oración, en todas partes y en todas las circunstancias, como el medio principal para comprometerse con Dios y obtener respuestas a los problemas más desconcertantes de la vida. Mi difunto mentor espiritual, el Dr. Myles Munroe, en su exitoso libro sobre la oración, la define así: "La oración es una licencia terrenal para la interferencia celestial". E.M. Bounds declara: "¡Sin oración el hombre no puede y sin oración Dios no quiere!". Comprenderás plenamente esta última afirmación en el próximo capítulo.

La vida de Jesús en la tierra es un ejemplo clásico de un hombre totalmente dependiente de los recursos divinos que están a disposición de cualquiera que esté dispuesto a pagar el precio de esperar en Dios en el lugar de la oración. Con este fin, el escritor del libro de Hebreos describe la vida de oración terrenal de Jesús de la siguiente manera:

> *En los días de Su vida terrenal, Jesús ofreció peticiones [específicas] y súplicas [urgentes] [por lo que necesitaba] con ferviente clamor y lágrimas a Aquel que era [siempre] capaz de salvarlo de la muerte, y fue escuchado debido a Su sumisión reverente hacia Dios [Su impecabilidad y Su determinación infalible de hacer la voluntad del Padre]* (Hebreos 5:7).

Sin embargo, hay que decir simplemente que "la gente debería orar" trivializa lo que para muchos cristianos se ha convertido en una fuente de tremendo dolor y frustración. "Dr. Myles, ¿de qué está hablando?", podría preguntarse. Me estoy refiriendo a miles de cristianos bienintencionados de todo el mundo que oran regularmente con tiempos ocasionales de ayuno solo para enfrentarse a lo que parece un muro invisible de "oración sin respuesta". Ellos son la razón por la que escribí el libro *Oraciones Peligrosas*.

Romper el muro de las oraciones sin respuesta

> *Por eso os digo: Pedid y seguid pidiendo, y se os dará; buscad y seguid buscando, y encontraréis; llamad y seguid llamando, y se os abrirá la puerta. Porque todo el que pide [insistentemente], recibe; y el que busca [insistentemente], encuentra; y al que llama [insistentemente], se le abrirá la puerta* (Lucas 11:9-10).

En el pasaje anterior de la Escritura, el Señor Jesús está tratando de frente con el problema de la "oración sin respuesta". Jesús, como Dios-hombre, conoce de primera mano la frustración que surge de los corazones de los auténticos buscadores de la verdad y de Su Reino que no parecen poder atravesar la barrera aparentemente invisible de sus oraciones. A este grupo de buscadores espirituales, Jesús les dice con ternura: "Sigan pidiendo, sigan buscando y sigan llamando" y, finalmente, se abrirá la puerta a lo sobrenatural, a un reino superior de revelación y de oración contestada.

Jesús nos está mostrando en este pasaje que el dilema de la "oración sin respuesta" no radica en la falta de voluntad de Dios para satisfacer las necesidades desesperadas de estos buscadores espirituales, sino en la *falta de un ingrediente espiritual* que puede desbloquear el reino de la oración contestada. En mi estudio del tema de la oración durante muchos años, me ha quedado más claro que nunca que qué, cómo y desde dónde se ora tiene mucho más que ver con la falta de respuesta a las oraciones que lo que se necesita. Este libro está diseñado para dar respuesta a este triángulo de la oración. Todas las oraciones de activación al final de este libro fueron diseñadas con el apasionado objetivo de ¡conseguir que miles de "oraciones sin respuesta" sean contestadas! La promesa que el Señor me ha dado para este libro es que cientos de miles de personas encontrarán respuestas a la oración y a algunos de los problemas más desconcertantes de la vida.

Los tres reinos de la oración

Una de las mayores alegrías de mi vida es mi amistad con mi querido amigo Robert Henderson. En mi humilde opinión, Robert es uno de los padres apostólicos que Dios ha levantado para defender la revelación sobre los Tribunales del Cielo. Su último libro, *Father, Friend, and Judge (Padre, amigo y juez)*, pone otra importante piedra angular en el desarrollo de esta revelación sobre la oración. Robert me ha ayudado a profundizar en mi propia comprensión de las Cortes del Cielo. La oración es una tecnología espiritual muy importante para atraer el poder sobrenatural de Dios, por lo que entenderla en sus diferentes ámbitos y formas es fundamental para conseguir los avances espirituales que necesitamos desesperadamente.

> *Sucedió que mientras Jesús oraba en cierto lugar, al terminar, uno de sus discípulos le dijo: "Señor, enséñanos a orar como también Juan enseñó a sus discípulos"* (Lucas 11:1).

El undécimo capítulo del Evangelio de Lucas comienza con una pregunta sobre la oración de uno de los discípulos de Jesús. Me alegro mucho de que este discípulo anónimo se sintiera movido por el Espíritu Santo a hacer esta pregunta. La Biblia nos dice que Jesús Estaba en su lugar habitual de oración cuando este discípulo tan observador planteó su petición: *"Señor, enséñanos a orar como también Juan enseñó a sus discípulos."* Rápidamente reparé en el hecho de que Jesús nunca corrigió la suposición del discípulo de que la oración eficaz podía enseñarse. Esta es una gran revelación y debería darnos esperanza a todos los que nos sentimos como extraños sin nada que decir en el lugar de la oración. Recuerdo que cuando me salvé en 1989, amaba a Dios entrañablemente, pero la oración era un gran desafío, por no decir otra cosa. Afortunadamente, conocí a un guerrero de la oración que también se convirtió en mi pastor y que me enseñó a orar durante más de cinco minutos.

Sin embargo, mi nivel actual de oración y comprensión de cómo funciona el reino de la oración contestada es muy superior hoy que en 1989. Al leer este libro de oraciones, usted obtiene el beneficio de años de estudio y reflexión sobre el tema de la oración. En respuesta a la petición de sus discípulos: "Señor, enséñanos a orar como Juan enseñó a sus discípulos", Jesús responde a la pregunta clasificando la oración en tres ámbitos importantes pero distintos. Cada uno de estos ámbitos de oración tiene un enfoque y una disposición espiritual diferentes. Es importante notar que estos ámbitos de oración no están en un orden ascendente de importancia; todos son igualmente importantes pero diferentes en la actividad espiritual y la disposición requerida para tener éxito en estos ámbitos de oración.

El primer ámbito de la oración: Acercarse a Dios como Padre

Él les dijo: "Cuando oréis, decid: 'Padre, santificado sea Tu nombre. Venga a nosotros tu Reino. Danos cada día nuestro pan de cada día. Y perdónanos nuestros pecados, porque también nosotros perdonamos a todos los que nos deben [los que nos han ofendido o agraviado]. Y no nos dejes caer en la tentación [sino líbranos del mal]'" (Lucas 11:2-4).

Cuando Jesús comenzó a enseñar sobre la oración, empezó por abrir el primer ámbito de la oración. Dijo: *"Cuando oréis, decid: 'Padre'"*. La afirmación era bastante obvia. En este ámbito de la oración, Jesús nos ordena que nos dirijamos a Dios como Padre. Esto sugiere que en este ámbito o dimensión de la oración la persona que ora ya debe haber nacido de nuevo para poder reclamar una relación tan íntima con el Padre celestial. Ni que decir tiene que este primer ámbito de oración requiere una relación íntima con el Padre celestial. Dios es el creador de todos en la tierra, pero no es el Padre celestial de todos en la tierra. Esto se debe a que el derecho a convertirse en hijo de Dios solo se concede a aquellos que han aceptado a Jesús como su Señor y Salvador personal. Esto es lo que la escritura tiene que decir sobre este asunto en Juan 1:12:

Pero a cuantos le recibieron y acogieron, les dio el derecho [la autoridad, el privilegio] de ser hijos de Dios, es decir, a los que creen en (se adhieren a, confían en y se apoyan en) Su nombre.

En este reino o dimensión de la oración, comenzamos presentando nuestra petición a Dios Padre después de haberle adorado y reconocido la grandeza de Su santo nombre. Definitivamente es un reino de oración alimentado por la devoción total a Dios Padre. Es en este reino de oración donde se nos anima a pedir que el Reino de Dios invada nuestra vida. Es en este ámbito de oración donde nos acercamos a Dios específicamente para que nos provea de "nuestro pan de cada día y perdone nuestros pecados". En este ámbito de la oración, Jesús parece sugerir que la falta de perdón hacia los demás puede ser un gran obstáculo para que nuestras oraciones sean escuchadas. Este ámbito de la oración es muy personal. No se trata de orar por los demás, sino de construir una relación íntima con nuestro Padre celestial y satisfacer nuestras necesidades personales. Muchas oraciones son contestadas en este ámbito. Yo personalmente me he beneficiado mucho de este tipo de oración. Sin embargo, si usted no experimenta la respuesta a la oración en este ámbito, su situación puede requerir un ámbito diferente o disposición de la oración. Por lo tanto, ahora pasaremos al segundo reino o dimensión de la oración.

El segundo reino de la oración: Acercarse a Dios como amigo

> *Y les dijo: "Suponed que uno de vosotros tiene un amigo, y va a él a medianoche y le dice: 'Amigo, préstame tres panes [de la casa]; porque un amigo mío que está de viaje acaba de venir a visitarme, y no tengo nada que servirle'; y desde dentro le responde: 'No me molestes; la puerta ya está cerrada y mis hijos y yo estamos acostados; no puedo levantarme a darte nada'. Os digo que, aunque no se levante a darle nada por el mero hecho de ser su amigo, por su insistencia y audacia se levantará a darle lo que necesite"* (Lucas 11:5-8).

Jesús pasa sin problemas a la siguiente dimensión de la oración. Jesús nos introduce en este segundo ámbito de la oración con esta afirmación: "*Supongan que uno de ustedes tiene un amigo*". Fíjense que, en este segundo ámbito de la oración, Jesús no usa la palabra *Padre* ni una sola vez. En su lugar, utiliza otra palabra importante, *amigo*, lo que significa que en este ámbito de la oración nos acercamos a Dios como Amigo y no como Padre. La razón es muy obvia. Jesús nos habla de un amigo necesitado que se acerca a otro amigo a medianoche. La palabra *medianoche* sugiere una crisis de algún tipo, porque nadie visita la casa de nadie para simplemente confraternizar o tomar un café a medianoche. Sería muy incómodo ir a casa de alguien a medianoche solo para tomar un café o un té. Así que este segundo ámbito de oración trata con "otros en crisis" que necesitan tu asistencia espiritual para obtener un avance espiritual para sí mismos.

Jesús sigue desentrañando el misterio de este segundo ámbito de la oración al señalar que el "amigo" al que se acudió a medianoche también fue a ver a otro "amigo más poderoso" que tenía los recursos que necesitaba la persona que buscaba ayuda. *La imagen es muy clara: este ámbito de la oración es el de la intercesión, en el que nos ponemos al lado de los demás.* En el ámbito de la intercesión, no oramos por nuestras necesidades personales, sino que aprovechamos nuestra relación (amistad) con Dios para satisfacer las necesidades de los demás. Es verdaderamente un acto desinteresado de amor. Yo personalmente me he beneficiado en términos de oración contestada porque acudí a intercesores experimentados acerca de una necesidad urgente y ellos acudieron ante el Señor en mi nombre hasta que recibí mi liberación. Jesús también nos muestra que, en este segundo ámbito de la oración, la principal moneda espiritual es la *amistad con Dios y la persistencia en la oración*. Sin embargo, he sido salvo el tiempo suficiente para saber que no todas las oraciones son contestadas por Dios en este reino de oración. Durante mucho tiempo, antes de descubrir el tercer ámbito de la oración, me sentía perplejo y frustrado por la aparente falta de respuestas a los momentos genuinos de intercesión. Esto nos lleva a la tercera dimensión de la oración. También quiero que tomes nota del hecho de que las oraciones de este libro se basan en este tercer y último ámbito de la oración.

Tercer ámbito de la oración: Acercarse a Dios como Juez

Jesús Estaba contando una parábola a sus discípulos para hacerles comprender que en todo momento debían orar y no rendirse ni desanimarse, diciendo: "Había en cierta ciudad un juez que no temía a Dios ni respetaba a los hombres. Había en aquella ciudad una viuda [desesperada] que acudía a él y le decía: 'Hazme justicia y protégeme legalmente de mi adversario'. Durante un tiempo no quiso; pero después se dijo: 'Aunque no temo a Dios ni respeto al hombre, como esta viuda sigue molestándome, le haré justicia y le daré protección legal; de lo contrario, viniendo continuamente [será una molestia intolerable y me] agotará.'" Entonces el Señor dijo: "¡Escucha lo que dice el juez injusto! ¿Y no defenderá y vengará [nuestro justo] Dios a Sus elegidos [Sus escogidos] que claman a Él día y noche? ¿Acaso tardará [en hacer justicia] a favor de ellos? Yo os digo que los defenderá y vengará pronto. Pero cuando venga el Hijo del hombre, ¿encontrará en la tierra una fe así?"
(Lucas 18:1-8).

En el capítulo 18 del Evangelio de Lucas, Jesús nos presenta por fin el último y tercer ámbito de la oración. Al presentarnos este tercer ámbito de la oración, Jesús lo abre con esta afirmación: "Los hombres deben orar siempre y no desfallecer". Esto sugiere que este último ámbito de la oración es para las personas que están a punto de rendirse o de perder la esperanza porque las montañas de problemas a las que se enfrentan se han resistido obstinadamente a las oraciones que han orado hasta ahora. En consecuencia, está tercera dimensión de la oración es para todas las oraciones sin respuesta que se originan en los reinos primero y segundo de la oración. Este tercer ámbito de la oración es también el tribunal de apelación final para cualquier cosa de naturaleza legal espiritualmente hablando. Jesús nos cuenta la historia de una ventana desesperada y un juez corrupto. Nos cuenta que en cierta ciudad había un juez, corrupto, por cierto, que no temía a Dios ni respetaba a ningún hombre. Está viuda acudió a este juez corrupto y le pidió que le hiciera justicia y la protegiera legalmente de su adversario.

La palabra *adversario* utilizada en el pasaje procede de la palabra griega *antidikos*. De ahí viene el prefijo *anti*, que significa "contra", y la palabra *dikos* significa "derechos". Entonces, un adversario es una persona o entidad que está violando tus derechos legales como ciudadano. Así que vemos inmediatamente que Jesús está situando la oración en este ámbito en un contexto o marco judicial. Nadie piensa en un juez y los coloca dentro de una iglesia o una oficina corporativa. Los jueces pertenecen a los tribunales o al poder judicial. En la historia que contó Jesús, el juez corrupto era muy reacio a conceder a la viuda la justicia y la protección legal que merecía. Sin embargo, su persistencia se convirtió en una molestia para él, así que, para ahorrarse la molestia, le dio de mala gana justicia y protección legal contra su adversario.

La moraleja o el razonamiento de la historia es que, al acudir a un juez, aunque fuera corrupto y reacio, la mujer consiguió el avance que necesitaba desesperadamente. Su avance, al haber salido del sistema judicial, era legalmente vinculante dentro de la jurisdicción del juez. Lo que también es interesante es que, en este tercer ámbito de oración, la viuda nunca se dirigió directamente a su adversario. Solo habló con el juez, ¡todo el tiempo! Es interesante que, en los tribunales de todo el mundo, el juez nunca permite al acusado o al demandante dirigirse directamente al fiscal, excepto a través de sus abogados. Esta es la diferencia crítica entre el reino de la intercesión y operar en los tribunales del cielo. En el primero, los intercesores pueden luchar o bailar un tango directamente con Satanás y sus secuaces demoníacos, mientras que en el segundo está estrictamente prohibido por el protocolo judicial.

Finalmente, Jesús da la vuelta a la historia hablando de su Padre celestial y comparándolo con el juez corrupto. Entonces Jesús argumenta que, si el juez corrupto libró a la ventana de su adversario, ¿cuánto más el Padre celestial, que es un Juez superior y justo, librará a Sus queridos hijos de su adversario (satanás) en los Tribunales del Cielo? Así que esencialmente este tercer reino de oración es donde nos acercamos a Dios como Juez. Las oraciones que he cargado en este libro están basadas en este tercer reino de oración. Te mostrare cómo derrocar altares malignos no luchando con ellos en oración sino enjuiciándolos efectivamente en las Cortes del Cielo.

Acelerante espiritual: Ayuno

[Pero este tipo de demonio no sale si no es con oración y ayuno] (Mateo 17:21).

Entonces me dijo: "No temas, Daniel, porque desde el primer día que pusiste tu corazón en comprender esto y en humillarte ante tu Dios, tus palabras fueron oídas, y yo he venido en respuesta a tus palabras. Pero el príncipe del reino de Persia se opuso a mí durante veintiún días. Entonces, he aquí que Miguel, uno de los principales príncipes [celestiales], vino a ayudarme, pues yo había quedado allí con los reyes de Persia" (Daniel 10:12-13).

Antes de concluir este capítulo, quiero hablarle de uno de los aceleradores espirituales más poderosos que pueden acelerar su avance espiritual una vez que comprenda los tres reinos de la oración y cómo navegar por ellos. Cada vez que hay un incendio que quema un edificio en los Estados Unidos, los bomberos son enviados al lugar del incendio. Después de apagarlo, empiezan a buscar la presencia o ausencia de un acelerante. Si encuentran uno, informan inmediatamente a la policía, porque significa que un pirómano estuvo implicado en el inicio del incendio. ¿Qué es un acelerante? Por definición, un "acelerante" es…:

1. Algo que acelera un proceso.
2. Sustancia que acelera la propagación del fuego o lo hace más intenso.

En el pasaje anterior de la Escritura, cuando los discípulos de Jesús no pudieron expulsar a un demonio que Estaba en un niño pequeño, Jesús los animó a realizar una práctica espiritual que actuaría como acelerador de todo el proceso de caminar en el poder de Dios. El acelerador que Jesús sugirió fue el *ayuno*. También vemos que cuando Daniel buscaba respuestas sobre el futuro de Israel y del pueblo judío que Estaba cautivo en Babilonia, la Biblia nos dice que ayunó durante 21 días. Como resultado, un ángel de Dios apareció en su habitación. El ángel le aclaró que Dios había respondido a su oración el primer día de su ayuno. Sin embargo, el ángel había sido retrasado por la resistencia demoníaca en los reinos celestiales por el principado sobre el país de Persia. Pero mientras Daniel seguía orando y ayunando, el Señor envió al arcángel Miguel en ayuda del ángel con un mensaje para entregar a Daniel. Está claro que el ayuno fue el acelerador en el proceso de obtener el avance de Daniel. Quiero animarte a que consideres entrar en un tiempo de ayuno antes de empezar a orar las oraciones que están en la segunda mitad de este libro. Estoy muy emocionado por ti. Vas a experimentar una avalancha de oraciones contestadas. A Dios sea toda la gloria. Amén.

Sección de Aplicación a la Vida

Verso de memoria

> *Por eso os digo: pedid y seguid pidiendo, y se os dará; buscad y seguid buscando, y encontraréis; llamad y seguid llamando, y se os abrirá la puerta. Porque todo el que pide [insistentemente], recibe; y el que busca [insistentemente], encuentra; y al que llama [insistentemente], se le abrirá la puerta"* (Lucas 11:9-10).

Reflexiones

1. ¿Cuál es el primer ámbito de la oración?

   _____
   _____
   _____
   _____

2. ¿Por qué contó Jesús la historia del juez corrupto en Lucas 18?

   _____
   _____
   _____
   _____

Capítulo II

La Ley de Dominio

El mayor descubrimiento en la vida es el descubrimiento del propósito. El difunto Dr. Myles Munroe declara: "Donde no se conoce el propósito, el abuso es inevitable". La génesis del propósito de Dios para crear la raza humana se encuentra en los dos primeros capítulos del Génesis. El relato del Génesis subraya la motivación inherente de Dios para crear un planeta físico llamado Tierra y crear hijos espirituales a los que llamó colectivamente "Adán". A continuación, Dios creó cuerpos físicos hechos de tierra para albergar a estos seres espirituales, de modo que pudieran convertirse en residentes legales y guardianes del mundo visible. Desde el principio, nuestro mundo físico (la tierra) fue diseñado para ser una colonia espiritual del Reino de los cielos. Nunca fue diseñado para ser una morada de demonios y todo espíritu inmundo.

> *Entonces dijo Dios: "Hagamos al hombre a nuestra imagen, según nuestra semejanza; que domine sobre los peces del mar, sobre las aves del cielo y sobre el ganado, sobre toda la tierra y sobre todo reptil que se arrastra sobre la tierra." Y creó Dios al hombre a su imagen; a imagen de Dios lo creó; varón y hembra los creó. Y los bendijo Dios, y les dijo: "Fructificad y multiplicaos; llenad la tierra y sojuzgadla; señoread en los peces del mar, en las aves de los cielos y en todos los seres vivientes que se mueven sobre la tierra"* (Génesis 1:26-28 LBLA).

La gran idea de Dios

En Génesis 1:26-28, se nos dice que la humanidad fue creada por Dios para ser un representante embajador del Reino invisible de Dios en el planeta visible, llamado Tierra. En pocas palabras, fuimos creados para gobernar el mundo de la materia en nombre del Reino de Dios. Nuestro propósito en la Tierra está íntimamente ligado al cumplimiento de nuestra misión profética como representantes oficiales del Reino de Dios. Todo lo que no sea cumplir con nuestra misión de embajadores de manifestar el Reino de Dios aquí en la tierra como en el cielo es una grave violación de nuestro propósito. Fuimos creados para manifestar el carácter de Dios y el gobierno de Su Reino aquí en la tierra.

Nuestro mandato de dominio

Y creó Dios al hombre a su imagen; a imagen de Dios lo creó; varón y hembra los creó. Y los bendijo Dios, y les dijo: "Fructificad y multiplicaos; llenad la tierra y sojuzgadla; señoread en los peces del mar, en las aves de los cielos y en todos los seres vivientes que se mueven sobre la tierra" (Génesis 1:27-28 LBLA).

En el sexto día de la creación, Dios creó a su especie maestra, ¡la humanidad! Creado tanto a imagen (la propia esencia espiritual de Dios) como a semejanza (el propio ADN de Dios) de Dios, no había ninguna otra criatura que pudiera competir con la posición especial del hombre como hijo de Dios. Sin embargo, es el don del dominio que Dios dio al hombre lo que más me interesa. Dios dijo: "que tengan dominio", que viene de la palabra hebrea *mamlakah,* que significa gobernante, gobierno o reino. Según Dios, este mandato de dominio sobre la humanidad descansaría sobre cuatro pilares:

1. Ser fructífero
2. Multiplicar
3. Llenar o reponer la tierra
4. Someter la tierra

Las implicaciones de nuestro mandato de dominio

> *Entonces dijo Dios: "Hagamos al hombre a nuestra imagen y semejanza, y señoree en los peces del mar, en las aves de los cielos, en las bestias, en toda la tierra y en todo animal que se arrastra sobre ella"* (Génesis 1:26).

La pregunta del millón que quiero que te hagas es: "¿Cuál es la conexión espiritual entre los ídolos, los altares malignos y el mandato de dominio del hombre?". Cuando Dios creó a Adán y Eva (los primeros humanos) y les dio dominio sobre este planeta, hizo un decreto irreversible que impactaría a Dios y a cada ser celestial (espíritu) en toda la creación de una manera muy significativa. Cuando Dios transfirió el dominio (gobierno) de este planeta a la humanidad, deliberadamente se excluyó a sí mismo y a cada ser celestial (angelical) de la estructura de autoridad legal de la tierra.

Él dijo "déjenlos" tener dominio. Por favor, tome nota de las palabras "déjenlos". Observe que esta expresión excluye a Dios y a los ángeles, o seres espirituales, de interferir en los asuntos terrenales sin el permiso legal de un hombre. Al usar la expresión "déjenlos", Dios se excluyó a sí mismo de influir en este mundo sin el permiso del hombre. ¿Por qué haría eso? Por dos razones principales:

1. Dios quería que Sus hijos espirituales en cuerpos de tierra gobernaran y sometieran la tierra como reyes y sacerdotes y embajadores de Su Reino invisible en nuestro planeta visible.

2. Dios, en Su amor eterno por nosotros, ya sabía en el momento de la creación de Adán que Lucifer y un tercio de Sus ángeles ya habían caído de la gracia y habían sido expulsados del cielo. Estos espíritus maliciosos Estaban atrapados en el segundo cielo en busca de otro reino de la realidad para gobernar. Siendo un Padre amoroso, Dios no quería que estos espíritus caídos y maliciosos gobernaran el planeta que Él diseño para la humanidad. Así que los encerró, pero nunca tiró las llaves. ¡Ojalá lo hubiera hecho! Dios simplemente puso las llaves para soltar (permitir la entrada legal) o atar (negar el acceso) en manos de los humanos.

Dios, ídolos y altares

> *Porque al pasar y observar cuidadosamente vuestros objetos de culto, me encontré también con un altar con esta inscripción: Al dios desconocido. Ahora bien, lo que ya adoráis como desconocido, esto os expongo. El Dios que produjo y formó el mundo y todas las cosas que hay en él, siendo Señor del cielo y de la tierra, no habita en santuarios hechos a mano. Tampoco es servido por manos humanas, como si le faltara algo, pues es Él mismo quien da vida y aliento y todas las cosas a todos [los hombres]* (Hechos 17:23-25 AMPC).

Dios se había excluido efectiva e irrevocablemente a sí mismo y a todos los seres celestiales de la estructura de autoridad legal de la Tierra, así que ¿cómo podía involucrarse legalmente en los asuntos de los hombres? Como cualquier padre bueno y amoroso, Dios no nos creó (nos dio a luz) y luego se encogió de hombros y dijo: "Bueno, ahora estáis por vuestra cuenta, porque yo me voy". Dios nos creó primero y ante todo para el compañerismo y luego para dominar este planeta en Su nombre para que la Tierra pueda convertirse en una colonia del Cielo. Sin embargo, por la *Ley de Dominio* Dios solo podría lograr ambas cosas asegurándose el permiso o la cooperación del hombre.

La Ley de Dominio simplemente establece que *los espíritus sin cuerpos físicos de tierra son ilegales en la tierra* a menos que estén funcionando a través de un humano. *Esta es una ley inquebrantable del Reino de Dios.* De repente, la *oración* se vuelve críticamente esencial, porque se convierte en la forma en que el hombre le da a Dios el permiso legal que necesita para interferir justamente en los asuntos de los hombres. Esencialmente, la Ley de Dominio transformó la tierra en el mundo de los hombres. Por eso el Mesías tuvo que hacerse hombre para rescatarnos legalmente de la ley del pecado y de la muerte.

Como resultado de las implicaciones de largo alcance de la Ley de Dominio, Dios en Su genio eterno ideó una manera para que Él y Sus santos ángeles entraran legalmente en nuestro planeta físico. *Dios mostró a Adán cómo construir un altar,* cuando mató a un animal en el jardín del Edén para expiar su pecado. ¿De qué otra manera sabían los hijos de Adán, Caín y Abel, cómo construir un altar (véase Génesis 4)? *El altar, como un aeropuerto, serviría de lugar de encuentro entre la divinidad y la humanidad.* Sería un lugar consagrado donde los espíritus podrían aterrizar legalmente a la llamada del hombre. Dado que el primer altar del jardín del Edén Estaba cubierto con la sangre de la expiación, el altar también se convertiría en un lugar de muerte, sacrificio y redención.

El altar funcionaría esencialmente como una central eléctrica que conecta dos mundos: el cielo y la tierra o el infierno y la tierra. La humanidad es el guardián legal de este planeta, así que el elemento más importante en cualquier altar es el humano que atiende el altar. Esta persona que sirve como asistente al altar esencialmente se convierte en un sirviente de Dios o de la entidad demoníaca a la que se le ha dado autoridad legal para operar libremente en el mundo de los hombres. Solo hay un Dios, así que cualquier otra entidad del reino de las tinieblas a la que se le da autoridad legal a través de un altar para operar en el mundo de los hombres se convierte en el "ídolo" (dios-demonio) detrás de ese altar. *Debido a que todos los altares son esencialmente estaciones de poder, el asistente al altar se vuelve sobrenaturalmente empoderado ya sea por Dios o por el ídolo (demonio-dios) que está detrás del altar.* Hasta que el altar sea demolido, Dios o los demonios-dioses detrás de los altares malignos continuarán operando libremente en el mundo de los hombres. Esta es esencialmente la conexión espiritual entre Dios, los ídolos y los altares. ¡Este libro está cargado con poderosas oraciones de las Cortes del Cielo para desarraigar altares malignos que están hablando en contra de usted mientras derroca a los espíritus demoniacos que están dando poder a estos altares malignos!

Dos tipos de altares

> *Con el tiempo, Caín presentó al Señor una ofrenda del fruto de la tierra. Y Abel trajo de los primogénitos de su rebaño y de las porciones gordas. Y el Señor tuvo respeto y consideración por Abel y por su ofrenda, pero por Caín y su ofrenda no tuvo respeto ni consideración. Entonces Caín se enojó e indignó en gran manera, y parecía triste y deprimido* (Génesis 4:3-5 AMPC).

En las Escrituras hay dos tipos básicos de altares: los altares justos y los altares malignos. La primera vez en las Escrituras que nos enfrentamos a esta distinción es en el cuarto capítulo del libro del Génesis. Es el momento en que los dos hijos de Adán, Caín y Abel deciden construir altares para poder ofrecer sus ofrendas de sacrificio al Señor. Según las escrituras, Caín trajo al Señor una ofrenda del fruto de la tierra. Esto significa que Caín, que era agricultor, colocó vegetales en su altar. Por otro lado, Abel trajo de los primogénitos de su rebaño y de las porciones de grasa. La reacción de Dios ante las ofrendas en los dos altares es bastante reveladora.

Dios rechazó de forma demostrable la ofrenda de Caín, mientras que aceptó de forma demostrable y colmó de favor la ofrenda sacrificial de Abel. ¿Por qué rechazó Dios la ofrenda de Caín? Dios ya había maldecido la tierra en Génesis 3:17, "*Y dijo a Adán: Por cuanto oíste y diste oído a la voz de tu mujer, y comiste del árbol de que te mandé, diciendo: No comerás de él, la tierra está bajo maldición por tu causa; con dolor y fatiga comerás [de sus frutos] todos los días de tu vida*" (AMPC). Estoy seguro de que Adán ya había dicho a sus hijos que el Señor ya había maldecido la tierra a causa de su pecado. Entonces, ¿por qué Caín traería una ofrenda de algo que ya Estaba maldito para asegurar la expiación de sus pecados?

El comportamiento de Caín hacia Dios revela la verdadera naturaleza de todos los altares malignos. Como Caín, los "altares malvados" son impulsados por la rebelión, el orgullo y el deseo de dar vida a la "cosa maldita". El rechazo de Dios a la ofrenda de Caín nos muestra que Él es muy selectivo con lo que se le da en un altar justo. Esto separa a Dios de los ídolos (dioses-demonios) que aceptarán cualquier "cosa maldita" que les sea ofrecida por sus asistentes humanos. Los ángeles caídos y los espíritus demoníacos están tan desesperados por expresarse en el mundo de los hombres que aceptarán cualquier ofrenda siempre que puedan acceder al mundo de los hombres. Dios, por otro lado, es soberano, santo y separado de los pecadores, por lo que no puede ser manipulado por sus asistentes humanos a Su altar. Por eso aceptó la ofrenda de Abel, porque Abel le dio exactamente lo que necesitaba para la remisión de los pecados: la sangre de un animal inocente, de lo mejor del rebaño.

En consecuencia, Caín se convirtió en el símbolo bíblico de un altar malvado y profanado. Un altar construido sobre la maldad, el orgullo, el desafío, la rebelión, la ira, los celos, la ambición egoísta y el asesinato. El dios detrás del altar maligno de Caín era el ídolo del yo y, en última instancia, satanás. Por eso Caín se resistió y discutió con Dios. Miren esto: *"Y el Señor dijo a Caín: ¿Dónde está Abel tu hermano? Y él respondió: No lo sé. ¿Soy yo acaso guarda de mi hermano?"* (Gén. 4:9 AMPC). Fíjate en la arrogancia de la respuesta de Caín. ¿Quién le habla a Dios con tanta insolencia, orgullo y arrogancia? *Toda persona que asiste a un altar maligno construido para el ídolo o los dioses de su vida.* Esto puede explicar por qué algunos cristianos que profesan a Cristo están tan llenos de orgullo y arrogancia: su corazón está lleno de ídolos y están conectados espiritualmente a un altar maligno, ¡y muchos ni siquiera lo saben! Este libro trata de romper el poder de estos espíritus demoniacos maliciosos y los altares malignos que usan para capturar nuestras almas.

Sección de Aplicación a la Vida

Verso de memoria

> *No tendrás otros dioses delante ni fuera de Mí. No te harás imagen [para adorarla] ni ninguna semejanza de lo que esté arriba en el cielo, ni abajo en la tierra, ni en las aguas debajo de la tierra; no te inclinarás a ellas ni las servirás; porque Yo, el Señor, tu Dios, soy un Dios celoso, que visito la maldad de los padres sobre los hijos hasta la tercera y cuarta generación de los que Me aborrecen* (Éxodo 20:3-5 AMPC).

Reflexiones

1. ¿Qué es un altar maligno?

   _____
   _____
   _____
   _____

2. ¿Cómo utiliza Satanás los altares malignos en nuestra vida para acusarnos ante los tribunales?

   _____
   _____
   _____
   _____

Capítulo III

La batalla de los altares

Porque no tenemos lucha contra sangre y carne, sino contra principados, contra potestades, contra los gobernadores de las tinieblas de este siglo, contra huestes espirituales de maldad en las regiones celestes.
—**Efesios 6:12 LBLA**

Ahora que entendemos las implicaciones espirituales de largo alcance de la Ley de Dominio, estamos listos para sumergirnos en el corazón de este libro. He cargado este libro con poderosas oraciones para derrocar y desarraigar altares malignos que están hablando en contra del destino y las finanzas que Dios te ha dado. Decidí llamar a este capítulo "La Batalla de los Altares" porque mucho de lo que llamamos guerra espiritual es realmente la batalla de los altares. Tenemos un caso de estudio verdaderamente interesante en la Biblia que muestra el funcionamiento de este principio. En el libro de 1 Samuel, los filisteos lograron capturar el arca de Dios, que era el símbolo de la presencia permanente de Dios en Israel. Sin duda, el arca de Dios era un altar móvil que viajaba con los hijos de Israel allá donde fueran. La Biblia nos dice que los filisteos llevaron el arca de Dios a la ciudad de Asdod. Lo que sigue es realmente interesante en el estudio de la guerra espiritual.

Dos altares opuestos

> *Entonces los filisteos tomaron el arca de Dios y la llevaron de Ebenezer a Asdod. Tomaron el arca de Dios, la llevaron a la casa de Dagón y la pusieron junto a [la imagen de] Dagón [su ídolo principal]. Cuando el pueblo de Asdod se levantó temprano al día siguiente, he aquí que Dagón había caído de bruces en tierra ante el arca del Señor. Así que tomaron a Dagón y lo devolvieron a su lugar* (1 Samuel 5:1-3).

Estoy seguro de que cada seguidor del Mesías Jesús sabe que la Biblia dice que estamos involucrados en una guerra espiritual de alto riesgo entre el Reino de la luz y las fuerzas de las tinieblas. Recientemente, el Señor me mostró que lo que llamamos guerra espiritual no es nada menos que la batalla espiritual que se produce cuando un altar del Reino de la luz de Dios se coloca junto a un altar del reino de las tinieblas. La proximidad de estas estaciones de poder espiritual y el hecho de que no hay dos altares que puedan ocupar el mismo espacio es lo que resulta en la guerra espiritual. ¿Alguna vez se ha preguntado por qué algunas personas en su nuevo trabajo muestran una animosidad apasionada hacia usted a pesar de que los Estaba conociendo por primera vez? No es algo personal. La respuesta está en comprender la dinámica de los altares espirituales. Cada vez que dos individuos portadores de dos altares opuestos entran en contacto, el espíritu de animosidad entre ellos es prueba de que sus dos altares están ahora enzarzados en una batalla espiritual.

En el pasaje anterior de la Escritura, los filisteos llevaron el arca de Dios de Ebenezer a Asdod. A su llegada, llevaron el arca de Dios a la casa de Dagón, y colocaron el arca de Dios junto a este ídolo. Dagón era un antiguo dios mesopotámico de la fertilidad. Cuando se despertaron a la mañana siguiente, Dagón Estaba tendido en el suelo con la cara mirando al suelo. *El arca de Dios, que era el altar del Señor en Israel, Estaba pronunciando su supremacía sobre el ídolo de los filisteos.*

¿Alguna vez te has preguntado por qué algunas personas rozan tu espíritu de manera equivocada, incluso cuando te están ofreciendo una sonrisa agradable? Podrías estar discerniendo el altar maligno en su alma que está luchando contra el altar del Señor en tu alma. Desafortunadamente, este mismo fenómeno ocurre entre los linajes de creyentes que aman al Señor Jesús, pero tienen altares malignos que sus antepasados plantaron en su linaje familiar y que nunca han sido derribados. Este libro contiene una receta divina para la liberación del poder opresivo de estos altares malignos.

¡El Altar Superior siempre se lleva el día!

> *Pero cuando se levantaron temprano a la mañana siguiente, he aquí que Dagón había vuelto a caer de bruces en tierra delante del arca del Señor, y [su] cabeza y las dos palmas de sus manos yacían cortadas en el umbral; solo le quedaba el tronco de Dagón. Esta es la razón por la que ni los sacerdotes de Dagón ni nadie que entre en la casa de Dagón pisa el umbral de Dagón en Asdod hasta el día de hoy. Pero la mano del Señor se ensañó con el pueblo de Asdod, e hizo que [brotaran ratones y hubiera] una destrucción muy mortífera e hirió al pueblo con tumores o forúnculos [muy dolorosos], tanto a Asdod como a su territorio. Cuando los hombres de Asdod vieron que era así, dijeron: El arca del Dios de Israel no debe permanecer con nosotros, porque Su mano pesa sobre nosotros y sobre Dagón, nuestro dios* (1 Samuel 5:4-7 AMPC).

Según la ley de los altares, ¡quien lleva el altar superior se lleva el día! ¿Qué significa está afirmación? Significa que para ser liberados del poder de un altar maligno y del ídolo conectado a él, debemos fortalecer el altar del Señor en nuestra vida. El altar del Señor en nuestra vida debe ser más fuerte que el ídolo y el altar maligno que estamos tratando de destruir. La buena noticia es que cuando usamos oraciones que apelan a *las Cortes del* Cielo automáticamente ganamos la *estatura espiritual de las Cortes del Cielo.* **Las Cortes del Cielo funcionan por encima del poder de cada altar maligno.** En el pasaje anterior de la escritura cuando los filisteos llevaron el arca de Dios a la casa de Dagón, ellos no entendieron la ley de los altares. Pero Dios sí. Así que no perdió el tiempo y les demostró en términos inequívocos que el altar del arca de Dios era superior al altar del ídolo Dagón. Cuando los filisteos vieron a Dagón postrado ante el arca de Dios, no entendieron el mensaje. Así que apuntalaron a este dios-demonio sin valor una vez más y lo colocaron junto al arca de Dios. Craso error. El segundo día, cuando regresaron, la imagen del ídolo Dagón Estaba tirada en el suelo y su cabeza y sus dos manos Estaban rotas sin remedio. *Esta vez los filisteos captaron el mensaje y se aterrorizaron, ¡porque Dagón era su dios nacional más poderoso!*

La moraleja de la historia está muy clara. *¡El que lleva el altar superior se lleva el día!* Si quieres que el Señor te libre del poder de los ídolos y altares malignos que se erigen en tu alma o linaje generacional, debes asegurarte de practicar disciplinas espirituales como la oración y el ayuno. Tiempos regulares de oración y ayuno mataran de hambre a estos ídolos y altares malignos en tu alma o línea de sangre. El ayuno no cambia a Dios, pero si fortalece tu espíritu. Por ejemplo, si el altar de la perversión sexual en tu vida es más fuerte que el altar de la santificación, perderás la lucha por la santidad contra el diablo. Esta es la razón por la que ha habido casos en el cuerpo de Cristo cuando una persona que fue poderosamente usada por Dios cayó presa del azote del escándalo sexual. Esto no significa que estos creyentes (incluyendo al Rey David) que cayeron en pecado sexual no fueran salvos. Más importante aún, no significa que no amen a Jesús; simplemente significa que fallaron en destruir el ídolo y el altar maligno de la perversión sexual que Estaba arraigado en su alma o en su linaje. *Desafortunadamente para ellos, ¡el altar más fuerte de la perversión sexual se llevó el día!*

Reparar el altar roto del Señor

> *Ajab avisó a todos los israelitas y reunió a los profetas [paganos] en el monte Carmelo. Elías se acercó a todo el pueblo y les dijo: "¿Hasta cuándo dudaréis entre dos opiniones? Si el Señor es Dios, seguidle; pero si es Baal, seguidle a él". Pero el pueblo [de Israel] no le respondió [ni siquiera] una palabra. Entonces Elías dijo al pueblo: "Solo yo sigo siendo profeta del Señor, mientras que los profetas de Baal son 450 hombres. Que nos den ahora dos bueyes, y que escojan uno para sí, lo corten en pedazos y lo pongan sobre la leña, pero que no pongan fuego debajo. Yo prepararé el otro buey y lo pondré sobre la leña, pero no pondré fuego debajo de él. Entonces invocaréis el nombre de vuestro dios, y yo invocaré el nombre del Señor; y el dios que responde por el fuego, ese es Dios." Y todo el pueblo respondió: "Bien dicho"* (1 Reyes 18:20-24).

Hasta que descubrí la revelación divina sobre la ley de los altares, solía pensar que el ministerio de Elías consistía en ¡llamar fuego del cielo! Así que, como joven evangelista sanador, prediqué muchas veces a partir del pasaje bíblico anterior. Mi mensaje favorito era: "El Dios que responde por fuego, que sea Dios". Vimos tantos milagros poderosos del Espíritu Santo como resultado de este mensaje. Sin embargo, mi revelación de este pasaje se profundizó significativamente cuando conocí a mi querido amigo Tony Kemp. Tony Kemp había tenido un encuentro celestial que le cambio la vida, en el cual se encontró con Elías en el cielo. Durante este encuentro celestial, Elías le dijo a Tony Kemp: "Mi ministerio no consistía en llamar fuego del cielo; consistía en reconstruir el altar roto del Señor". Cuando Tony me dijo esto, linternas de revelación pasaron por mi espíritu. ¡Entonces lo vi! El fuego de Dios descendió inmediatamente después de que Elías reparara el altar roto del Señor.

> *Entonces Elías dijo a todo el pueblo: "Acercaos a mí". Así que todo el pueblo se acercó a él. Y él reparó y reconstruyó el [antiguo] altar del Señor que había sido derribado [por Jezabel]. Entonces Elías tomó doce piedras según el número de las tribus de los hijos de Jacob, a quienes había llegado la palabra del Señor diciendo: "Israel será vuestro nombre"* (1 Reyes 18:30-31).

Tan pronto como el profeta Elías reparó el altar roto del Señor, esta antigua estación de poder espiritual se puso en marcha, restableciendo la conexión espiritual rota entre el cielo y la nación de Israel. Tan pronto como esto sucedió, hubo una demostración visible en forma de fuego que caía del cielo para autenticar la integridad de la conexión espiritual. Cuando el pueblo de Israel vio el fuego de Dios cayendo del cielo, se postraron en tierra y comenzaron a adorar al Señor. Empezaron a gritar: "¡El Señor es Dios, el Señor es Dios!". Mientras tanto, los falsos profetas de Jezabel que servían en el altar de Baal temblaban de miedo. El profeta Elías no tardó en ordenar al pueblo que los detuviera y los mató a todos en el mismo altar de Baal al que se habían entregado. Te animo a que hagas un inventario de la condición espiritual del altar del Señor en tu vida antes de usar las *peligrosas oraciones* de la última sección de este libro.

Sección de Aplicación a la Vida

Verso de memoria

> *No tendrás otros dioses delante ni fuera de Mí. No te harás imagen [para adorarla] ni ninguna semejanza de lo que esté arriba en el cielo, ni abajo en la tierra, ni en las aguas debajo de la tierra; no te inclinarás a ellas ni las servirás; porque Yo, el Señor, tu Dios, soy un Dios celoso, que visito la maldad de los padres sobre los hijos hasta la tercera y cuarta generación de los que Me aborrecen* (Éxodo 20:3-5 AMPC).

Reflexiones

1. ¿Qué clase de dios era Dagón?

   _____

   _____

   _____

   _____

2. ¿Qué significa está expresión: "El altar superior se lleva el día"?

   _____

   _____

   _____

   _____

Capítulo IV

Actuar en los Tribunales del Cielo

Seguí mirando hasta que se levantaron tronos, y el Anciano de Días (Dios) tomó asiento; Su manto era blanco como la nieve y el pelo de Su cabeza como lana pura. Su trono era llamas de fuego; Sus ruedas eran un fuego ardiente. Un río de fuego fluía y salía de delante de Él; mil millares le asistían, y diez mil veces diez mil Estaban de pie delante de Él; el tribunal Estaba sentado, y los libros abiertos.
—**Daniel 7:9-10**

Una de las revelaciones más importantes que Dios está revelando y restaurando a la iglesia global es cómo operar en las Cortes del Cielo. En su mayor parte, esta revelación está llevando al cuerpo del Mesías alrededor del mundo a un reino de oración de avance como nunca antes he visto. Personalmente me he beneficiado grandemente en el área de la oración contestada debido al aprovechamiento de esta revelación. Las *oraciones peligrosas* cargadas en la segunda sección de este libro están basadas en entrar a las Cortes del Cielo y contender con satanás ante el Juez Justo para renunciar a todos los derechos legales que él ha adquirido en contra de nuestro destino dado por Dios debido a nuestro pecado o iniquidad generacional.

Por definición, un tribunal de justicia es:

- Un lugar donde se administra justicia.
- Un tribunal judicial debidamente constituido para conocer y resolver los asuntos.

- Una sesión de una asamblea judicial.

Así pues, basándonos en la definición anterior, un tribunal de justicia es un lugar donde se administra justicia; consiste en un tribunal judicial que conoce y resuelve los casos que se le presentan. La palabra *tribunal* también se refiere a los momentos en que hay una asamblea judicial para oír un caso. Globalmente, en los casos judiciales siempre intervienen cuatro actores clave, a saber:

1. El presidente del tribunal, que es el más alto funcionario del tribunal. De hecho, encarna al tribunal. Esta es la razón por la que ningún tribunal entra en sesión hasta que el juez se sienta. Esto es exactamente lo que Daniel vio en su visión profética cuando el Anciano de Días tomó Su asiento judicial (Daniel 7:9) en la corte más alta del cielo.

2. El fiscal, que lleva el caso basándose en las pruebas que ha reunido contra el acusado. Por su función, el fiscal es el miembro más adversario del tribunal. No es de extrañar que la Biblia utilice la palabra *adversario* para describir la principal actividad de satanás contra los santos. Véase Zacarías 3:1-2.

3. El abogado defensor es el defensor más apasionado de los derechos legales del acusado en la sala del tribunal. A Jesús también se le llama nuestro "abogado" en 1 Juan 2:1-2. ¡Esto es verdaderamente estimulante! El Siervo abnegado y sufriente de Isaías 53, que cumplió por completo la Ley y los escritos de los profetas, es ahora nuestro fiel abogado después de la resurrección en los Tribunales del Cielo. ¿No es genial?

4. El demandado o acusado-es la persona o entidad que ha sido acusada de cometer un crimen contra el estado. Debido a que los seguidores del Mesías Jesús son ciudadanos del Reino de Dios, los crímenes que Satanás trae contra nosotros en los Tribunales del Cielo son

crímenes contra el Reino de Dios y sus principios justos. Es interesante para mí que Apocalipsis 12:10 declara:

Entonces oí una gran voz en el cielo, que decía: "Ahora han llegado la salvación, el poder y el reino (dominio, reinado) de nuestro Dios, y la autoridad de su Cristo; porque ha sido arrojado [por fin] el acusador de nuestros hermanos [creyentes], el que los acusaba y seguía presentando cargos [de conducta pecaminosa] contra ellos ante nuestro Dios día y noche."

El pasaje deja claro que la actividad favorita de satanás contra los creyentes del Nuevo Testamento es lanzar *acusaciones* contra ellos en las Cortes del Cielo. Los cristianos que no saben cómo operar en las Cortes del Cielo están siendo destruidos por las acusaciones sin respuesta de Satanás debido a su falta de conocimiento (ver Os. 4:6).

Un adversario implacable

Sed sobrios, y velad; porque vuestro adversario el diablo, como león rugiente, anda alrededor buscando a quien devorar (1 Pedro 5:8 LBLA).

La palabra *adversario* utilizada en el pasaje procede del griego *antidikos*. El prefijo *anti* significa "contra" y la palabra *dikos* significa "derechos". Así que un adversario es una persona o entidad que está violando tus derechos legales. Desafortunadamente, muchos cristianos son espiritualmente perezosos. Ellos no entienden cuan implacable y malicioso es realmente nuestro adversario, satanás, cuando presenta cargos contra nosotros en las Cortes del Cielo. Satanás sabe que la obra terminada de Jesús en la cruz "aplastó su cabeza", así que en lo único que se apoya para negar la victoria a los santos es en las acusaciones sin respuesta contra nosotros en las Cortes del Cielo. *Una de las cosas más importantes acerca de las demandas o juicios en la corte es que el que se presenta a la corte siempre gana.*

Cuando Estaba escribiendo mi libro *Emitiendo Órdenes Divinas de Restricción desde las Cortes del Cielo*, el Señor me dijo: "Francisco, satanás se está saliendo con la suya con tantas sentencias en rebeldía simplemente porque Mi gente no se presenta a la corte." ¡Me quedé atónito! Esto significa que el Espíritu Santo ha estado tratando de empujarnos a presentarnos ante el Tribunal del Cielo, pero debido a la ignorancia o al orgullo religioso es difícil para la mayoría de nosotros creer que somos culpables de violar una de las leyes de Dios. Mientras vivimos en la negación, satanás encontró una apertura legal para lanzar acusaciones contra nosotros en los Tribunales del Cielo. Es por eso por lo que libros como este y los libros del Hermano Robert Henderson sobre las Cortes del Cielo son muy importantes para el cuerpo de Cristo. En el pasaje anterior de la escritura, Pedro el apóstol nos da una severa advertencia. Nos advierte que seamos sobrios y vigilantes porque nuestro adversario el diablo anda como león rugiente, buscando a quien devorar. ¿Cómo "devora" Satanás a los santos del Altísimo? Es a través de acusaciones legales que trae contra nosotros en los Tribunales del Cielo por violar la ley de Dios, frustrar la gracia de Dios, o desobedecer al Espíritu Santo. Aunque la gracia está disponible para nosotros en el Tribunal de la Gracia (ver Hebreos 4:16), si no nos presentamos en el tribunal para responder a las acusaciones de Satanás a través de la obra terminada de Jesús, la gracia que Dios tiene para nosotros no nos aprovechará en nada. Por favor recuerda, "¡gracia no usada es gracia desperdiciada!".

¡Dame Justicia!

Jesús Estaba contando una parábola a sus discípulos para hacerles comprender que en todo momento debían orar y no ren-

dirse ni desanimarse, diciendo: "Había en cierta ciudad un juez que no temía a Dios ni respetaba a los hombres. Había en aquella ciudad una viuda [desesperada] que acudía a él y le decía: 'Hazme justicia y protégeme legalmente de mi adversario'. Durante un tiempo no quiso; pero después se dijo: 'Aunque no temo a Dios ni respeto al hombre, como esta viuda sigue molestándome, le haré justicia y le daré protección legal; de lo contrario, viniendo continuamente [será una molestia intolerable y me] agotará.'" Entonces el Señor dijo: "¡Escucha lo que dice el juez injusto! ¿Y no defenderá y vengará [nuestro justo] Dios a Sus elegidos [Sus escogidos] que claman a Él día y noche? ¿Acaso tardará [en hacer justicia] a favor de ellos? Yo os digo que los defenderá y vengará pronto. Pero cuando venga el Hijo del hombre, ¿encontrará en la tierra una fe así?" (Lucas 18:1-8).

De una forma u otra, ya hemos hablado de las implicaciones espirituales del pasaje anterior de la Escritura. En el capítulo uno hablamos de cómo Jesús, en el pasaje anterior, nos demuestra que, si todas nuestras oraciones están fallando o no llegan a buen puerto, tenemos que cambiar el lugar desde el que estamos orando. En el escenario anterior, Jesús coloca la oración en un contexto judicial o de tribunal. Nos cuenta la historia de una mujer viuda que vivía en una ciudad que Estaba bajo la jurisdicción de un juez corrupto sin nombre. Sin embargo, aunque el juez era totalmente corrupto, la mujer sabía que era el único que ocupaba un puesto de autoridad judicial en aquella ciudad sobre su adversario. Del texto se desprende que el adversario también vivía dentro de la jurisdicción del juez corrupto. En consecuencia, sus sentencias tenían suficiente alcance como para detener los ataques del adversario de la viuda. El clamor de la mujer era por *justicia y protección legal contra su adversario*.

La "justicia" tiene que ver con la restauración de los derechos legales previamente denegados, mientras que la "protección legal" parece implicar que la mujer, además de que se le restauraran sus derechos legales, también quería que el juez emitiera una *orden de restricción permanente* contra su adversario en relación con cualquier infracción futura. La imagen de los Tribunales del Cielo que Jesús pinta a partir de esta historia es impresionante. En esencia, Jesús nos está diciendo que podemos presentarnos ante el Tribunal del Cielo e imponernos a Dios Padre, el Juez Justo, para que nos haga justicia en la restauración de nuestros derechos pactados. Además, también podemos pedir a la Corte del Cielo que emita una orden de restricción divina activa contra Satanás, nuestro vigilante adversario. Esto es esencialmente lo que las *peligrosas oraciones* de la segunda mitad de este libro van a hacer por ti.

El curioso caso de Job

> *Hubo un día en que los hijos de Dios (ángeles) vinieron a presentarse ante el Señor, y Satanás (adversario, acusador) también vino entre ellos. El Señor dijo a Satanás: "¿De dónde vienes?". Satanás respondió al Señor: "De vagar por la tierra y de andar por ella". El Señor dijo a Satanás: "¿Has considerado y reflexionado sobre mi siervo Job? Porque no hay otro como él en la tierra, un hombre intachable y recto, que teme a Dios [con reverencia] y se abstiene y aparta del mal [porque honra a Dios]". Entonces Satanás respondió al Señor: "¿Acaso Job teme a Dios en vano? ¿No has puesto un cerco [de protección] alrededor de él y de su casa y de todo lo que tiene, por todos lados? Has bendecido la obra de sus manos [y le has conferido prosperidad y felicidad], y sus posesiones han aumentado en la tierra"* (Job 1:6-10).

Antes de concluir este capítulo, quiero hablar de lo que yo llamo el curioso caso de Job. En mi humilde opinión, Job es uno de los personajes más interesantes de la Biblia. Lo que llama la atención es que la mayoría de los biblistas creen que el libro de Job es el más antiguo de la Biblia. Esto significa que el libro de Job fue escrito antes de que Moisés escribiera el libro del Génesis. Durante mucho tiempo, antes de que entendiera cómo operar en los Tribunales del Cielo, el pasaje anterior de las Escrituras me resultaba teológicamente difícil de digerir. Sabía por las propias palabras de Jesús que Satanás y un tercio de los ángeles que se rebelaron contra Dios fueron expulsados por la fuerza del cielo. Esto es lo que Jesús nos dijo sobre este acontecimiento en Lucas 10:18: *"Él les dijo: 'Vi a Satanás caer del cielo como [un relámpago]'"*.

Así que imagina mi profunda sorpresa cuando leí Job 1:6: *"Hubo un día en que los hijos de Dios (ángeles) vinieron a presentarse ante el Señor, y Satanás (adversario, acusador) también vino entre ellos."* ¡Satanás en el cielo ante el Señor! ¿Me estás tomando el pelo? ¿Qué hace ahí arriba? ¿Pensaba que había sido expulsado del cielo? Estas preguntas bombardeaban mi atribulada mente teológica. Lo que fue aún más sorprendente es la reacción del Señor ante la presencia de Satanás en el cielo. Escuchen esto:

> *El Señor dijo a Satanás: "¿De dónde has salido?". Satanás respondió al Señor: "De vagar por la tierra y de andar por ella"* (Job 1,7).

La pregunta que yo esperaba que Dios le hiciera a satanás era: "¿Qué haces en el Cielo?". Esta pregunta habría significado que satanás *no tenía derecho legal* a estar en el Cielo. Pero esa no fue la pregunta que Dios le hizo. En lugar de eso, le preguntó a Satanás de dónde venía. Cuando recibí la revelación de la Corte del Cielo, ¡todo cayó en su lugar!

El Espíritu Santo me dijo: "Francisco, satanás es un funcionario de los Tribunales del Cielo hasta que concluya la era del pecado. ¿Cómo puede haber un juicio sin fiscal?". De repente, vi las piezas del rompecabezas caer en su lugar. Apocalipsis 12:10 también cayó en su lugar. El acusador de los hermanos es un fiscal en los Tribunales del Cielo, y su trabajo es presentar cargos contra los habitantes de la tierra que son encontrados culpables de pecar contra la Palabra y el gobierno de Dios. Esta es la razón por la que Satanás Estaba en la Corte del Cielo. ¡Había venido a procesar casos! Supongo que los hijos de los hombres Estaban violando la ley de Dios. Es interesante para mí que el diablo, que nos tienta a pecar contra Dios, es el que también nos procesa en los Tribunales del Cielo en el momento en que actuamos según la tentación. ¡Qué ironía!

El seto de protección de Job

El Señor dijo a Satanás: "¿Has considerado y reflexionado sobre mi siervo Job? Porque no hay otro como él en la tierra, un hombre intachable y recto, que teme a Dios [con reverencia] y se abstiene y aparta del mal [porque honra a Dios]." Entonces Satanás respondió al Señor: "¿Acaso Job teme a Dios en vano? ¿No has puesto un cerco [de protección] alrededor de él y de su casa y de todo lo que tiene, por todos lados? Has bendecido la obra de sus manos [y le has conferido prosperidad y felicidad], y sus posesiones han aumentado en la tierra" (Job 1:8-10).

Mientras Satanás trataba de presentar casos en las Cortes del Cielo contra los hijos de los hombres, el Señor trajo a colación el nombre de Job. Dios le preguntó a Satanás si había considerado y reflexionado sobre el estilo de vida de Su siervo Job. Lo que es muy interesante es la respuesta de Satanás a la pregunta del Señor sobre Job. Satanás dijo: *"¿No has puesto un cerco [de protección] alrededor de él y de su casa y de todo lo que tiene, por todos lados?".* Durante mucho tiempo pensé que el cerco de protección que rodeaba la vida de Job era un muro de fuego sobrenatural. Supongo que cuando vienes de un entorno pentecostal, todas las soluciones divinas te parecen fuego.

Sin embargo, me quedé alucinado cuando descubrí que la palabra hebrea para "seto" es *skuwk*. La palabra *skuwk* en realidad significa "una restricción". El Espíritu Santo me mostró que la protección o cerco alrededor de Job al que Satanás se refería era en realidad una orden legal de la Corte que Dios había puesto para protegerlo a él y a su familia y a todas sus posesiones. El Señor me mostró que lo que Estaba sobre la vida de Job era una orden de restricción divina que las Cortes del Cielo habían superpuesto sobre su vida, familia y propiedad. Está orden de restricción divina hizo imposible que Satanás y sus secuaces atacaran a Job. He entrado en gran detalle sobre el tema de las órdenes de restricción divinas en mi libro *Emisión de Órdenes de Restricción Divinas de las Cortes del Cielo*. Sin embargo, basta con decir que las *oraciones peligrosas* que usted va a ir a través de la segunda mitad de este libro incluyen órdenes de restricción divina contra los altares del mal. No es de extrañar que llamemos a este libro *Oraciones Peligrosas de las Cortes del Cielo que Destruyen los Altares Malignos*.

Sección de Aplicación a la Vida

Verso de memoria

> *No tendrás otros dioses delante ni fuera de Mí. No te harás imagen [para adorarla] ni ninguna semejanza de lo que esté arriba en el cielo, ni abajo en la tierra, ni en las aguas debajo de la tierra; no te inclinarás a ellas ni las servirás; porque Yo, el Señor, tu Dios, soy un Dios celoso, que visito la maldad de los padres sobre los hijos hasta la tercera y cuarta generación de los que Me aborrecen* (Éxodo 20:3-5 AMPC).

Reflexiones

1. ¿Cuál es el seto de protección de Job?

   _____
   _____
   _____
   _____

2. En Job 1:5-6, ¿qué hacía Satanás en el cielo?

   _____
   _____
   _____
   _____

Capítulo V

Siete gotas de sangre

Porque la vida de la carne está en la sangre, y yo os la he dado sobre el altar para hacer expiación por vuestras almas; pues es la sangre la que hace expiación, a causa de la vida [que representa].
—**Levítico 17:11 LBLA**

Una de las armas más poderosas que tenemos en nuestro arsenal como ciudadanos del Reino de Dios es el poder nuclear de la sangre de Jesús el Mesías. El testimonio de la sangre de Jesús es especialmente poderoso en las Cortes del Cielo. *La sangre de Jesús es una de las voces más poderosas en las Cortes del Cielo.* Cuando la sangre de Jesús habla, tanto Dios como Satanás escuchan. Es por eso que el escritor del libro de Hebreos compara la sangre de Jesús con la sangre de Abel. Mientras que la sangre de Abel clamaba venganza contra Caín, la sangre de Jesucristo clama misericordia y perdón tanto para el pecador como para el santo. Esto es lo que dicen las Escrituras en Hebreos 12:24: *"Y a Jesús, el Mediador de un nuevo pacto [que une a Dios y al hombre], y a la sangre rociada, que habla [de misericordia], un mensaje mejor, más noble y más misericordioso que la sangre de Abel [que clamaba venganza]."*

Esta es la razón por la que el libro de oraciones peligrosas en el que estamos a punto de entrar incorpora el impresionante poder de la sangre de Yeshua, en cada oración que elaboré para tu liberación. La sangre de Jesús representa al único hombre que cumplió completamente las justas demandas de la Ley de Moisés, por lo que es el mejor instrumento para zanjar todas las acusaciones de satanás contra nosotros cada vez que se nos encuentra culpables de quebrantar la ley de Dios. Cuando nos arrepentimos e invocamos la preciosa sangre de Jesús, todos nuestros pecados y transgresiones son completamente perdonados. Son lavados en el mar de Su gracia y misericordia. Este es el claro testimonio del libro de 1 Juan 1:9:

> *Si admitimos [libremente] que hemos pecado y confesamos nuestros pecados, Él es fiel y justo [fiel a Su propia naturaleza y promesas], y perdonará nuestros pecados y nos limpiará continuamente de toda maldad [nuestras malas acciones, todo lo que no esté en conformidad con Su voluntad y propósito].*

Los altares son lugares de sangre

> *Porque la vida de la carne está en la sangre, y yo os la he dado sobre el altar para hacer expiación por vuestras almas; pues es la sangre la que hace expiación, a causa de la vida [que representa]* (Levítico 17:11).

Una de las leyes de los altares afirma que "todos los altares son lugares de sangre, porque los altares son lugares de sacrificio". Por eso, tanto en el antiguo como en el nuevo pacto, el altar se distinguía claramente de cualquier otro instrumento del templo. *El altar siempre Estaba manchado de sangre.* Por eso Dios odia el derramamiento de sangre humana inocente, porque sabe que todos los altares espirituales, ya sean demoníacos o divinos, están alimentados por sangre. La mayoría de las veces, los lugares de sangre en la sociedad son los mejores lugares para empezar a buscar un altar. Esta es la razón por la que cada clínica propiedad de Planned Parenthood no es solo una clínica, es en realidad un altar al dios Molech. *Molech* es el nombre bíblico de un dios cananeo asociado con el sacrificio de niños. Las clínicas de Planned

Parenthood son poderosos altares a este antiguo dios demoníaco, lo sepan o no los defensores de esta poderosa organización. La Biblia ya ha identificado el insaciable apetito de este dios demoníaco por la sangre de los niños. Independientemente de la razón políticamente correcta para la matanza de millones de bebés inocentes en nombre del "derecho de la mujer a elegir", ¡los defensores de esta práctica bárbara están siendo animados por este antiguo dios-demonio de los cananeos! No es de extrañar que Salomón diga que no hay nada nuevo bajo el sol, que no haya sucedido ya en generaciones anteriores (ver Ecles. 1:8-10).

Levítico 17:11 nos muestra que la vida de la carne está en la sangre, y luego Dios continúa diciendo: *"Os la he dado sobre el altar para hacer expiación por vuestras almas; porque es la sangre la que hace expiación, a causa de la vida [que representa]."* Esta escritura prueba claramente que los altares son lugares de sangre, y la sangre derramada en un altar puede ser cambiada por "vida" en otras áreas. Cuanto más preciosa es la sangre que se derrama sobre un altar, más poderosos son los intercambios divinos que podemos apropiarnos de ella. Afortunadamente, no hay sangre más preciosa que la sangre que Jesús derramó por nosotros. Jesús derramó Su sangre en siete lugares; así que podemos usar el sacrificio de sangre de Jesús en los siete lugares (altares) en los que Él la derramó para obtener milagros, señales y maravillas que necesitamos desesperadamente. Ahora les mostraré los siete lugares (altares) donde Jesús derramó Su sangre y los siete altares malignos correspondientes que fueron destruidos en el proceso.

Siete gotas de sangre y la batalla de los altares

1. Gotas de sudor de sangre

> *Y estando en agonía [profundamente afligido y angustiado; casi al punto de la muerte], oraba más intensamente; y su*

sudor se hizo como gotas de sangre, que caían hasta el suelo (Lucas 22:44).

La primera vez que Jesús derramó su sangre fue en el huerto de Getsemaní, justo antes de ser crucificado. En el jardín de Getsemaní, hubo una intensa batalla espiritual entre la voluntad de Jesús y la voluntad de Su Padre celestial. Recuerden que, en el jardín del Edén, Adán escuchó la voz de su esposa por encima de la voz de Dios y comió del árbol prohibido. Las consecuencias de su desobediencia implicaron la pérdida de su condición de embajador en el jardín del Edén, y el suelo quedó maldito con espinas y cardos. Parte de la maldición que cayó sobre la humanidad debido a la maldición de la tierra es que la humanidad tendría que "sudar la gota gorda" para obtener sus provisiones diarias de la tierra. Yo llamo a esto el altar maligno de "esforzarse y sudar".

> *Entonces el Señor Dios dijo a Adán: "Por cuanto escuchaste [atentamente] la voz de tu mujer, y comiste [fruto] del árbol acerca del cual te mandé diciendo: 'No comerás de él'; la tierra está [ahora] bajo maldición por tu causa; con dolor y trabajo comerás [fruto] de ella, todos los días de tu vida. Te crecerán espinas y cardos, y comerás las plantas del campo.* **Con el sudor de tu rostro comerás el pan hasta que vuelvas a la tierra,** *porque de ella fuiste tomado; pues polvo eres y al polvo volverás"* (Génesis 3:17-19).

En mis muchos años de servicio apostólico al Señor, he observado que millones de personas en nuestro mundo son asistentes humanos al altar maligno de "trabajar y sudar." Nada viene fácil para ellos. Cada pulgada de prosperidad o progreso viene con un esfuerzo intenso, agotador y agotador. Para la mayoría de los humanos, la lucha por sobrevivir es tan intensa que un sinfín de extraños, incluida la televisión, crían a sus hijos. Su agotador horario laboral de jornadas de 10 a 12 horas no les deja espacio para pasar tiempo de calidad con sus hijos. El malvado altar del trabajo y el sudor hace que se levanten temprano por la mañana, antes de que sus hijos se levanten, y lleguen tarde por la noche, cuando sus hijos, hambrientos de amor, ya están en la cama.

Día tras día, este riguroso ritual continúa una y otra vez. Se consuelan diciendo: "Hago esto por mis hijos y cuando me jubile pasaré más tiempo con ellos". Sin embargo, cuando son viejos y están cansados, descubren que tienen poco en común con sus hijos, salvo el ADN. *Una de las oraciones peligrosas de este libro va dirigida a destruir este altar del esfuerzo y el sudor.* Cuando el sudor de Jesús se convirtió en gotas de sangre y cayó al suelo, la maldición de Génesis 3:17 se rompió del suelo. Esto significa que el altar de "afanarse y sudar" por todo en nuestra vida puede ser roto permanentemente en el nombre de Jesús.

2. *Golpeado en la cara con puños y varas*

> *Pero Jesús guardó silencio. Y el sumo sacerdote le dijo: "Te emplazo a que hagas un juramento vinculante por el Dios vivo, que nos digas si Tú eres el Cristo, el Hijo de Dios". Jesús le dijo: "Lo has dicho [de hecho]; pero más que eso te digo [independientemente de lo que hagas ahora conmigo], que en el futuro me verás [revelado como] el Hijo del Hombre sentado a la diestra del Poder, y viniendo sobre las nubes del cielo." Entonces el sumo sacerdote se rasgó las vestiduras [con fingido horror] y exclamó: "¡Ha blasfemado [al hacerse igual a Dios]! ¿Qué más necesitamos de testigos o pruebas? Mirad, ya habéis oído la blasfemia. ¿Qué os parece?" Respondieron: "Merece la muerte". Entonces le escupieron en la cara y le golpearon con los puños; y algunos le abofetearon* (Mateo 26:63-67).

La segunda vez que Jesucristo derramó su sangre fue cuando le golpearon en la cara con puños y varas. Nuestro rostro es nuestra gloria. Representa nuestra propia imagen y autoestima. Es lo primero que la gente ve de ti. No es de extrañar que tanto hombres como mujeres (especialmente las mujeres) gasten millones de dólares cada año en productos para la cara (cosméticos). En consecuencia, ser golpeado en la cara con puños y varas representa el espíritu de la calumnia. La calumnia es una de las fuerzas más destructivas que pueden lanzarse contra la reputación de una persona para pintarla de forma negativa. Muchas personas van por la vida intentando detener las mentiras que circulan sobre ellas en la plaza pública. La calumnia es tan peligrosa para la vida y la reputación de una persona que muchas naciones respetuosas de la ley tienen leyes sobre la difamación en sus libros para hacer frente al problema de la calumnia. Jesús fue golpeado en la cara para restaurar nuestra gloria y destruir el espíritu de la calumnia. *Una de las oraciones peligrosas de este libro trata de desarraigar el altar de la calumnia en tu vida.*

3. Pelo de la barba arrancado

> *El Señor Dios ha abierto mi oído, y no he sido rebelde, ni me he vuelto atrás. Volví mi espalda a los que me golpean, y mis mejillas a los que me arrancan la barba; no escondí mi rostro de los insultos y los escupitajos* (Isaías 50:5-6).

La tercera vez que Jesucristo derramó su sangre fue cuando le arrancaron la barba de las mejillas. La barba era un gran símbolo de honor y respeto para un judío. Así que la mejor manera de avergonzar a un judío era arrancándole la barba. Consecuentemente, tener Su barba arrancada de Sus mejillas representa el espíritu de la vergüenza. La vergüenza es una de las fuerzas más destructivas en la psique de una persona, y muchos van por la vida camuflándose con cosméticos externos debido a la vergüenza constante con la que luchan. Algunos de los que estáis leyendo este libro fuisteis abandonados o abusados sexualmente cuando erais jóvenes. Desde entonces, han luchado internamente con el espíritu de la vergüenza. Jesús hizo que le arrancaran la barba de las mejillas para restaurar nuestra gloria personal y destruir el espíritu de vergüenza. *Una de las oraciones peligrosas en este libro trata de desarraigar el altar de la vergüenza en tu vida.*

4. Azotado por la espalda

> *Así que liberó a Barrabás para ellos; pero después de hacer azotar (flagelar) severamente a Jesús, lo entregó para que lo crucificaran* (Mateo 27:26).

La cuarta vez que Jesucristo derramó su sangre fue cuando los soldados romanos azotaron su espalda. Esta fue realmente una manera horrible de morir. La espalda de Jesús fue flagelada (azotada) treinta y nueve veces, creando 39 rayas manchadas de sangre en Su espalda. La espalda azotada de Jesús representa la eliminación del espíritu de la enfermedad. El profeta Isaías lo dice así: *"Mas Él herido fue por nuestras rebeliones, molido por nuestras maldades [nuestro pecado, nuestra injusticia, nuestra maldad]; el castigo [requerido] para nuestro bien cayó sobre Él, y por Sus llagas (heridas) fuimos nosotros curados"* (Isa. 53:5). Algunos de los que leen este libro tienen problemas de salud o conocen a alguien que lleva mucho tiempo enfermo. Tengo una noticia para usted: Jesús lo sanó hace más de 2.000 años por medio de las llagas de su espalda. *Una de las oraciones peligrosas de este libro tiene que ver con desarraigar el altar de la enfermedad en tu vida.*

5. La corona de espinas prensada en su cuero cabelludo

> *Y después de torcerle una corona de espinas, se la pusieron en la cabeza, y le pusieron una caña en la mano derecha [a modo de cetro]. Arrodillándose ante Él, le ridiculizaban, diciendo: "¡Salve (alégrate), Rey de los judíos!".* (Mateo 27:29)

La quinta vez que Jesucristo derramó Su sangre fue cuando la corona de espinas presionó Su cuero cabelludo. La corona de espinas clavada en Su cuero cabelludo representa la maldición de "espinas y cardos" que Dios pronunció sobre la tierra después de que Adán y Eva pecaron contra Dios en el jardín del Edén. Esto es lo que Génesis 3:17-18 dice al respecto: *"La tierra está [ahora] bajo maldición por tu causa; con dolor y trabajo comerás [el fruto] de ella todos los días de tu vida. Os crecerán espinas y cardos, y comeréis las plantas del campo".* Debido a la maldición que cayó sobre la tierra, Dios le dijo a Adán que el aumento de la tierra vendrá con gran dificultad. En consecuencia, la "corona de espinas" representa el espíritu de pobreza y la impotencia que conlleva ser pobre económicamente. El libro de Proverbios 10:15 dice: *"La riqueza del rico es su fortaleza; la ruina del pobre es su pobreza".* Algunos de ustedes que están leyendo este libro han luchado con el espíritu de pobreza durante la mayor parte de su vida. Estás cansado de vivir de cheque en cheque o al borde de la bancarrota financiera. La buena noticia es que Jesús restauró su gloria financiera y destruyó el espíritu de pobreza. *Una de las oraciones peligrosas de este libro trata de desarraigar el altar de la pobreza y la impotencia en tu vida.*

6. Crucificado: Clavos en manos y pies

Y cuando le hubieron crucificado, se repartieron sus vestidos echándolos a suertes (Mateo 27:35).

La sexta vez que Jesucristo derramó su sangre fue cuando le clavaron las manos y los pies. Las manos y los pies representan el equilibrio y la productividad; cuando Adán y Eva cayeron en el pecado, hubo un desequilibrio inmediato en la relación entre *Dios y el hombre, entre el hombre y el hombre, y entre el hombre y la tierra.* Este desequilibrio espiritual afectó enormemente a la productividad del hombre, ya que una relación con Dios es la turbina de la productividad sin fin. La crucifixión de Jesús arregló este desequilibrio, restauró el equilibrio espiritual del hombre y sus potencialidades dadas por Dios.

También sabemos por las Escrituras que las manos representan la riqueza o el "trabajo de nuestras manos". *"Y sea sobre nosotros el favor [misericordioso] del Señor nuestro Dios; confírmanos la obra de nuestras manos; sí, confírmanos la obra de nuestras manos"* (Sal. 90:17). En las Escrituras, los pies representan el destino que Dios nos ha dado. *"Los pasos del hombre [bueno y justo] son dirigidos y afirmados por el Señor, y Él se deleita en su camino [y bendice su senda]"* (Sal. 37:23). Por tanto, cuando la Biblia dice que el Señor dirigirá nuestros caminos, se está refiriendo a los pasos del destino que debemos dar durante nuestra peregrinación terrenal.

En consecuencia, cuando las manos y los pies de Jesús fueron traspasados, Él destruyó el espíritu de improductividad (proyectos fallidos) y el espíritu detrás de los destinos abortados. Algunos de los que estáis leyendo este libro habéis intentado sin éxito lanzar un negocio o construir una casa. Algunos de ustedes están cansados de ver a la gente a su alrededor caminar en su destino mientras el suyo permanece obstinadamente elusivo. Tengo buenas noticias para usted: Jesús pagó el precio con Su sangre para que usted tenga éxito en la creación de riqueza y camine en el destino que Dios le ha dado. *Una de las oraciones peligrosas de este libro trata de desarraigar el altar de la improductividad o del aborto.*

7. *Lado atravesado por la lanza*

Pero uno de los soldados le atravesó el costado con una lanza, y al instante salió sangre y agua (Juan 19:34).

La séptima vez que Jesucristo derramó Su sangre fue cuando le atravesaron el costado con una lanza. La Biblia dice que sangre y agua salieron de Su costado después de que el soldado romano atravesó Su costado con una lanza. ¿Qué simboliza esto? El costado de Jesús atravesado por la lanza representa un corazón quebrantado o un corazón en profundo luto. Es un corazón saturado de dolor. Algunos de ustedes que están leyendo este libro pasaron por un evento muy traumático, como un divorcio, la muerte repentina de su hijo o de un ser querido, o fueron abusados sexualmente y una de estas cosas les rompió el corazón. Tal vez seas una persona que camina cada día de su vida orientada por un dolor interminable. Tengo buenas noticias para usted-Jesús pagó el precio para que usted sea liberado del espíritu de un corazón roto. Jesús te dará el aceite de la alegría para el espíritu de luto. *Una de las oraciones peligrosas en este libro trata de desarraigar el altar de un corazón quebrantado o de luto.*

La sangre de Jesús limpia tu linaje

> *Hijo de hombre, haz que Jerusalén sepa, comprenda y se dé cuenta de sus abominaciones [idolátricas] [que] son repugnantes, detestables y vergonzosamente viles. Y di: Así dice el Señor Dios a Jerusalén [que representa a Israel]: Tu origen [espiritual] y tu nacimiento son completamente cananeos; tu padre [espiritual] era amorreo y tu madre [espiritual] hitita. Y en cuanto a tu nacimiento, el día que naciste no te cortaron el cordón del ombligo, ni te lavaron con agua para limpiarte, ni te frotaron con sal ni te envolvieron en vendas en absoluto* (Ezequiel 16:2-4 AMPC).

¡La primera vez que aparecí en el programa de televisión *It's Supernatural!* con mi querido amigo Sid Roth fue en agosto de 2013. Acababa de escribir un libro autopublicado llamado *Jumping the Line: Rompiendo Maldiciones Generacionales* que enseñaba a la gente una nueva forma de romper maldiciones generacionales permanentemente, a través de un poderoso acto profético conocido como "saltar la línea." Literalmente cientos de miles de personas alrededor del mundo han pasado por este acto profético que cambia vidas. Poderosos milagros de liberación de la iniquidad generacional han ocurrido, ¡para la gloria de Dios!

Cuando escribía este libro, el Señor me abrió al misterio del *cordón umbilical espiritual*. En el capítulo 16 de Ezequiel, Dios se lamenta de la idolatría desenfrenada del pueblo de Jerusalén. Luego el Señor va un paso más allá y da un diagnóstico espiritual a los males de Jerusalén para explicar la idolatría desenfrenada entre Su pueblo en Jerusalén. Dios dice: *"Tu origen [espiritual] y tu nacimiento son completamente cananeos; tu padre [espiritual] era amorreo y tu madre [espiritual] hitita"*. Dios conecta los orígenes espirituales del pueblo con la tendencia genética del pueblo a moverse en la dirección de la idolatría y la construcción de altares malignos. A pesar de que eran el pueblo elegido de Dios a través del pacto con Abraham, Estaban genéticamente conectados a las líneas de sangre idólatras de los amorreos y los hititas. Cualquier estudiante de la Biblia sabe que los amorreos y los hititas eran custodios de ídolos y altares malignos. Así que la tendencia genética de Jerusalén a moverse en la dirección de adorar ídolos y erigir altares malignos a estos dioses-demonios Estaba entretejida en su ADN. *Afortunadamente, la sangre de Jesús puede limpiarnos y rescatarnos de los reclamos legales de ídolos y altares malignos que fueron plantados en nuestras líneas de sangre mucho antes de que naciéramos.* Más importante aún, podemos procesar a estos ídolos y altares malignos en las Cortes del Cielo. De acuerdo con el libro de Romanos, la sangre de Jesús puede viajar en el tiempo a nuestro pasado a través de nuestra línea de sangre y limpiarnos completamente.

> *A quien Dios puso como propiciación por Su sangre, mediante la fe, para demostrar Su justicia, porque en Su paciencia Dios había* **pasado por alto los pecados cometidos anteriormente** (Romanos 3:25 LBLA).

En tu sangre, ¡en directo!

> *Y cuando pasé junto a ti y te vi revolcándote en tu sangre, te dije en tu sangre: ¡Vive! Sí, te dije aún en tu sangre natal: ¡Vive!* (Ezequiel 16:6 AMPC)

Mientras el Señor continuaba desentrañando el misterio del cordón umbilical espiritual, me mostró algo que nunca antes había visto. Dejó caer la bomba reveladora cuando llamó mi atención a este versículo: "*Y en cuanto a tu nacimiento, el día que naciste no fue cortado tu cordón* umbilical, *ni fuiste lavado con agua para limpiarte, ni frotado con sal ni envuelto en vendas*" (Ezequiel 16:4 AMPC). Cuando vi este versículo, ¡un destello de revelación atravesó mi espíritu! Me encontré incrédula diciéndome a mí misma: "¡No puede ser! ¿Cómo puede una comadrona atender un parto sin cortar el cordón umbilical que une al bebé con su madre? ¡Hasta las parteras sin educación de las culturas primitivas conocen este hecho básico!". Entonces el Espíritu Santo me dijo: "Francisco, es cierto que todas las comadronas cortan el cordón umbilical cuando nace un niño. *Pero, ¿quién cortó el cordón umbilical espiritual que te conecta espiritualmente con todas las tendencias espirituales, idiosincrasias e iniquidades de tu linaje ancestral?*".

De repente, la bombilla de la revelación estalló en mi interior. Entonces el Espíritu Santo fijó mis ojos en el sexto versículo del pasaje y selló la esencia de la revelación. "*Y cuando pasé junto a ti y te vi revolcándote en tu sangre, te dije en tu sangre: ¡Vive! Sí, te dije aún en tu sangre natal: ¡Vive!*". El Señor me mostró que, si nuestro cordón umbilical espiritual con nuestros ancestros naturales no es cortado sobrenaturalmente, continuaremos luchando con las mismas tendencias, ídolos y altares malignos que gobernaron a nuestros progenitores genéticos. En mi libro, *Saltando la Línea: Rompiendo Maldiciones Generacionales*, había enfocado mi atención en ser libre de estas tendencias genéticas. Sin embargo, nunca vi en ese momento que el mismo pasaje de las escrituras contiene el remedio divino para enjuiciar a los ídolos y altares malignos que han controlado y oprimido a muchas personas a través de sus líneas de sangre ancestrales. Afortunadamente, en este libro avanzamos un paso más, ¡gloria a Dios!

Sección de Aplicación a la Vida

Verso de memoria

> *Y estando en agonía [profundamente afligido y angustiado; casi al punto de la muerte], oraba más intensamente; y su sudor se hizo como gotas de sangre, que caían hasta el suelo* (Lucas 22:44).

Reflexiones

1. Nombra siete maneras en que Jesús derramó Su sangre.

   _____
   _____
   _____
   _____

2. ¿Puede la sangre de Jesús limpiar tu linaje ancestral?

   _____
   _____
   _____
   _____

Capítulo VI

Antes de entrar en la sala

¡Ya casi hemos llegado! Nos estamos preparando para profundizar en la segunda mitad de este precioso libro, que es una sección que cariñosamente llamo *el libro de las oraciones peligrosas*. He preparado algunas oraciones muy poderosas para desarraigar altares malignos en tu vida y linaje que están trabajando en tu contra en el reino del espíritu. Estás oraciones de activación son música para tus oídos, pero *peligrosos gritos de batalla* para satanás y sus secuaces demoníacos porque las oraciones destruirán las obras del diablo en tu vida y familia. Sin embargo, presentarse ante las Cortes del Cielo requiere que entendamos los protocolos espirituales básicos para presentar nuestros casos ante las Cortes del Cielo.

Debido a que el protocolo de presentación de casos ante los Tribunales del *Cielo* está estandarizado, me he tomado la libertad de citar está sección textualmente de mi libro *Issuing Divine Restraining Orders from the Courts of Heaven,* publicado por Destiny Image. Si no has leído este libro, ¡por favor consíguelo de inmediato! Grabé un programa de televisión que cambió vidas en el programa It's Supernatural! de Sid Roth sobre el tema de la emisión de órdenes de restricción divinas que les animo a ver en mi canal de YouTube. Este libro y el que ahora tiene en sus manos son dos gemelos de poder letal contra la obra del diablo.

Fuera del campo de batalla

Como Robert Henderson comparte en su libro, *Operating in the Courts of Heaven*:

Lo primero que debemos hacer para entrar en los tribunales del cielo es salir del campo de batalla. Tenemos que reconocer la necesidad de sentar precedentes legales antes de correr a la batalla. Estamos en un conflicto, pero es un conflicto legal. Recuerda que Jesús nunca describe la oración en el contexto del campo de batalla. Sin embargo, sí situó la oración en una sala de tribunal o en un entorno judicial en Lucas 18:1-8.

Apóyate en la obra de Jesús

> *Después de esto, sabiendo Jesús que todas las cosas Estaban ya cumplidas, para que se cumpliese la Escritura, dijo: "¡Tengo sed!". Había allí una vasija llena de vino agrio; llenaron una esponja de vino agrio, la pusieron sobre un hisopo y se la acercaron a la boca. Cuando Jesús recibió el vino agrio, dijo: "¡Consumado es!". E inclinando la cabeza, entregó el espíritu* (Juan 19: 28-30).

La segunda cosa que debemos hacer es darnos cuenta de que acercarnos a las Cortes del Cielo debe basarse en la obra terminada de Cristo en la cruz. Sin esta obra sustitutiva de nuestro Salvador, ninguno de nosotros califica para acercarse a las cortes de un Dios Santo.

Arrepiéntase

La tercera cosa que debemos hacer es darnos cuenta antes de acercarnos a las Cortes del Cielo que necesitamos pedirle al Espíritu Santo que escudriñe nuestros corazones y vea si hay algún pecado no confesado en nuestra vida. Es muy interesante para mí que el *arrepentimiento* está en el corazón de la entrada al Reino. La introducción del evangelio del Reino tanto por Juan el Bautista como por Jesús Estaba directamente relacionada con el acto de arrepentirse.

> *Desde entonces Jesús comenzó a predicar y a decir: "Arrepentíos, porque el reino de los cielos se ha acercado"* (Mateo 4:17 LBLA).

Arrepentirse" significa *cambiar de opinión y dar marcha atrás*. El arrepentimiento restablece tu relación con Dios y te da una posición favorable en los Tribunales del Cielo. Así que es bastante triste cuando escuchas a algunos defensores del "mensaje de la gracia" decir a los cristianos que solo necesitan arrepentirse una vez. Como si los creyentes nacidos de nuevo fueran incapaces de pecar contra Dios en este cuerpo de carne.

Pida que se siente el Tribunal

> *Un torrente de fuego brotaba y salía de delante de Él. Mil millares le servían; diez mil veces diez mil Estaban delante de Él. El tribunal se sentó, y los libros fueron abiertos* (Daniel 7:10 LBLA).

La cuarta cosa que debemos hacer antes de acercarnos a las Cortes del Cielo es pedir que las Cortes del Cielo se sienten a escuchar nuestro caso. Hacemos está petición en y a través del poderoso nombre de Jesucristo nuestro Salvador y Señor. Es imposible obtener un fallo judicial de cualquier corte de ley si la corte aún no está sentada. Está es la razón por la cual ninguna batalla en la corte procede hasta que el juez haya sido sentado.

Presente su caso con valentía

Acerquémonos, pues, confiadamente al trono de la gracia, para alcanzar misericordia y hallar gracia para el oportuno socorro (Hebreos 4:16).

La audacia es un ingrediente espiritual importante para acercarse al Trono de la Gracia. Demuestra nuestra confianza en la obra terminada de Cristo y en la bondad de Dios. Cuando nos acercamos a las Cortes del Cielo es importante que lo hagamos en un espíritu de audacia y no de temor. El miedo en realidad trabaja contra nosotros y le da al diablo pie legal contra nosotros en las Cortes del Cielo. Es por eso que la Biblia dice que una persona que teme no se ha perfeccionado en el amor de Dios (ver 1 Juan 4:18).

Esperar el testimonio del Espíritu

El Espíritu mismo da testimonio a nuestro espíritu de que somos hijos de Dios (Romanos 8:16).

Una de las cosas más importantes que podemos hacer mientras estamos presentando nuestro caso en las Cortes del Cielo es esperar el testimonio del Espíritu Santo antes de salir de la corte. Como dije antes, el Espíritu Santo es el oficial más alto de las Cortes del Cielo operando en la tierra hoy. Él te dará un testimonio en tu espíritu cuando la orden de restricción divina que estás buscando haya sido concedida. Si no ha sido concedida pregúntale al Espíritu Santo, "¿Por qué?". Él es fiel para responderte prontamente, porque todo el Cielo quiere responder a tus oraciones.

Recibir el veredicto del Tribunal por la fe

Cuando Jesús se hubo levantado y no vio a nadie más que a la mujer, le dijo: "Mujer, ¿dónde están esos acusadores tuyos? ¿Nadie te ha condenado?" Ella respondió: "Nadie, Señor". Jesús le dijo: "Yo tampoco te condeno; vete y no peques más" (Juan 8:10-11 RVA).

Ningún caso legal dentro de un tribunal se considera completo hasta que se haya emitido un veredicto final. Si un veredicto no ha sido rendido, puede significar que el fiscal tiene más evidencia contra el "acusado" que las cortes también deben considerar o los abogados defensores tienen testimonios de testigos o evidencia a favor de su cliente que ellos quieren que las cortes consideren. Por eso es importante que seas persistente hasta que los Tribunales del Cielo hayan emitido un veredicto justo a tu favor. El diablo solo puede resistirse a que las Cortes del Cielo rindan un veredicto justo a tu favor porque aún tiene bases legales para hacerlo. Pídele al Espíritu Santo que te muestre lo que hay en los expedientes de evidencia de satanás para que puedas inutilizarlo. Cuando tu justo veredicto sea rendido, debes *recibirlo por fe*. Esto es porque todo en el Reino de Dios es recibido por fe. No recibirás un mensajero físico con una carta física declarando tu justo veredicto. Pero créeme, un veredicto emitido por los Tribunales del Cielo es más real y consecuente que cualquier veredicto emitido por un tribunal natural de justicia.

Refuerce su recto veredicto a diario durante Acción de Gracias

Dad gracias en todo, porque está es la voluntad de Dios para con vosotros en Cristo Jesús (1 Tesalonicenses 5:18).

Una de las armas más poderosas del Reino de Dios es la *acción de gracias*. La acción de gracias nos coloca en una actitud de continua alabanza por lo que el Señor ya ha hecho por nosotros. La acción de gracias es tan poderosa que Dios la ha hecho Su voluntad directa para todos Sus hijos. La acción de gracias alimenta tu espíritu con anticipación esperanzada. La acción de gracias alimenta el espíritu de expectación dentro de ti. Los milagros solo ocurren en atmósferas espirituales cargadas de expectación divina. Una vez que el Espíritu Santo te da el "testimonio" de que la *orden de restricción divina* que solicitaste ha sido concedida, es importante que mantengas una actitud de acción de gracias en el período posterior.

¡Es hora de saltar la línea!

> *El pueblo gritó [el grito de guerra] y los sacerdotes tocaron las trompetas. Cuando el pueblo oyó el sonido de la trompeta, lanzó un gran grito y la muralla [de Jericó] se derrumbó, de modo que los hijos de Israel subieron a la ciudad, cada uno en línea recta [trepando sobre los escombros], y derribaron la ciudad* (Josué 6:20).

La Biblia está llena de actos proféticos que apuntan a verdades o realidades superiores en el reino del espíritu, como la marcha de los hijos de Israel siete veces alrededor de las murallas de Jericó. Estás murallas eran muros inexpugnables, de varios metros de espesor. ¿Cómo podía la gente marchar alrededor de la ciudad amurallada y luego dar un grito y que los muros inexpugnables comenzaran a derrumbarse en escombros? A menos que su marcha alrededor de la ciudad y su grito de alabanza estuvieran conectados a alguna fuente de poder sobrenatural oculta muy poderosa.

Desde que el Señor me dio el acto profético de hacer que la gente salte sobre una línea (representando sus líneas de sangre ancestrales corruptas), miles han sido gloriosamente liberados de años de esclavitud generacional. Quiero que te levantes ahora mismo y encuentres una cuerda, cable eléctrico o cinta roja (preferiblemente) y la coloques en el suelo delante de tus pies. Luego quiero que reces en voz alta la siguiente oración de activación, y cuando termines la oración *salta sobre la línea* frente a ti con un grito de alabanza al Señor. Después de saltar la línea, pasa un buen rato alabando y adorando a Dios.

Antes de saltar

1. No cruces la línea en dirección contraria después de saltar; recógela del suelo. No querrás invertir el acto profético.
2. Tendrás que conocer el apellido de tu padre y el nombre de soltera de tu madre antes de saltar el linaje. Utilizarás estos dos nombres para renunciar a las iniquidades ligadas a tu linaje.
3. No te quedes callado después de saltar la línea; dale a Dios tu mayor alabanza.
4. Asegúrate de mezclar este acto profético con la fe en la obra terminada de Jesús o no te beneficiará en nada.

Oración de activación

Ora esto en voz alta antes de pasar la línea de sangre:
Padre Celestial, vengo delante de Tu corte suprema celestial en el nombre de Jesús para recibir Tu justo juicio sobre mi herencia gené-

tica y sanguínea. Justo Juez, confío en Ti para que cortes el cordón umbilical espiritual que me conecta a las líneas de sangre corruptas de mis ancestros naturales, en el nombre de Jesús.
Padre Celestial, ¡denuncio voluntaria y alegremente el linaje de [inserte aquí el apellido de su padre]!
Padre Celestial, ¡denuncio voluntaria y alegremente el linaje de [inserte aquí el nombre de soltera de su madre]!
Denuncio las líneas de sangre corruptas que representan los nombres de mi padre y de mi madre. Yo renuncio a todas las tecnologías demoníacas e iniquidades que están unidas a estos nombres desde el primer Adán, en el nombre de Jesús yo oro. Yo decreto que mis líneas de sangre ancestrales ya no pueden influenciar mi vida negativamente. Yo renuncio a las líneas de sangre ancestrales de mi padre y de mi madre para poder poseer la línea de sangre y linaje profético santo e impecable de Yeshua. Yo decreto y declaro que la herencia genética de Jesús es ahora mi herencia.
Padre Celestial, mientras me preparo para saltar sobre la línea de sangre profética, yo denuncio todos los intercambios ilegales que yo y mis antepasados hemos hecho en los mercados de satanás en el segundo cielo que le han dado a satanás las bases legales en las Cortes del Cielo para atarme y afligirme a través de altares malignos. Yo me arrepiento en el nombre de Jesús por todas las transgresiones en contra del Señor que mis ancestros y yo mismo hemos creado en los mercados de Satanás. Padre Celestial, mientras me preparo para saltar sobre la línea de sangre profética, libero mi fe para la sanidad de mi cuerpo y todas las anomalías genéticas, en el nombre de Yeshua oro.
Padre Celestial, también te suplico que me liberes permanentemente de todas las maldiciones generacionales en mi línea de sangre sobreponiendo la línea de sangre impecable de Jesús sobre mí. Gracias por sanarme de todas y cada una de las deficiencias genéticas, en el

nombre de Jesucristo. También decreto que cuando salte sobre la línea de sangre profética estaré saltando directamente al reino de gloria de Dios donde residen todos los milagros, en el nombre de Yeshua oro.

¡Ahora salta!

¡Lo ha conseguido! Ahora está listo para leer El Libro de las *Oraciones Poderosas que Destruyen los Altares Malignos*.

Sección de Aplicación a la Vida

Verso de memoria

> *Cuando Jesús se hubo levantado y no vio a nadie más que a la mujer, le dijo: "Mujer, ¿dónde están esos acusadores tuyos? ¿Nadie te ha condenado?" Ella respondió: "Nadie, Señor". Jesús le dijo: "Yo tampoco te condeno; vete y no peques más"* (Juan 8:10-11 NKJV).

Reflexiones

1. ¿Por qué necesitamos salir del campo de batalla antes de entrar en las Cortes del Cielo?

   _____
   _____
   _____
   _____

2. Explica por qué la fe es importante para operar en las Cortes del Cielo.

   _____
   _____
   _____
   _____

SECCIÓN SEGUNDA

Bienvenido al Libro de las
ORACIONES
PODEROSAS

El sumo sacerdote Hilcías dijo al escriba Safán: "He encontrado el Libro de la Ley en la casa (templo) del Señor." Hilquías le dio el libro a Safán, y este lo leyó. El escriba Safán fue a ver al rey y le dijo: "Tus siervos han vaciado el dinero que se hallaba en la casa, y lo han puesto en manos de los obreros que han sido nombrados sobre la casa del Señor." Entonces Safán, el escriba, dijo al rey: "El sacerdote Hilcías me ha dado un libro". Y Safán lo leyó [en voz alta] delante del rey.

—2 Reyes 22:8-10

El Libro de Oraciones Poderosas... que es la sección dos de este libro, es la parte más proactiva de este libro. Aquí es donde tu participas activamente en tu propia liberación. Las oraciones que he redactado aquí son verdaderamente peligrosas para los altares malignos que satanás ha estado usando para combatirte y retrasar tu destino. ¡Si las "mezclas con fe" se volverán muy provechosas para ti y tu familia!

Capítulo VII

Oraciones de Activación:

Aplicando Oraciones Peligrosas que Desarraigan los Altares Malignos, ¡Ahora!

Sería un error cerrar un libro como este sin darte herramientas para activar el poder milagroso de Dios en tu vida para desarraigar altares satánicos malignos, algunos de los cuales han estado en tu linaje por generaciones. Así que está sección del libro se va a enfocar en las diferentes oraciones de activación que puedes usar para procesar y desarraigar diferentes tipos de altares malignos en las Cortes del Cielo. Puedes usar las oraciones de activación para ti mismo o puedes hacer que las personas por las que estás orando repitan las oraciones después de ti. Es mi más profunda plegaria a Dios, nuestro Padre celestial, que juntos saquearemos el infierno y poblaremos el cielo a medida que el poder de satanás se desprenda de ti y de los demás.

Oración #1

Desarraigar el altar de la muerte prematura

El ladrón solo viene para robar, matar y destruir. Yo he venido para que tengan vida y la disfruten, y la tengan en abundancia [hasta saciarse, hasta rebosar].
—Juan 10:10 (AMP)

Uno de los mayores dones que Dios puede dar a un hombre, aparte de experimentar el conocimiento salvífico de Jesucristo, es el don de una larga vida. La Biblia está repleta de promesas de Dios para una vida larga y saludable. Una vida larga significa que tenemos más oportunidades en nuestro reloj de arena para lograr más cosas para el Reino de Dios, sin mencionar el número de almas perdidas que podemos alcanzar con las buenas nuevas del Reino si tan solo tuviéramos más tiempo. Una de mis promesas bíblicas favoritas sobre vivir una larga vida fue acuñada por el Rey David.

No moriré, sino que viviré, y contaré las obras y relataré los hechos ilustres del Señor (Salmo 118:17).

Satanás conoce la importancia de tener una larga vida, porque sabe que el propósito es sensible al tiempo según Eclesiastés 3:1. En consecuencia, su estrategia favorita es asignar el espíritu de muerte prematura contra las personas de destino. Dios me ha usado varias veces para rescatar a personas que deberían haber muerto prematuramente. Antes de que reces la oración de activación que sigue a este párrafo, quiero que leas el Salmo 118:17 en voz alta, varias veces, ¡hasta que la fe comience a crecer en tu espíritu! Debes determinar en tu espíritu antes de orar está oración que te rehúsas a morir antes de tu tiempo señalado. Dile al diablo que vivirás una vida larga y saludable, en el nombre de Jesús.

Oración de activación

Dios es para nosotros un Dios de actos de salvación; y a Dios pertenece el Señor que escapa de la muerte [liberándonos].
—Salmo 68:20

1. Dirigirse al Padre en alabanza y adoración

Padre Celestial, santo es Tu nombre y grandemente para ser alabado. Te adoro en el nombre de Jesús. Que Tu Reino se manifieste en mi vida como en el Cielo. Defiende mi causa, oh, Señor, con aquellos que luchan conmigo; lucha contra cualquier entidad o persona que este contendiendo en mi contra. Padre Celestial, está escrito en Salmo 27:6, *"Y ahora mi cabeza se alzará sobre mis enemigos que me rodean, en Su tienda ofreceré sacrificios con gritos de alegría; cantaré, sí, cantaré alabanzas al Señor"*. Abba, encomiendo mi adoración al coro celestial de adoración de Tus santos ángeles y la multitud de testigos, en el nombre de Jesús.

2. Pedir al Tribunal que tome asiento

Padre Celestial, Juez Justo, te pido que las Cortes del Cielo sean sentadas de acuerdo a Daniel 7:9-10. Te lo pido en el poderoso nombre de Jesús. Te pido esto en el poderoso nombre de Jesús. Está escrito:

> *Seguí mirando hasta que se levantaron tronos, y el Anciano de Días (Dios) tomó asiento; su manto era blanco como la nieve y el pelo de su cabeza como lana pura. Su trono era llamas de fuego; sus ruedas eran un fuego ardiente. Un río de fuego fluía y salía de delante de Él; mil millares le asistían, y diez mil veces diez mil Estaban de pie delante de Él; el tribunal Estaba sentado, y los libros abiertos.*

Padre Celestial, estoy solicitando el privilegio de estar delante de la corte del Anciano de Días de acuerdo a lo que fue revelado al profeta Daniel, en el nombre de Jesús, yo oro. Padre Celestial, estoy en Tu corte real por la sangre y el trabajo terminado de Jesús en la cruz. He venido a recibir Tu justo juicio sobre mi vida en contra del espíritu y el altar de la muerte prematura que Satanás ha plantado en mi linaje generacional. Padre Celestial, invoco a Tus santos ángeles para que sean testigos de mi demanda y justo juicio en contra del altar maligno de la muerte prematura. Yo decreto y declaro que este altar maligno de muerte prematura no me matara a mi o a los miembros de mi familia antes de nuestro tiempo señalado; tampoco matara las relaciones divinas que necesito para alcanzar mi destino dado por Dios aquí en la tierra, en el nombre de Jesús yo oro.

3. Renuncia a tus derechos de autorrepresentación al Señor como tu abogado

Padre Celestial, Tu Palabra en 1 Juan 2:1-2 dice: *"Hijitos míos, estás cosas os escribo para que no pequéis. Y si alguno peca, abogado tenemos para con el Padre, a Jesucristo el justo. Y Él mismo es la propiciación por nuestros pecados, y no solo por los nuestros, sino también por los de todo el mundo"* (NKJV). Te agradezco que Jesús es mi fiel Abogado ante el Juez Justo en las Cortes del Cielo. Señor Jesús, renuncio a mis derechos de autorrepresentación y te invoco como mi Abogado para que me ayudes a defender mi caso ante el Juez Justo y procesar el mal del altar de la muerte prematura que satanás plantó en mi linaje. También pido al bendito Espíritu Santo, que es el más alto oficial de los Tribunales del Cielo aquí en la tierra, que me haga sensible a los procedimientos de este Tribunal con el fin de procesar con éxito el mal altar de la muerte prematura en el nombre de Jesús.

4. Invoca al altar del mal y al ídolo que se sienta sobre él para que comparezcan ante el tribunal.

Padre Celestial, al estar en Tu corte real me presento a mí mismo como un sacrificio vivo, santo y aceptable delante de Ti de acuerdo a Romanos 12:1. Padre Celestial, Juez Justo, yo invoco al altar de la muerte prematura en mi línea de sangre y al ídolo que se sienta en el para que comparezca en Tu corte real para ser enjuiciado en el nombre de Jesús. Porque está escrito en 1 Corintios 6:3, *"¿No sabéis que nosotros [los creyentes] juzgaremos a los ángeles? ¿Cuánto más entonces [en cuanto a] los asuntos de esta vida?"*. Padre Celestial, ejerzo la autoridad que Dios me ha dado en Cristo Jesús para juzgar demonios y principados, en el nombre de Jesús te lo ruego. Justo Juez, también está escrito en la Constitución de Tu Reino en 1 Juan 3:8, *"Para esto fue manifestado el Hijo de Dios, para deshacer las obras del diablo"* (NKJV).

5. Responder a las acusaciones de Satanás y ponerse de acuerdo con el adversario

Padre Celestial, yo sé que hasta el fin de la era del pecado, satanás todavía tiene acceso legal a las Cortes del Cielo para levantar acusaciones en contra de los hijos de los hombres; porque está escrito en el libro de Apocalipsis 12:10:

> *Entonces oí una gran voz en el cielo, que decía: "Ahora han llegado la salvación, el poder y el reino (dominio, reinado) de nuestro Dios, y la autoridad de su Cristo; porque ha sido arrojado [por fin] el acusador de nuestros hermanos [creyentes],*

> *el que los acusaba y seguía presentando cargos [de conducta pecaminosa] contra ellos ante nuestro Dios día y noche."*

Padre Celestial, el Señor Jesús también dijo en el libro de Mateo 5:25:

> *Ponte de acuerdo rápidamente [a la primera oportunidad] con tu adversario de derecho mientras estás con él de camino [al tribunal], para que tu adversario no te entregue al juez, y el juez a la guardia, y te metan en la cárcel.*

Padre Celestial, con toda humildad, mientras renuncio al espíritu de orgullo, elijo rápidamente estar de acuerdo con las acusaciones legales de mi adversario, satanás. Justo Juez, todas las acusaciones que satanás ha presentado contra mí y mi linaje en está Corte son ciertas.

6. *Arrepiéntete*

Padre Celestial, me arrepiento por mis transgresiones personales, y por los pecados e iniquidades de mis antepasados que abrieron la puerta para que el espíritu y el altar de la muerte prematura oprimieran mi vida, en el nombre de Jesús te lo pido. Señor, cada pecado de mis antepasados que el enemigo está usando como un derecho legal para construir casos en mi contra y para casarme a una muerte prematura, te pido que la sangre de Jesús simplemente los lave. También me arrepiento por maldiciones de palabras auto infligidas y todos los pactos con demonios que han existido en mi linaje ancestral. Te pido que cada pacto con los poderes demoniacos sea revocado y que su derecho a reclamarme a mí y a mi linaje sea desechado ante Tu corte, en el nombre de Jesús. Gracias, Señor, por revocar estos pactos demoniacos y altares malignos en el poderoso nombre de Jesús. Padre Celestial, en mi sincero deseo de divorciarme del espíritu y del altar de la muerte prematura, te devuelvo todo y cualquier cosa que el diablo diga que viene de su reino. Solo quiero lo que la sangre de Jesús me ha asegurado.

7. Apelar a la Sangre de Jesús para Limpiar Todo Pecado (Evidencia de Satanás)

Señor Jesús, gracias por limpiarme con Tu sangre para que Satanás no tenga base legal contra mí en Tu corte. Está escrito en 1 Juan 1:9:

> *Si admitimos [libremente] que hemos pecado y confesamos nuestros pecados, Él es fiel y justo [fiel a Su propia naturaleza y promesas], y perdonará nuestros pecados y nos limpiará continuamente de toda maldad [nuestras malas acciones, todo lo que no esté en conformidad con Su voluntad y propósito].*

Justo Juez, apelo a la sangre de Jesús para que limpie todos mis defectos, transgresiones e iniquidades, en el nombre de Jesús, te lo ruego. Recibo por fe el poder limpiador de la sangre de Jesús.

8. Pedir al Tribunal que desestime todas las acusaciones y cargos de Satanás.

Padre Celestial, basado en la obra terminada de Jesús y en mi arrepentimiento de corazón, ahora me muevo a la Corte del cielo para desechar todas las acusaciones y cargos de Satanás en contra mía y de mi linaje en el nombre de Jesús. Porque está escrito que el acusador de los hermanos ha sido arrojado. Así que, te pido Padre que deseches todas las acusaciones de satanás en mi contra, en el nombre de Jesús, te lo ruego.

9. Pídele al Señor que envíe ángeles para destruir el altar maligno y ejecutar el juicio del Señor contra él.

Padre Celestial, Juez Justo, te pido que envíes oficiales angélicos de alto rango de las Cortes que sobresalgan en fuerza para ejecutar el juicio de Tu corte suprema y destruir el altar maligno de la muerte prematura y el ídolo que se sienta en él que satanás plantó en mi línea de sangre, en el nombre de

Jesús yo oro. Por el espíritu de profecía, profetizo la destrucción completa del altar maligno de la muerte prematura en mi vida, en el nombre de Jesús. Porque está escrito en Salmo 91:11-12, *"Porque Él ordenará a Sus ángeles con respecto a ti, para protegerte y defenderte y guardarte en todos tus caminos [de obediencia y servicio]. Te levantarán en sus manos, para que ni siquiera tropieces con piedra alguna"*. Recibo asistencia angelical, ahora mismo, en el nombre de Jesús.

10. Presente las Escrituras que se Usarán para Emitir una Orden Divina de Restricción

Padre Celestial, presento ante Tu Corte Suprema las siguientes escrituras como mi sólida evidencia contra el espíritu y el altar de la muerte prematura en mi vida. Está escrito:

> *Me invocará, y yo le responderé; estaré con él en la angustia; lo libraré y lo honraré. Con larga vida lo saciaré, y le mostraré Mi salvación* (Salmo 91:15-16 NKJV).

> *El ladrón no viene sino para robar, matar y destruir. Yo he venido para que tengan vida, y para que la tengan en abundancia* (Juan 10:10 NKJV).

> *No moriré, sino que viviré, y contaré las obras y relataré los hechos ilustres del Señor* (Salmo 118:17 AMPC).

Justo Juez, basado en las escrituras antes mencionadas, es claro que el espíritu y el altar de la muerte prematura, si se le permite tener éxito, causaría gran daño a mi vida, destino, y también infligiría un daño irreparable a los propósitos de Dios. Pido que todo derecho legal que el espíritu y el altar de la muerte prematura están sosteniendo sea revocado en el glorioso nombre de Jesús. Justo Juez, basado en las escrituras antes mencionadas, es claro que califico para una orden de restricción divina contra el altar de la muerte prematura y el ídolo que se sienta en él, en el nombre de Jesús.

11. Pedir al Tribunal que emita una Orden Divina de Restricción y Recibir la Orden Divina de Restricción por Fe.

Padre Celestial, Juez Justo, ahora te pido que una orden divina de restricción y una orden permanente contra el espíritu y el altar de la muerte prematura en mi vida sea emitida por la autoridad de Tu Corte Suprema, en el nombre de Jesús. Padre Celestial, yo decreto y declaro que cualquier y todas las formas de planes de muerte prematura que el diablo ha emitido o está orquestando en contra de mi vida son ahora cancelados en el glorioso nombre de Jesús. Padre Celestial, yo recibo está orden divina de restricción y orden permanente por fe, en el nombre de Jesús. Porque está escrito en la Constitución de Tu Reino en Hebreos 11:6, *"Pero sin fe es imposible [caminar con Dios y] agradarle, porque cualquiera que se acerque a Dios debe [necesariamente] creer que Dios existe y que Él recompensa a aquellos que [seria y diligentemente] lo buscan"*. Creo y declaro por fe que el espíritu y el altar de prematuro en mi vida ha sido juzgado, ¡en el nombre de Jesús!

12. Pídele al Señor que selle tu veredicto justo y tus procedimientos judiciales con la sangre de Jesús.

Padre Celestial, Justo Juez, ahora te pido que selles mi justo veredicto contra el espíritu y el altar de la muerte prematura en la preciosa sangre de Jesús. Que también cubras con la sangre de Jesús todos mis procedimientos legales en está Corte en el nombre de Jesús. Yo decreto y declaro que mi justo veredicto de liberación y ruptura del malvado altar de la muerte prematura está ahora asegurado en los documentos de las Cortes del Cielo. Porque está escrito en el Evangelio de Juan, capítulo 8:36, *"Así que, si el Hijo os hace libres, entonces sois incuestionablemente libres."* Yo decreto y declaro que soy libre del altar maligno de la muerte prematura en el nombre de Jesús, ¡amén!

Oración #2

Desarraigar el altar del estancamiento

El Señor, nuestro Dios, nos habló en Horeb y nos dijo: "Ya habéis permanecido bastante tiempo en este monte. Volveos y reemprended el camino, e id a la región montañosa de los amorreos, y a todos sus vecinos en el Arabá, en la región montañosa y en la llanura (el Sefela), en el Neguev (país del Sur) y en la costa del mar [Mediterráneo], la tierra de los cananeos, y el Líbano, hasta el gran río, el río Éufrates. Mirad, he puesto la tierra delante de vosotros; entrad y tomad posesión de la tierra que el Señor juró (prometió solemnemente) a vuestros padres, a Abraham, a Isaac y a Jacob, que les daría a ellos y a sus descendientes después de ellos."
—Deuteronomio 1:6-8

Dios es un Dios en movimiento. En todas partes donde vemos a Dios en la Biblia, Él está en movimiento y nunca estático. No es de extrañar que cuando cualquier ser vivo empieza a morir, su movilidad sea una de las primeras cosas en desaparecer. Lo más importante es que como creyentes estamos diseñados para fluir y crecer de gloria en gloria según 1 Corintios 3:18.

Y todos nosotros, con el rostro descubierto, contemplando continuamente como en un espejo la gloria del Señor, nos vamos transformando progresivamente en su imagen, de [un grado de] gloria en [aún más] gloria, la cual procede del Señor, [que es] el Espíritu.

En Deuteronomio 1:6-8, Dios reprendió al pueblo de Israel por perder el tiempo dando vueltas alrededor de la misma montaña. ¿Te suena esto o te recuerda a alguien que conoces que lleva mucho tiempo estancado en el mismo sitio? Satanás conoce la importancia del movimiento en la vida de una persona que conduce al progreso, al éxito y a una vida mejor, especialmente cuando tienes un llamado de Dios para alcanzar a las masas. Desafortunadamente, he conocido a mucha gente de Dios que aman a Jesús, pero están desesperadamente estancados. Todo está estancado en sus vidas. Parece que no pueden salir adelante. La verdad del asunto es que son víctimas de un vicioso altar maligno conocido como el "altar del estancamiento". ¡Afortunadamente este altar maligno puede ser destruido en las Cortes del Cielo!

Oración de activación

1. Dirigirse al Padre en alabanza y adoración

Padre Celestial, santo es Tu nombre y grandemente para ser alabado. Te adoro en el nombre de Jesús. Que Tu Reino se manifieste en mi vida como en el Cielo. Defiende mi causa, oh, Señor, con aquellos que luchan conmigo; lucha contra cualquier entidad o persona que esté contendiendo en mi contra. Padre Celestial, está escrito en Salmo 27:6, *"Y ahora mi cabeza se alzará sobre mis enemigos que me rodean, en Su tienda ofreceré sacrificios con gritos de alegría; cantaré, sí, cantaré alabanzas al Señor".* Abba, encomiendo mi adoración al coro celestial de adoración de Tus santos ángeles y la multitud de testigos, en el nombre de Jesús.

2. Pedir al Tribunal que se siente

Padre Celestial, Juez Justo, te pido que las Cortes del Cielo sean sentadas de acuerdo a Daniel 7:9-10. Te lo pido en el poderoso nombre de Jesús. Te pido esto en el poderoso nombre de Jesús. Está escrito:

> *Seguí mirando hasta que se levantaron tronos, y el Anciano de Días (Dios) tomó asiento; su manto era blanco como la nieve y el pelo de su cabeza como lana pura. Su trono era llamas de fuego; sus ruedas eran un fuego ardiente. Un río de fuego fluía y salía de delante de Él; mil millares le asistían, y diez mil veces diez mil Estaban de pie delante de Él; el tribunal Estaba sentado, y los libros abiertos.*

Padre Celestial, estoy solicitando el privilegio de estar delante de la corte del Anciano de Días de acuerdo a lo que fue revelado al profeta Daniel, en el nombre de Jesús, yo oro. Padre Celestial, estoy en Tu corte real por la sangre y el trabajo de Jesús en la cruz. He venido a recibir Tu justo juicio sobre mi vida en contra del espíritu y el altar del *estancamiento* que Satanás ha plantado en mi linaje generacional. Padre Celestial, invoco a Tus santos ángeles para que sean testigos de mi demanda y justo enjuiciamiento del malvado altar del *estancamiento*. Yo decreto y declaro que este altar maligno de *estancamiento* ya no detendrá mi progreso o el de los miembros de mi familia; tampoco impedirá mi habilidad de sobresalir en la vida y en los negocios, en el nombre de Jesús yo oro.

3. Renuncia a tus derechos de autorrepresentación al Señor como tu abogado

Padre Celestial, Tu Palabra en 1 Juan 2:1-2 dice: "*Hijitos míos, estás cosas os escribo para que no pequéis. Y si alguno peca, abogado tenemos para con el Padre, a Jesucristo el justo. Y Él mismo es la propiciación por nuestros pecados,*

y no solo por los nuestros, sino también por los de todo el mundo". Te agradezco que Jesús es mi fiel Abogado ante el Juez Justo en las Cortes del Cielo. Señor Jesús, renuncio a mis derechos de autorrepresentación y te invoco como mi Abogado para que me ayudes a defender mi caso ante el Juez Justo y procesar el mal del altar del *estancamiento* que satanás plantó en mi linaje para causar un desarrollo detenido. También le pido al bendito Espíritu Santo, quien es el más alto oficial de las Cortes del Cielo aquí en la tierra, que me haga sensible a los procedimientos de está Corte para poder procesar exitosamente el malvado altar del estancamiento en el nombre de Jesús.

4. Invoca al altar del mal y al ídolo que se sienta sobre él para que comparezcan ante el tribunal.

Padre Celestial, al estar en Tu corte real me presento a mí mismo como un sacrificio vivo, santo y aceptable delante de Ti de acuerdo a Romanos 12:1. Padre Celestial, Juez Justo, yo invoco al altar del *estancamiento* en mi línea de sangre y al ídolo que se sienta en el para que comparezca en Tu corte real para ser enjuiciado en el nombre de Jesús. Porque está escrito en 1 Corintios 6:3, *"¿No sabéis que nosotros [los creyentes] juzgaremos a los ángeles? ¿Cuánto más entonces [en cuanto a] los asuntos de esta vida?".* Padre Celestial, ejerzo la autoridad que Dios me ha dado en Cristo Jesús para juzgar demonios y principados, en el nombre de Jesús te lo ruego. Justo Juez, también está escrito en la Constitución de Tu Reino en 1 Juan 3:8, *"Para esto fue manifestado el Hijo de Dios, para deshacer las obras del diablo".*

5. Responder a las acusaciones de Satanás y ponerse de acuerdo con el adversario

Padre Celestial, yo sé que hasta el fin de la era del pecado, satanás todavía tiene acceso legal a las Cortes del Cielo para levantar acusaciones en contra de los hijos de los hombres; porque está escrito en el libro de Apocalipsis 12:10:

> *Entonces oí una gran voz en el cielo, que decía: "Ahora han llegado la salvación, el poder y el reino (dominio, reinado) de nuestro Dios, y la autoridad de su Cristo; porque ha sido arrojado [por fin] el acusador de nuestros hermanos [creyentes], el que los acusaba y seguía presentando cargos [de conducta pecaminosa] contra ellos ante nuestro Dios día y noche."*

Padre Celestial, el Señor Jesús también dijo en el libro de Mateo 5:25:

> *Ponte de acuerdo rápidamente [a la primera oportunidad] con tu adversario de derecho mientras estás con él de camino [al tribunal], para que tu adversario no te entregue al juez, y el juez al guardia, y te metan en la cárcel.*

Padre Celestial, con toda humildad, mientras renuncio al espíritu de orgullo, elijo rápidamente estar de acuerdo con las acusaciones legales de mi adversario, satanás. Justo Juez, todas las acusaciones que satanás ha presentado contra mí y mi linaje en está Corte son ciertas.

6. Arrepiéntete

Padre Celestial, me arrepiento de mis transgresiones personales, y de los pecados e iniquidades de mis antepasados que abrieron la puerta para que el espíritu y el altar del *estancamiento* oprimieran mi vida, en el nombre de Jesús te lo pido. Señor, cada pecado de mis antepasados que el enemigo está usando como un derecho legal para construir casos en mi contra y negarme mi destino, te pido que la sangre de Jesús los lave. También me arrepiento por maldiciones de palabras auto infligidas y todos los pactos con demonios que han existido en mi linaje ancestral. Te pido que cada pacto con los poderes demoniacos sea revocado y que su derecho a reclamarme a mí y a mi linaje sea desechado ante Tu corte, en el nombre de Jesús. Gracias, Señor, por revocar estos pactos demoniacos y altares malignos en el poderoso nombre de Jesús. Padre Celestial, en mi sincero deseo de divorciarme del espíritu y del altar del *estancamiento*, te devuelvo todo y cualquier cosa que el diablo diga que viene de su reino. Solo quiero lo que la sangre de Jesús me ha asegurado.

7. *Apelar a la Sangre de Jesús para Limpiar Todo Pecado (Evidencia de Satanás)*

Señor Jesús, gracias por limpiarme con Tu sangre para que Satanás no tenga base legal contra mí en Tu corte. Está escrito en 1 Juan 1:9:

> *Si admitimos [libremente] que hemos pecado y confesamos nuestros pecados, Él es fiel y justo [fiel a Su propia naturaleza y promesas], y perdonará nuestros pecados y nos limpiará continuamente de toda maldad [nuestras malas acciones, todo lo que no esté en conformidad con Su voluntad y propósito].*

Justo Juez, apelo a la sangre de Jesús para que limpie todos mis defectos, transgresiones e iniquidades, en el nombre de Jesús, te lo ruego. Recibo por fe el poder limpiador de la sangre de Jesús.

8. *Pedir al Tribunal que desestime todas las acusaciones y cargos de Satanás.*

Padre Celestial, basado en la obra terminada de Jesús y en mi arrepentimiento de corazón, ahora me muevo a la Corte del cielo para desechar todas las acusaciones y cargos de Satanás en contra mía y de mi linaje en el nombre de Jesús. Porque está escrito que el acusador de los hermanos ha sido arrojado. Así que, te pido Padre que deseches todas las acusaciones de satanás en mi contra, en el nombre de Jesús, te lo ruego.

9. *Pídele al Señor que envíe ángeles para destruir el altar maligno y ejecutar el juicio del Señor contra él.*

Padre Celestial, Juez Justo, te pido que envíes oficiales angélicos de alto rango de las Cortes que sobresalgan en fuerza para ejecutar el juicio de Tu

corte suprema y destruir el altar maligno del *estancamiento* y el ídolo que se sienta en él que satanás plantó en mi línea de sangre, en el nombre de Jesús yo oro. Por el espíritu de profecía, profetizo la destrucción completa del altar maligno del *estancamiento* en mi vida, en el nombre de Jesús. Porque está escrito en Salmo 91:11-12, *"Porque él mandará a sus ángeles acerca de ti, para protegerte, defenderte y guardarte en todos tus caminos [de obediencia y servicio]. Te levantarán en sus manos, para que ni siquiera tropieces con piedra alguna"*. Recibo asistencia angelical, ahora mismo, en el nombre de Jesús.

10. Presente las Escrituras que se Usarán para Emitir una Orden Divina de Restricción

Padre Celestial, presento ante Tu Corte Suprema las siguientes escrituras como mi sólida evidencia contra el espíritu y el altar del estancamiento en mi vida. Está escrito:

> *El justo florecerá como la palmera datilera [longeva, erguida y útil]; crecerá como un cedro en el Líbano [majestuoso y estable]* (Salmo 92:12).

> *Y será como un árbol firmemente plantado [y alimentado] por corrientes de agua, que da su fruto a su tiempo; su hoja no se marchita; y en todo lo que hace, prospera [y llega a la madurez]* (Salmo 1:3).

Justo Juez, basado en las escrituras antes mencionadas, es claro que el espíritu y el altar del *estancamiento*, si se le permite tener éxito, causaría gran daño a mi vida, destino, y también infligiría un daño irreparable a los propósitos de Dios. Pido que todo derecho legal que el espíritu y el altar del *estancamiento* están sosteniendo sea revocado en el glorioso nombre de Jesús. Justo Juez, basado en las escrituras antes mencionadas, es claro que califico para una orden de restricción divina contra el altar del *estancamiento* y el ídolo que se sienta en él, en el nombre de Jesús.

11. Pedir al Tribunal que emita una Orden Divina de Restricción y Recibir la Orden Divina de Restricción por Fe.

Padre Celestial, Juez Justo, ahora te pido que una orden de restricción divina y una orden judicial permanente en contra del espíritu y el altar del *estancamiento* en mi vida sea emitida por la autoridad de Tu Corte Suprema, en el nombre de Jesús. Padre Celestial, yo decreto y declaro que cualquier y todas las formas de *estancamiento* espiritual o financiero que el diablo ha emitido o está orquestando en contra de mi vida son ahora canceladas en el glorioso nombre de Jesús. Padre Celestial, recibo está orden divina de restricción y mandato permanente por fe, en el nombre de Jesús. Porque está escrito en la Constitución de Tu Reino en Hebreos 11:6, *"Pero sin fe es imposible [caminar con Dios y] agradarle, porque cualquiera que se acerque [a] Dios debe [necesariamente] creer que Dios existe y que Él recompensa a aquellos que [seria y diligentemente] lo buscan."* Creo y declaro por fe que el espíritu y el altar del *estancamiento* en mi vida han sido juzgados, ¡en el nombre de Jesús!

12. Pídele al Señor que selle tu veredicto justo y tus procedimientos judiciales con la sangre de Jesús.

Padre Celestial, Justo Juez, ahora te pido que selles mi justo veredicto contra el espíritu y el altar del *estancamiento* en la preciosa sangre de Jesús. Que también cubras con la sangre de Jesús todos mis procedimientos legales en está Corte en el nombre de Jesús. Yo decreto y declaro que mi justo veredicto de liberación y avance del malvado altar del *estancamiento* está ahora asegurado en los documentos de las Cortes del Cielo. Porque está escrito en el Evangelio de Juan, capítulo 8:36, *"Así que si el Hijo os hace libres, entonces sois incuestionablemente libres."* Yo decreto y declaro que soy libre del altar maligno del estancamiento en el nombre de Jesús,

Oración #3

Desarraigar el altar de la frustración

No nos cansemos ni nos desalentemos de hacer el bien, porque a su debido tiempo cosecharemos, si no nos damos por vencidos.
—Gálatas 6:9

¿Alguna vez te has sentido frustrado? No es una sensación muy agradable, ¿verdad? La frustración te roba tu paz mental, mientras que simultáneamente trata de asfixiarte con un manto de desesperanza. La frustración también puede envenenar las relaciones buenas y divinas que Dios asignó a tu vida. Dictionary.com define correctamente "frustración" como un sentimiento de insatisfacción, a menudo acompañado de ansiedad o depresión, que resulta de necesidades insatisfechas o problemas sin resolver. Tengo tantos cristianos bien intencionados que son atormentados por una frustración interminable... parece que todo lo que tocan es frustrado por el enemigo. Los he visto derramar lágrimas delante de mí y levantar los brazos mientras se resignan a una vida de fracaso y mediocridad. Nunca he creído ni por una vez que este era el destino de Dios para nadie de este lado del Cielo. Después de que Dios me diera la revelación sobre la batalla de los altares, cambió mi forma de ver la frustración repetitiva en la vida de algunas personas. Ahora sé que la mayoría de las personas cuyos esfuerzos son frustrados por fuerzas invisibles están luchando contra un altar maligno de frustración que está hablando en contra de ellos en el reino espiritual. ¡Escribí está oración para ti!

ORACIÓN DE ACTIVACIÓN

1. Dirigirse al Padre en alabanza y adoración

Padre Celestial, santo es Tu nombre y grandemente para ser alabado. Te adoro en el nombre de Jesús. Que Tu Reino se manifieste en mi vida como en el Cielo. Defiende mi causa, oh, Señor, con aquellos que luchan conmigo; lucha contra cualquier entidad o persona que este contendiendo en mi contra. Padre Celestial, está escrito en Salmo 27:6, *"Y ahora mi cabeza se alzará sobre mis enemigos que me rodean, en Su tienda ofreceré sacrificios con gritos de alegría; cantaré, sí, cantaré alabanzas al Señor".* Abba, encomiendo mi adoración al coro celestial de adoración de Tus santos ángeles y la multitud de testigos, en el nombre de Jesús.

2. Pedir al Tribunal que se siente

Padre Celestial, Juez Justo, te pido que las Cortes del Cielo sean sentadas de acuerdo a Daniel 7:9-10. Te lo pido en el poderoso nombre de Jesús. Te pido esto en el poderoso nombre de Jesús. Está escrito:

> *Seguí mirando hasta que se levantaron tronos, y el Anciano de Días (Dios) tomó asiento; su manto era blanco como la nieve y el pelo de su cabeza como lana pura. Su trono era llamas de fuego; sus ruedas eran un fuego ardiente. Un río de fuego fluía y salía de delante de Él; mil millares le asistían, y diez mil veces diez mil Estaban de pie delante de Él; el tribunal Estaba sentado, y los libros abiertos.*

Padre Celestial, estoy solicitando el privilegio de estar delante de la corte del Anciano de Días de acuerdo a lo que fue revelado al profeta Daniel, en el nombre de Jesús, yo oro. Padre Celestial, estoy en Tu corte real por la sangre y el trabajo terminado de Jesús en la cruz. He venido a recibir Tu justo juicio sobre mi vida en contra del espíritu y el altar de *frustración* que Satanás ha plantado en mi linaje generacional. Padre Celestial, invoco a Tus santos ángeles para que sean testigos de mi demanda y justo juicio en contra del malvado altar de la *frustración*. Yo decreto y declaro que este altar maligno de *frustración* no frustrara la gracia de Dios sobre mi vida. Tampoco frustrará importantes relaciones divinas en mi vida; tampoco frustrará mi carrera o negocios, en el nombre de Jesús yo oro.

3. Renuncia a tus derechos de autorrepresentación al Señor como tu abogado

Padre Celestial, Tu Palabra en 1 Juan 2:1-2 dice: *"Hijitos míos, estás cosas os escribo para que no pequéis. Y si alguno peca, abogado tenemos para con el Padre, a Jesucristo el justo. Y Él mismo es la propiciación por nuestros pecados, y no solo por los nuestros, sino también por los de todo el mundo".* Te doy gracias porque Jesús es mi fiel Abogado ante el Juez Justo en los Tribunales del Cielo. Señor Jesús, renuncio a mis derechos de autorrepresentación y te invoco como mi Abogado para que me ayudes a defender mi caso ante el Juez Justo y perseguir el mal del altar de la muerte prematura que satanás plantó en mi linaje. También le pido al bendito Espíritu Santo, quien es el más alto oficial de las Cortes del Cielo aquí en la tierra, que me haga sensible a los procedimientos de está Corte para poder procesar exitosamente el malvado altar de la frustración en el nombre de Jesús.

4. Invoca al altar del mal y al ídolo que se sienta sobre él para que comparezcan ante el tribunal.

Padre Celestial, al estar en Tu corte real me presento a mí mismo como un sacrificio vivo, santo y aceptable delante de Ti de acuerdo a Romanos 12:1. Padre Celestial, Juez Justo, yo invoco al altar de *la frustración* en mi línea de sangre y al ídolo que se sienta en el para que comparezca en Tu corte real para ser enjuiciado en el nombre de Jesús. Porque está escrito en 1 Corintios 6:3, *"¿No sabéis que nosotros [los creyentes] juzgaremos a los ángeles? ¿Cuánto más entonces [en cuanto a] los asuntos de esta vida?".* Padre Celestial, ejerzo la autoridad que Dios me ha dado en Cristo Jesús para juzgar demonios y principados, en el nombre de Jesús te lo ruego. Justo Juez, también está escrito en la Constitución de Tu Reino en 1 Juan 3:8, *"Para esto fue manifestado el Hijo de Dios, para deshacer las obras del diablo".*

5. Responder a las acusaciones de Satanás y ponerse de acuerdo con el adversario

Padre Celestial, yo sé que hasta el fin de la era del pecado, satanás todavía tiene acceso legal a las Cortes del Cielo para levantar acusaciones en contra de los hijos de los hombres; porque está escrito en el libro de Apocalipsis 12:10:

> *Entonces oí una gran voz en el cielo, que decía: "Ahora han llegado la salvación, el poder y el reino (dominio, reinado) de nuestro Dios, y la autoridad de su Cristo; porque ha sido arrojado [por fin] el acusador de nuestros hermanos [creyentes], el que los acusaba y seguía presentando cargos [de conducta pecaminosa] contra ellos ante nuestro Dios día y noche."*

Padre Celestial, el Señor Jesús también dijo en el libro de Mateo 5:25:

> *Ponte de acuerdo rápidamente [a la mayor brevedad posible] con tu adversario de derecho mientras estás con él de camino [al tribunal], para que tu adversario no te entregue al juez, y el juez al guardia, y te metan en la cárcel.*

Padre Celestial, con toda humildad, mientras renuncio al espíritu de orgullo, elijo rápidamente estar de acuerdo con las acusaciones legales de mi adversario, satanás. Justo Juez, todas las acusaciones que satanás ha presentado contra mí y mi linaje en está Corte son ciertas.

6. Arrepiéntete

Padre Celestial, me arrepiento por mis transgresiones personales, y por los pecados e iniquidades de mis antepasados que abrieron la puerta para que el espíritu y el altar de *la frustración* oprimieran mi vida, en el nombre de Jesús te lo pido. Señor, cada pecado de mis antepasados que el enemigo está usando como un derecho legal para construir casos en mi contra y negarme mi destino, te pido que la sangre de Jesús simplemente los lave. También me arrepiento por maldiciones de palabras auto infligidas y todos los pactos con demonios que han existido en mi linaje ancestral. Te pido que cada pacto con los poderes demoniacos sea revocado y que su derecho a reclamarme a mí y a mi linaje sea desechado ante Tu corte, en el nombre de Jesús. Gracias, Señor, por revocar estos pactos demoniacos y altares malignos en el poderoso nombre de Jesús. Padre Celestial, en mi sincero deseo de divorciarme del espíritu y del altar de *la frustración*, te devuelvo todo y cualquier cosa que el diablo diga que viene de su reino. Solo quiero lo que la sangre de Jesús me ha asegurado.

7. Apelar a la Sangre de Jesús para Limpiar Todo Pecado (Evidencia de Satanás)

Señor Jesús, gracias por limpiarme con Tu sangre para que Satanás no tenga base legal contra mí en Tu corte. Está escrito en 1 Juan 1:9:

> *Si admitimos [libremente] que hemos pecado y confesamos nuestros pecados, Él es fiel y justo [fiel a Su propia naturaleza y promesas], y perdonará nuestros pecados y nos limpiará continuamente de toda maldad [nuestras malas acciones, todo lo que no esté en conformidad con Su voluntad y propósito].*

Justo Juez, apelo a la sangre de Jesús para que limpie todos mis defectos, transgresiones e iniquidades, en el nombre de Jesús, te lo ruego. Recibo por fe el poder limpiador de la sangre de Jesús.

8. Pedir al Tribunal que desestime todas las acusaciones y cargos de Satanás.

Padre Celestial, basado en la obra terminada de Jesús y en mi arrepentimiento de corazón, ahora me muevo a la Corte del cielo para desechar todas las acusaciones y cargos de Satanás en contra mía y de mi linaje en el nombre de Jesús. Porque está escrito que el acusador de los hermanos ha sido arrojado. Así que, te pido Padre que deseches todas las acusaciones de satanás en mi contra, en el nombre de Jesús, te lo ruego.

9. Pídele al Señor que envíe ángeles para destruir el altar maligno y ejecutar el juicio del Señor contra él.

Padre Celestial, Juez Justo, te pido que envíes oficiales angélicos de alto rango de las Cortes que sobresalgan en fuerza para ejecutar el juicio de Tu corte suprema y destruir el altar maligno de la *frustración* y el ídolo que se sienta en él que satanás plantó en mi línea de sangre, en el nombre de Jesús yo oro. Por el espíritu de profecía, profetizo la destrucción completa del altar maligno de la *frustración* en mi vida, en el nombre de Jesús. Porque está escrito en Salmo 91:11-12, *"Porque él mandará a sus ángeles acerca de ti, para protegerte, defenderte y guardarte en todos tus caminos [de obediencia y servicio]. Te levantarán en sus manos, para que ni siquiera tropieces con piedra alguna"*. Recibo asistencia angelical, ahora mismo, en el nombre de Jesús.

10. Presente las Escrituras que se Usarán para Emitir una Orden Divina de Restricción

Padre Celestial, presento ante Tu Corte Suprema las siguientes escrituras como mi sólida evidencia contra el espíritu y el altar de la muerte por frustración en mi vida. Está escrito:

> *No frustro la gracia de Dios; porque si por la ley viene la justicia, entonces Cristo murió en vano* (Gálatas 2:21 RV).

> *"Ninguna arma que se forme contra ti tendrá éxito; y condenarás toda lengua que se levante contra ti en juicio. Está [paz, justicia, seguridad y triunfo sobre la oposición] es la herencia de los siervos del Señor, y está es su vindicación de Mi parte", dice el Señor* (Isaías 54:17).

Justo Juez, basado en las escrituras antes mencionadas, es claro que el espíritu y el altar de *la* frustración, si se le permite tener éxito, causaría gran daño a mi vida, destino, y también infligiría daño irreparable a los propósitos de Dios. Pido que todo derecho legal que el espíritu y el altar de *la frustración* están sosteniendo sea revocado en el glorioso nombre de Jesús. Justo Juez, basado en las escrituras antes mencionadas, es claro que califico para una orden de restricción divina contra el altar de *la frustración* y el ídolo que se sienta en él, en el nombre de Jesús.

11. Pedir al Tribunal que emita una Orden Divina de Restricción y Recibir la Orden Divina de Restricción por Fe.

Padre Celestial, Juez Justo, ahora te pido que una orden de restricción divina y una orden judicial permanente contra el espíritu y el altar de la *frustración* en mi vida sea emitida por la autoridad de Tu Corte Suprema, en el nombre de Jesús. Padre Celestial, yo decreto y declaro que cualquier y todas las formas de *frustración* que el diablo ha emitido o está orquestando en contra de mi vida son ahora canceladas en el glorioso nombre de Jesús. Padre Celestial, yo recibo está orden divina de restricción y orden permanente por fe, en el nombre de Jesús. Porque está escrito en la Constitución de Tu Reino en Hebreos 11:6, *"Pero sin fe es imposible [caminar con Dios y] agradarle, porque cualquiera que se acerque a Dios debe [necesariamente] creer que Dios existe y que Él recompensa a aquellos que [seria y diligentemente] lo buscan".* Creo y declaro por fe que el espíritu y el altar de la *frustración* en mi vida han sido juzgados, ¡en el nombre de Jesús!

12. Pídele al Señor que selle tu veredicto justo y tus procedimientos judiciales con la sangre de Jesús.

Padre Celestial, Justo Juez, ahora te pido que selles mi justo veredicto contra el espíritu y el altar de *la frustración* en la preciosa sangre de Jesús. Que también cubras con la sangre de Jesús todos mis procedimientos legales en está Corte en el nombre de Jesús. Yo decreto y declaro que mi justo veredicto de liberación y avance del malvado altar de *la frustración* está ahora asegurado en los documentos de las Cortes del Cielo. Porque está escrito en el Evangelio de Juan, capítulo 8:36, *"Así que si el Hijo os hace libres, entonces sois incuestionablemente libres."* Yo decreto y declaro que soy libre del altar maligno del estancamiento en el nombre de Jesús, ¡amén!

Oración #4

Desarraigar el altar de la depresión

¿Por qué estás desesperada, alma mía? ¿Y por qué estás inquieta y turbada dentro de mí? Espera en Dios y aguarda en Él, pues volveré a alabarle, ayuda de mi [triste] semblante y Dios mío.
—Salmo 43:5

Asisto a una iglesia muy vibrante en Georgia. Hace un tiempo uno de nuestros miembros se suicidó dentro de su vehículo en su garaje, debido a la depresión con la que luchaba continuamente. Finalmente decidió que su familia Estaba mejor con él muerto que vivo, ¡así que se suicidó! ¡Qué tragedia! Hace unos años, mi ministerio recibió una semilla de 600 dólares de una mujer de Florida a la que no conocía. Su semilla vino con un mensaje en el cual ella me agradecía profusamente por mi libro, *Rompiendo Maldiciones Generacionales bajo la Orden de Melquisedec*. La curiosidad espiritual sacó lo mejor de mí... así que decidí llamar. La historia que me contó me rompió el corazón y me llenó de esperanza al mismo tiempo. Me dijo que cuando Estaba en Kansas City visitando la iglesia de Mike Bickle, una de sus amigas le dio una copia de mi libro y le dijo como "Saltar la Línea de Sangre" para romper maldiciones generacionales. Ella lo hizo y su vida cambió drásticamente. Luego llevó a una amiga cuya familia luchaba contra el trastorno bipolar.

Me contó que la hermana pequeña de su amiga se había volado la cabeza con una pistola porque Estaba cansada de vivir con Bipolar, con todos sus cambios de humor depresivos. El suicidio de la hermana de su amiga desencadenó el Bipolar en la hermana restante, que se culpó a sí misma por impedir la trágica muerte de su hermana. Sin embargo, después de que está mujer guiara a su amiga en el acto profético de saltar la línea de sangre para romper maldiciones, su amiga se liberó completamente de la Bipolaridad y dejó todos los medicamentos. La moraleja de esta historia es que hay muchos factores que contribuyen a por qué algunos luchan con la depresión crónica, el principal de ellos es la presencia de un altar maligno de la depresión en su línea de sangre, que nunca ha sido detenido en los Tribunales del Cielo. La siguiente oración es para todos los que luchan contra el altar maligno de la depresión.

ORACIÓN DE ACTIVACIÓN

1. Dirigirse al Padre en alabanza y adoración

Padre Celestial, santo es Tu nombre y grandemente para ser alabado. Te adoro en el nombre de Jesús. Que Tu Reino se manifieste en mi vida como en el Cielo. Defiende mi causa, oh, Señor, con aquellos que luchan conmigo; lucha contra cualquier entidad o persona que este contendiendo en mi contra. Padre Celestial, está escrito en Salmo 27:6, *"Y ahora mi cabeza se alzará sobre mis enemigos que me rodean, en Su tienda ofreceré sacrificios con gritos de alegría; cantaré, sí, cantaré alabanzas al Señor"*. Abba, encomiendo mi adoración al coro celestial de adoración de Tus santos ángeles y la multitud de testigos, en el nombre de Jesús.

2. Pedir al Tribunal que se siente

Padre Celestial, Juez Justo, te pido que las Cortes del Cielo sean sentadas de acuerdo a Daniel 7:9-10. Te lo pido en el poderoso nombre de Jesús. Te pido esto en el poderoso nombre de Jesús. Está escrito:

> *Seguí mirando hasta que se levantaron tronos, y el Anciano de Días (Dios) tomó asiento; su manto era blanco como la nieve y el pelo de su cabeza como lana pura. Su trono era llamas de fuego; sus ruedas eran un fuego ardiente. Un río de fuego fluía y salía de delante de Él; mil millares le asistían, y diez mil veces diez mil Estaban de pie delante de Él; el tribunal Estaba sentado, y los libros abiertos.*

Padre Celestial, estoy solicitando el privilegio de estar delante de la corte del Anciano de Días de acuerdo a lo que fue revelado al profeta Daniel, en el nombre de Jesús, yo oro. Padre Celestial, estoy en Tu corte real por la sangre y el trabajo de Jesús en la cruz. He venido a recibir Tu justo juicio sobre mi vida en contra del espíritu y el altar de *la depresión* que Satanás ha plantado en mi linaje generacional. Padre Celestial, invoco a Tus santos ángeles para que sean testigos de mi demanda y justo juicio en contra del altar maligno de la *depresión*. Yo decreto y declaro que este altar maligno de la *depresión* no causara que mi alma se abata; ni matara el gozo del Señor, el cual es mi fortaleza, en el nombre de Jesús yo oro.

3. Renuncia a tus derechos de autorrepresentación al Señor como tu abogado

Padre Celestial, Tu Palabra en 1 Juan 2:1-2 dice: "*Hijitos míos, estás cosas os escribo para que no pequéis. Y si alguno peca, abogado tenemos para con el Padre, a Jesucristo el justo. Y Él mismo es la propiciación por nuestros pecados, y no solo por los nuestros, sino también por los de todo el mundo*". Te agradezco que Jesús es mi fiel Abogado ante el Juez Justo en las Cortes del Cielo. Señor Jesús, renuncio a mis derechos de autorrepresentación y te invoco como mi Abogado para que me ayudes a defender mi caso ante el Juez Justo y procesar el mal del altar de la *depresión* que satanás plantó en mi linaje. También le pido al bendito Espíritu Santo, quien es el más alto oficial de las Cortes del

Cielo aquí en la tierra, que me haga sensible a los procedimientos de está Corte para poder procesar exitosamente el malvado altar de la depresión en el nombre de Jesús.

4. *Invoca al altar del mal y al ídolo que se sienta sobre él para que comparezcan ante el tribunal.*

Padre Celestial, al estar en Tu corte real me presento a mí mismo como un sacrificio vivo, santo y aceptable delante de Ti de acuerdo a Romanos 12:1. Padre Celestial, Juez Justo, yo invoco al altar de *la depresión* en mi línea de sangre y al ídolo que se sienta en el para que comparezca en Tu corte real para enfrentar el enjuiciamiento en el nombre de Jesús. Porque está escrito en 1 Corintios 6:3, *"¿No sabéis que nosotros [los creyentes] juzgaremos a los ángeles? ¿Cuánto más entonces [en cuanto a] los asuntos de esta vida?".* Padre Celestial, ejerzo la autoridad que Dios me ha dado en Cristo Jesús para juzgar demonios y principados, en el nombre de Jesús te lo ruego. Justo Juez, también está escrito en la Constitución de Tu Reino en 1 Juan 3:8, *"Para esto fue manifestado el Hijo de Dios, para deshacer las obras del diablo".*

5. *Responder a las acusaciones de Satanás y ponerse de acuerdo con el adversario*

Padre Celestial, yo sé que hasta el fin de la era del pecado, satanás todavía tiene acceso legal a las Cortes del Cielo para levantar acusaciones en contra de los hijos de los hombres; porque está escrito en el libro de Apocalipsis 12:10:

> *Entonces oí una gran voz en el cielo, que decía: "Ahora han llegado la salvación, el poder y el reino (dominio, reinado) de nuestro Dios, y la autoridad de su Cristo; porque ha sido arrojado [por fin] el acusador de nuestros hermanos [creyentes],*

> *el que los acusaba y seguía presentando cargos [de conducta pecaminosa] contra ellos ante nuestro Dios día y noche."*

Padre Celestial, el Señor Jesús también dijo en el libro de Mateo 5:25:

> *Ponte de acuerdo rápidamente [a la primera oportunidad] con tu adversario de derecho mientras estás con él de camino [al tribunal], para que tu adversario no te entregue al juez, y el juez a la guardia, y te metan en la cárcel.*

Padre Celestial, con toda humildad, mientras renuncio al espíritu de orgullo, elijo rápidamente estar de acuerdo con las acusaciones legales de mi adversario, satanás. Justo Juez, todas las acusaciones que satanás ha presentado contra mí y mi linaje en está Corte son ciertas.

6. *Arrepiéntete*

Padre Celestial, me arrepiento por mis transgresiones personales, y por los pecados e iniquidades de mis antepasados que abrieron la puerta para que el espíritu y el altar de *la depresión* oprimieran mi vida, en el nombre de Jesús te lo pido. Señor, cada pecado de mis antepasados que el enemigo está usando como un derecho legal para construir casos en mi contra y negarme mi destino, te pido que la sangre de Jesús simplemente los lave. Me arrepiento de centrarme en mis imperfecciones en lugar de en la obra terminada de Jesús. También me arrepiento por maldiciones de palabras auto infligidas y todos los pactos con demonios de depresión que han existido en mi linaje ancestral. Te pido que cada pacto con los poderes demoniacos sea ahora revocado y que su derecho a reclamarme a mí y a mi linaje sea ahora desechado ante Tu corte, en el nombre de Jesús. Gracias, Señor, por revocar estos pactos demoniacos y altares de depresión en el poderoso nombre de Jesús. Padre Celestial, en mi sincero deseo de divorciarme del espíritu y del altar de la *depresión*, te devuelvo todo y cualquier cosa que el diablo diga que viene de su reino. Solo quiero lo que la sangre de Jesús me ha asegurado.

7. Apelar a la Sangre de Jesús para Limpiar Todo Pecado (Evidencia de Satanás)

Señor Jesús, gracias por limpiarme con Tu sangre para que Satanás no tenga base legal contra mí en Tu corte. Está escrito en 1 Juan 1:9:

> *Si admitimos [libremente] que hemos pecado y confesamos nuestros pecados, Él es fiel y justo [fiel a Su propia naturaleza y promesas], y perdonará nuestros pecados y nos limpiará continuamente de toda maldad [nuestras malas acciones, todo lo que no esté en conformidad con Su voluntad y propósito].*

Justo Juez, apelo a la sangre de Jesús para que limpie todos mis defectos, transgresiones e iniquidades, en el nombre de Jesús, te lo ruego. Recibo por fe el poder limpiador de la sangre de Jesús.

8. Pedir al Tribunal que desestime todas las acusaciones y cargos de Satanás.

Padre Celestial, basado en la obra terminada de Jesús y en mi arrepentimiento de corazón, ahora me muevo a la Corte del cielo para desechar todas las acusaciones y cargos de Satanás en contra mía y de mi linaje en el nombre de Jesús. Porque está escrito que el acusador de los hermanos ha sido arrojado. Así que, te pido Padre que deseches todas las acusaciones de satanás en mi contra, en el nombre de Jesús, te lo ruego.

9. Pídele al Señor que envíe ángeles para destruir el altar maligno y ejecutar el juicio del Señor contra él.

Padre Celestial, Juez Justo, te pido que envíes oficiales angélicos de alto rango de las Cortes que sobresalgan en fuerza para ejecutar el juicio de Tu corte suprema y destruir el altar maligno de la *depresión* y el ídolo que se sienta en él que satanás plantó en mi línea de sangre, en el nombre de Jesús yo oro. Por el espíritu de profecía, profetizo la destrucción completa del altar maligno de la *depresión* en mi vida, en el nombre de Jesús. Porque está escrito en Salmo 91:11-12, *"Porque él mandará a sus ángeles acerca de ti, para que te protejan, te defiendan y te guarden en todos tus caminos [de obediencia y servicio]. Te levantarán en sus manos, para que ni siquiera tropieces con piedra alguna".* Recibo asistencia angelical, ahora mismo, en el nombre de Jesús.

10. Presente las Escrituras que se Usarán para Emitir una Orden Divina de Restricción

Padre Celestial, presento ante Tu Corte Suprema las siguientes escrituras como mi sólida evidencia contra el espíritu y el altar de la muerte prematura en mi vida. Está escrito:

> *Entonces Esdras les dijo: "Id, comed la rica comida de la fiesta, bebed la dulce bebida, y enviad porciones a aquel para quien no hay nada preparado; porque este día es santo para nuestro Señor. Y no os inquietéis, porque la alegría del Señor es vuestra fuerza y vuestro baluarte"* (Nehemías 8:10).

> *Un corazón lleno de alegría y de bondad da un rostro alegre, pero cuando el corazón está lleno de tristeza el espíritu se abate* (Proverbios 15:13).

Justo Juez, basado en las escrituras antes mencionadas, es claro que el espíritu y el altar de la *depresión*, si se le permite tener éxito, causaría gran daño a mi vida, destino, y también infligiría un daño irreparable a los propósitos de Dios. Pido que todo derecho legal que el espíritu y el altar de la *depresión* están sosteniendo sea revocado en el glorioso nombre de Jesús. Justo Juez, basado en las escrituras antes mencionadas, es claro que califico para una orden de restricción divina contra el altar de la *depresión* y el ídolo que se sienta en él, en el nombre de Jesús.

11. Pedir al Tribunal que emita una Orden Divina de Restricción y Recibir la Orden Divina de Restricción por Fe.

Padre Celestial, Juez Justo, ahora te pido que una orden de restricción divina y una orden judicial permanente contra el espíritu y el altar de *la depresión* en mi vida sea emitida por la autoridad de Tu Corte Suprema, en el nombre de Jesús. Padre Celestial, yo decreto y declaro que cualquier y todas las formas de planes de *depresión que* el diablo ha emitido o está orquestando en contra de mi vida son ahora cancelados en el glorioso nombre de Jesús. Padre Celestial, yo recibo está orden divina de restricción y orden permanente por fe, en el nombre de Jesús. Porque está escrito en la Constitución de Tu Reino en Hebreos 11:6, *"Pero sin fe es imposible [caminar con Dios y] agradarle, porque cualquiera que se acerque [a] Dios debe [necesariamente] creer que Dios existe y que Él recompensa a aquellos que [seria y diligentemente] lo buscan."* Creo y declaro por fe que el espíritu y el altar de *la depresión* en mi vida han sido juzgados, ¡en el nombre de Jesús!

12. Pídele al Señor que selle tu veredicto justo y tus procedimientos judiciales con la sangre de Jesús.

Padre Celestial, Justo Juez, ahora te pido que selles mi justo veredicto contra el espíritu y el altar de *la depresión* con la preciosa sangre de Jesús. Que también cubras con la sangre de Jesús todos mis procedimientos legales en está Corte en el nombre de Jesús. Yo decreto y declaro que mi justo veredicto de liberación y avance del malvado altar de *la depresión* está ahora asegurado en los documentos de las Cortes del Cielo. Porque está escrito en el Evangelio de Juan, capítulo 8:36, *"Así que si el Hijo os hace libres, entonces sois incuestionablemente libres."* Yo decreto y declaro que soy libre del altar maligno de la depresión en el nombre de Jesús, ¡amén!

Oración #5

Desarraigar el altar de la perversión sexual

Por eso Dios los entregó en los deseos de sus corazones a la impuora [sexual], para que sus cuerpos fueran deshonrados entre ellos [abandonándolos al poder degradante del pecado], porque [por elección] cambiaron la verdad de Dios por la mentira, y adoraron y sirvieron a la criatura antes que, al Creador, ¡que es bendito por los siglos! Amén.

—Romanos 1:24-25

No viví en la antigua ciudad de Roma durante el apogeo del imperio romano, así que no puedo hablar con autoridad del nivel de perversión sexual en esa ciudad, aunque los historiadores dicen que el sexo y la prostitución eran muy rampantes en la antigua Roma. Sin embargo, sé esto: la cultura actual está hipersexualizada. Incluso los simples anuncios de vehículos, cosméticos y comida tienen una connotación sexual. También vivimos en un momento de la historia en el que las antiguas y sagradas fronteras entre los géneros masculino y femenino se están derrumbando, bajo el peso de un movimiento transgénero mundial decidido a ampliar los límites del sexo y la sexualidad. Decir que la penetración sexual es galopante en estos tiempos es quedarse corto. Muchos matrimonios cristianos se derrumban bajo el peso de las relaciones extramatrimoniales y la adicción a la pornografía. Sin embargo, muchos de los que leen este libro desean vivir una vida de santidad ante el Señor. Si usted descubre que está luchando para mantenerse sexualmente puro, puede ser debido a un altar maligno de perversión sexual que satanás planto en su línea de sangre. Está poderosa oración de activación es para ti. Usted puede ser liberado de ser un asistente al altar de la adicción sexual.

ORACIÓN DE ACTIVACIÓN

1. Dirigirse al Padre en alabanza y adoración

Padre Celestial, santo es Tu nombre y grandemente para ser alabado. Te adoro en el nombre de Jesús. Que Tu Reino se manifieste en mi vida como en el Cielo. Defiende mi causa, oh, Señor, con aquellos que luchan conmigo; lucha contra cualquier entidad o persona que este contendiendo en mi contra. Padre Celestial, está escrito en Salmo 27:6, *"Y ahora mi cabeza se alzará sobre mis enemigos que me rodean, en Su tienda ofreceré sacrificios con gritos de alegría; cantaré, sí, cantaré alabanzas al Señor"*. Abba, encomiendo mi adoración al coro celestial de adoración de Tus santos ángeles y la multitud de testigos, en el nombre de Jesús.

2. Pedir al Tribunal que se siente

Padre Celestial, Juez Justo, te pido que las Cortes del Cielo sean sentadas de acuerdo a Daniel 7:9-10. Te lo pido en el poderoso nombre de Jesús. Te pido esto en el poderoso nombre de Jesús. Está escrito:

> *Seguí mirando hasta que se levantaron tronos, y el Anciano de Días (Dios) tomó asiento; su manto era blanco como la nieve y el pelo de su cabeza como lana pura. Su trono era llamas de fuego; sus ruedas eran un fuego ardiente. Un río de fuego fluía*

> *y salía de delante de Él; mil millares le asistían, y diez mil veces diez mil Estaban de pie delante de Él; el tribunal Estaba sentado, y los libros abiertos.*

Padre Celestial, estoy solicitando el privilegio de estar delante de la corte del Anciano de Días de acuerdo a lo que fue revelado al profeta Daniel, en el nombre de Jesús, yo oro. Padre Celestial, estoy en Tu corte real por la sangre y el trabajo de Jesús en la cruz. He venido a recibir Tu justo juicio sobre mi vida en contra del espíritu y el altar de la *perversión sexual* que Satanás ha plantado en mi alma, en mi ADN y en mi linaje generacional. Padre Celestial, invoco a Tus santos ángeles para que sean testigos de mi demanda y justo juicio en contra del altar maligno de la *perversión sexual*. Yo decreto y declaro que este altar maligno de *perversión sexual* no me transformará en un adicto al sexo o pervertirá una visión saludable del sexo opuesto, en el nombre de Jesús yo oro.

3. Renuncia a tus derechos de autorrepresentación al Señor como tu abogado

Padre Celestial, Tu Palabra en 1 Juan 2:1-2 dice: "*Hijitos míos, estás cosas os escribo para que no pequéis. Y si alguno peca, abogado tenemos para con el Padre, a Jesucristo el justo. Y Él mismo es la propiciación por nuestros pecados, y no solo por los nuestros, sino también por los de todo el mundo*". Te agradezco que Jesús es mi fiel Abogado ante el Juez Justo en las Cortes del Cielo. Señor Jesús, renuncio a mis derechos de autorrepresentación y te invoco como mi Abogado para que me ayudes a defender mi caso ante el Juez Justo y procesar el mal del altar de la *perversión sexual* que satanás plantó en mi linaje. También pido al bendito Espíritu Santo, quien es el más alto oficial de las Cortes del Cielo aquí en la tierra, que me haga sensible a los procedimientos de está Corte para poder procesar exitosamente el malvado altar de la perversión sexual en el nombre de Jesús.

4. Invoca al altar del mal y al ídolo que se sienta sobre él para que comparezcan ante el tribunal.

Padre Celestial, al estar en Tu corte real me presento como un sacrificio vivo, santo y aceptable delante de Ti de acuerdo a Romanos 12:1. Padre Celestial, Juez Justo, yo invoco al altar de la *perversión sexual* en mi linaje y al ídolo que se sienta en el para que comparezca en Tu corte real para ser enjuiciado en el nombre de Jesús. Porque está escrito en 1 Corintios 6:3, *"¿No sabéis que nosotros [los creyentes] juzgaremos a los ángeles? ¿Cuánto más entonces [en cuanto a] los asuntos de esta vida?".* Padre Celestial, ejerzo la autoridad que Dios me ha dado en Cristo Jesús para juzgar demonios y principados, en el nombre de Jesús te lo ruego. Justo Juez, también está escrito en la Constitución de Tu Reino en 1 Juan 3:8, *"Para esto fue manifestado el Hijo de Dios, para deshacer las obras del diablo".*

5. Responder a las acusaciones de Satanás y ponerse de acuerdo con el adversario

Padre Celestial, yo sé que hasta el fin de la era del pecado, satanás todavía tiene acceso legal a las Cortes del Cielo para levantar acusaciones en contra de los hijos de los hombres; porque está escrito en el libro de Apocalipsis 12:10:

> *Entonces oí una gran voz en el cielo, que decía: "Ahora han llegado la salvación, el poder y el reino (dominio, reinado) de nuestro Dios, y la autoridad de su Cristo; porque ha sido arrojado [por fin] el acusador de nuestros hermanos [creyentes], el que los acusaba y seguía presentando cargos [de conducta pecaminosa] contra ellos ante nuestro Dios día y noche."*

Padre Celestial, el Señor Jesús también dijo en el libro de Mateo 5:25:

> *Ponte de acuerdo rápidamente [a la mayor brevedad posible] con tu adversario de derecho mientras estás con él de camino [al tribunal], para que tu adversario no te entregue al juez, y el juez al guardia, y te metan en la cárcel.*

Padre Celestial, con toda humildad, mientras renuncio al espíritu de orgullo, elijo rápidamente estar de acuerdo con las acusaciones legales de mi adversario, satanás. Justo Juez, todas las acusaciones que satanás ha presentado contra mí y mi linaje en está Corte son ciertas.

6. *Arrepiéntete*

Padre Celestial, me arrepiento por mis transgresiones personales, y por los pecados e iniquidades de mis antepasados que abrieron la puerta para que el espíritu y el altar de *la perversión sexual* oprimiera mi vida, en el nombre de Jesús te lo pido. Señor, cada pecado de mis antepasados que el enemigo está usando como un derecho legal para construir casos en mi contra y atarme a la perversión sexual, te pido que la sangre de Jesús los lave. También me arrepiento por maldiciones de palabras auto infligidas y todos los pactos con demonios de perversión sexual que han existido en mi linaje ancestral. Te pido que todo pacto con poderes demoniacos sea revocado y que su derecho a reclamarme a mí y a mi linaje sea desechado ante Tu corte, en el nombre de Jesús. Gracias, Señor, por revocar estos pactos demoniacos y altares malignos de perversión sexual en el poderoso nombre de Jesús. Padre Celestial, en mi sincero deseo de divorciarme del espíritu y del altar de la *perversión sexual*, te devuelvo todo y cualquier cosa que el diablo diga que viene de su reino. Solo quiero lo que la sangre de Jesús me ha asegurado.

7. *Apelar a la Sangre de Jesús para Limpiar Todo Pecado (Evidencia de Satanás)*

Señor Jesús, gracias por limpiarme con Tu sangre para que Satanás no tenga base legal contra mí en Tu corte. Está escrito en 1 Juan 1:9:

> *Si admitimos [libremente] que hemos pecado y confesamos nuestros pecados, Él es fiel y justo [fiel a Su propia naturaleza y promesas], y perdonará nuestros pecados y nos limpiará continuamente de toda maldad [nuestras malas acciones, todo lo que no esté en conformidad con Su voluntad y propósito].*

Justo Juez, apelo a la sangre de Jesús para que limpie todos mis defectos, transgresiones e iniquidades, en el nombre de Jesús, te lo ruego. Recibo por fe el poder limpiador de la sangre de Jesús.

8. Pedir al Tribunal que desestime todas las acusaciones y cargos de Satanás.

Padre Celestial, basado en la obra terminada de Jesús y en mi arrepentimiento de corazón, ahora me muevo a la Corte del cielo para desechar todas las acusaciones y cargos de Satanás en contra mía y de mi linaje en el nombre de Jesús. Porque está escrito que el acusador de los hermanos ha sido arrojado. Así que, te pido Padre que deseches todas las acusaciones de satanás en mi contra, en el nombre de Jesús, te lo ruego.

9. Pídele al Señor que envíe ángeles para destruir el altar maligno y ejecutar el juicio del Señor contra él.

Padre Celestial, Juez Justo, te pido que envíes oficiales angélicos de alto rango de las Cortes que sobresalgan en fuerza para ejecutar el juicio de Tu corte suprema y destruir el altar maligno de la *perversión sexual* y el ídolo que se sienta en él que satanás plantó en mi línea de sangre, en el nombre de Jesús yo oro. Por el espíritu de profecía, profetizo la destrucción completa del altar maligno de la *perversión sexual* en mi vida, en el nombre de Jesús. Porque está escrito en Salmo 91:11-12, *"Porque él mandará a sus ángeles acerca de ti, para protegerte, defenderte y guardarte en todos tus caminos [de obediencia y servicio]. Te levantarán en sus manos, para que ni siquiera tropieces con piedra alguna".* Recibo asistencia angelical, ahora mismo, en el nombre de Jesús.

10. Presente las Escrituras que se usarán para emitir una Orden Divina de Restricción

Padre Celestial, presento ante Tu Corte Suprema las siguientes escrituras como mi sólida evidencia contra el espíritu y el altar de la perversión sexual en mi vida. Está escrito:

> *Porque Dios no nos ha llamado a la impuora, sino a la santidad [a ser dedicados y apartados por un comportamiento que le agrada, ya sea en público o en privado]* (1 Tesalonicenses 4:7).

> *Persigue continuamente la paz con todos, y la santificación sin la cual nadie verá [jamás] al Señor* (Hebreos 12:14).

Justo Juez, basado en las escrituras antes mencionadas, es claro que el espíritu y el altar de *la perversión* sexual, si se le permite tener éxito, causaría gran daño a mi vida, destino, y también infligiría un daño irreparable a los propósitos de Dios. Pido que todo derecho legal que el espíritu y el altar de *la perversión sexual* están sosteniendo sea revocado en el glorioso nombre de Jesús. Justo Juez, basado en las escrituras antes mencionadas, es claro que califico para una orden de restricción divina contra el altar de la *perversión sexual* y el ídolo que se sienta en él, en el nombre de Jesús.

11. Pedir al Tribunal que emita una Orden Divina de Restricción y Recibir la Orden Divina de Restricción por Fe.

Padre Celestial, Juez Justo, ahora te pido que una orden de restricción divina y una orden judicial permanente en contra del espíritu y el altar de la *perversión sexual* en mi vida sea emitida por la autoridad de Tu Corte Suprema, en el nombre de Jesús. Padre Celestial, yo decreto y declaro que cualquier y todas las formas de planes de *perversión sexual que* el diablo ha emitido o está orquestando en contra de mi vida son ahora cancelados en el glorioso nombre de Jesús. Padre Celestial, yo recibo está orden divina de restricción y mandato permanente por fe, en el nombre de Jesús. Porque está escrito en la Constitución de Tu Reino en Hebreos 11:6, *"Pero sin fe es imposible [caminar con Dios y] agradarle, porque cualquiera que se acerque [a] Dios debe [necesariamente] creer que Dios existe y que Él recompensa a aquellos que [seria y diligentemente] lo buscan."* Creo y declaro por fe que el espíritu y el altar de la *perversión sexual* en mi vida han sido juzgados, ¡en el nombre de Jesús!

12. *Pídele al Señor que selle tu veredicto justo y tus procedimientos judiciales con la sangre de Jesús.*

Padre Celestial, Justo Juez, ahora te pido que selles mi justo veredicto contra el espíritu y el altar de *la perversión sexual* en la preciosa sangre de Jesús. Que también cubras con la sangre de Jesús todos mis procedimientos legales en está Corte en el nombre de Jesús. Yo decreto y declaro que mi justo veredicto de liberación y ruptura del malvado altar de *la perversión sexual* está ahora asegurado en los documentos de las Cortes del Cielo. Porque está escrito en el Evangelio de Juan, capítulo 8:36, *"Así que si el Hijo os hace libres, entonces sois incuestionablemente libres."* Yo decreto y declaro que soy libre del altar maligno de la perversión sexual en el nombre de Jesús, ¡amén!

Oración #6

Desarraigar el altar de la pobreza

La riqueza del rico es su fortaleza; la ruina del pobre es su pobreza.
—**Proverbios 10:15**

Mis viajes apostólicos al servicio de la causa de Cristo me han llevado hasta ahora a cuatro continentes del mundo. Todavía no he visitado ningún país ni ningún pueblo que disfrute viviendo en la más absoluta pobreza. Ni que decir tiene que nadie disfruta con la pobreza. Esto demuestra que la pobreza sistémica que vemos en todo el mundo es una ingeniería demoníaca en muchos niveles. Proverbios 10:15 declara sin ambages que "¡la ruina de los pobres es su pobreza!". He visto a muchachas arrojarse a los brazos de hombres lo suficientemente mayores como para ser sus abuelos con el fin de escapar de las garras de la pobreza. Aunque hay muchas razones por las que la gente es pobre, una de las principales culpables es la presencia de altares malignos de pobreza en el linaje de tantas personas. La buena noticia es que Jesús se hizo pobre para que nosotros, a través de su pobreza, nos enriqueciéramos. En la Cruz, Jesús pagó el precio definitivo para redimirnos de la maldición de la ley, que incluía la pobreza sistémica. Debido a la obra de Jesús en la Cruz, tenemos el derecho legal de entrar en los Tribunales del Cielo para procesar y derribar todos los altares de la pobreza. Está poderosa oración de activación es para ti.

1. Dirigirse al Padre en alabanza y adoración

Padre Celestial, santo es Tu nombre y grandemente para ser alabado. Te adoro en el nombre de Jesús. Que Tu Reino se manifieste en mi vida como en el Cielo. Defiende mi causa, oh, Señor, con aquellos que luchan conmigo; lucha contra cualquier entidad o persona que este contendiendo en mi contra. Padre Celestial, está escrito en Salmo 27:6, *"Y ahora mi cabeza se alzará sobre mis enemigos que me rodean, en Su tienda ofreceré sacrificios con gritos de alegría; cantaré, sí, cantaré alabanzas al Señor".* Abba, encomiendo mi adoración al coro celestial de adoración de Tus santos ángeles y la multitud de testigos, en el nombre de Jesús.

2. Pedir al Tribunal que se siente

Padre Celestial, Juez Justo, te pido que las Cortes del Cielo sean sentadas de acuerdo a Daniel 7:9-10. Te lo pido en el poderoso nombre de Jesús. Te pido esto en el poderoso nombre de Jesús. Está escrito:

> *Seguí mirando hasta que se levantaron tronos, y el Anciano de Días (Dios) tomó asiento; su manto era blanco como la nieve y el pelo de su cabeza como lana pura. Su trono era llamas de fuego; sus ruedas eran un fuego ardiente. Un río de fuego fluía y salía de delante de Él; mil millares le asistían, y diez mil veces diez mil Estaban de pie delante de Él; el tribunal Estaba sentado, y los libros abiertos.*

Padre Celestial, estoy solicitando el privilegio de estar delante de la corte del Anciano de Días de acuerdo a lo que fue revelado al profeta Daniel, en el nombre de Jesús, yo oro. Padre Celestial, estoy en Tu corte real por la sangre y el trabajo terminado de Jesús en la cruz. He venido a recibir Tu justo juicio sobre mi vida en contra del espíritu y el altar de *la pobreza* que Satanás ha plantado en mi linaje generacional. Padre Celestial, invoco a Tus santos ángeles para que sean testigos de mi demanda y justo enjuiciamiento del malvado altar de *la pobreza*. Yo decreto y declaro que este altar maligno de la *pobreza* no matara de hambre mis sueños dados por Dios o detendrá a los ayudantes del destino ordenados por Dios de sembrar finanzas en mi vida, en el nombre de Jesús yo oro.

3. Renuncia a tus derechos de autorrepresentación al Señor como tu abogado

Padre Celestial, Tu Palabra en 1 Juan 2:1-2 dice: "*Hijitos míos, estás cosas os escribo para que no pequéis. Y si alguno peca, abogado tenemos para con el Padre, a Jesucristo el justo. Y Él mismo es la propiciación por nuestros pecados, y no solo por los nuestros, sino también por los de todo el mundo*". Te agradezco que Jesús es mi fiel Abogado ante el Juez Justo en las Cortes del Cielo. Señor Jesús, renuncio a mis derechos de autorrepresentación y te invoco como mi Abogado para que me ayudes a defender mi caso ante el Juez Justo y procesar el mal del altar de *la pobreza* que satanás plantó en mi linaje. También pido al bendito Espíritu Santo, que es el más alto oficial de los Tribunales del Cielo aquí en la tierra, que me haga sensible a los procedimientos de este Tribunal con el fin de procesar con éxito el mal altar de la pobreza en el nombre de Jesús.

4. Invoca al altar del mal y al ídolo que se sienta sobre él para que comparezcan ante el tribunal.

Padre Celestial, al estar en Tu corte real me presento a mí mismo como un sacrificio vivo, santo y aceptable delante de Ti de acuerdo a Romanos 12:1. Padre Celestial, Juez Justo, yo invoco al altar de la *pobreza* en mi linaje y al ídolo que se sienta en el para que comparezca en Tu corte real para ser enjuiciado en el nombre de Jesús. Porque está escrito en 1 Corintios 6:3, "*¿No sabéis que nosotros [los creyentes] juzgaremos a los ángeles? ¿Cuánto más entonces [en cuanto a] los asuntos de esta vida?*". Padre Celestial, ejerzo la autoridad que Dios me ha dado en Cristo Jesús para juzgar demonios y principados, en el nombre de Jesús te lo ruego. Justo Juez, también está escrito en la Constitución de Tu Reino en 1 Juan 3:8, *"Para esto fue manifestado el Hijo de Dios, para deshacer las obras del diablo".*

5. *Responder a las acusaciones de Satanás y ponerse de acuerdo con el adversario*

Padre Celestial, yo sé que hasta el fin de la era del pecado, satanás todavía tiene acceso legal a las Cortes del Cielo para levantar acusaciones contra los hijos de los hombres; porque está escrito en el libro de Apocalipsis 12:10:

> *Entonces oí una gran voz en el cielo, que decía: "Ahora han llegado la salvación, el poder y el reino (dominio, reinado) de nuestro Dios, y la autoridad de su Cristo; porque ha sido arrojado [por fin] el acusador de nuestros hermanos [creyentes], el que los acusaba y seguía presentando cargos [de conducta pecaminosa] contra ellos ante nuestro Dios día y noche."*

Padre Celestial, el Señor Jesús también dijo en el libro de Mateo 5:25:

> *Ponte de acuerdo rápidamente [a la primera oportunidad] con tu adversario de derecho mientras estás con él de camino [al tribunal], para que tu adversario no te entregue al juez, y el juez a la guardia, y te metan en la cárcel.*

Padre Celestial, con toda humildad, mientras renuncio al espíritu de orgullo, elijo rápidamente estar de acuerdo con las acusaciones legales de mi adversario, satanás. Justo Juez, todas las acusaciones que satanás ha presentado contra mí y mi linaje en está Corte son ciertas.

6. Arrepiéntete

Padre Celestial, me arrepiento por mis transgresiones personales, y por los pecados e iniquidades de mis antepasados que abrieron la puerta para que el espíritu y el altar de *la pobreza* oprimieran mi vida, en el nombre de Jesús te lo pido. Señor, cada pecado de mis antepasados que el enemigo está usando como un derecho legal para construir casos en mi contra y negarme mi destino, te pido que la sangre de Jesús los lave. Me arrepiento de la mezquindad y de todo lo que tengo en común con el espíritu de pobreza. También me arrepiento de las maldiciones de palabra auto infligidas y de todos los pactos con demonios que hayan existido en mi linaje ancestral, especialmente los pactos con el espíritu de pobreza. Te pido que cada pacto con los poderes demoníacos sea revocado y que su derecho a reclamarme a mí y a mi linaje sea desechado ante Tu corte, en el nombre de Jesús. Gracias, Señor, por revocar estos pactos demoniacos y altares malignos en el poderoso nombre de Jesús. Padre Celestial, en mi sincero deseo de divorciarme del espíritu y del altar de *la pobreza*, te devuelvo todo y cualquier cosa que el diablo diga que viene de su reino. Solo quiero lo que la sangre de Jesús me ha asegurado.

7. Apelar a la Sangre de Jesús para Limpiar Todo Pecado (Evidencia de Satanás)

Señor Jesús, gracias por limpiarme con Tu sangre para que Satanás no tenga base legal contra mí en Tu corte. Está escrito en 1 Juan 1:9:

> *Si admitimos [libremente] que hemos pecado y confesamos nuestros pecados, Él es fiel y justo [fiel a Su propia naturaleza y promesas], y perdonará nuestros pecados y nos limpiará continuamente de toda maldad [nuestras malas acciones, todo lo que no esté en conformidad con Su voluntad y propósito].*

Justo Juez, apelo a la sangre de Jesús para que limpie todos mis defectos, transgresiones e iniquidades, en el nombre de Jesús, te lo ruego. Recibo por fe el poder limpiador de la sangre de Jesús.

8. *Pedir al Tribunal que desestime todas las acusaciones y cargos de Satanás.*

Padre Celestial, basado en la obra terminada de Jesús y en mi arrepentimiento de corazón, ahora me muevo a la Corte del cielo para desechar todas las acusaciones y cargos de Satanás en contra mía y de mi linaje en el nombre de Jesús. Porque está escrito que el acusador de los hermanos ha sido arrojado. Así que, te pido Padre que deseches todas las acusaciones de satanás en mi contra, en el nombre de Jesús, te lo ruego.

9. *Pídele al Señor que envíe ángeles para destruir el altar maligno y ejecutar el juicio del Señor contra él.*

Padre Celestial, Juez Justo, te pido que envíes oficiales angélicos de alto rango de las Cortes que sobresalgan en fuerza para ejecutar el juicio de Tu corte suprema y destruir el altar maligno de la *pobreza* y el ídolo que se sienta en él que satanás plantó en mi línea de sangre, en el nombre de Jesús oro. Por el espíritu de profecía, profetizo la destrucción completa del altar maligno de la *pobreza* en mi vida, en el nombre de Jesús. Porque está escrito en Salmo 91:11-12, *"Porque Él ordenará a Sus ángeles con respecto a ti, para protegerte y defenderte y guardarte en todos tus caminos [de obediencia y servicio]. Te levantarán en sus manos, para que ni siquiera tropieces con piedra alguna"*. Recibo asistencia angelical, ahora mismo, en el nombre de Jesús.

10. *Presente las Escrituras que se usarán para emitir una Orden Divina de Restricción*

Padre Celestial, presento ante Tu Corte Suprema las siguientes escrituras como mi sólida evidencia contra el espíritu y el altar de la pobreza en mi vida. Está escrito:

Porque estáis reconociendo [más claramente] la gracia de nuestro Señor Jesucristo [Su asombrosa bondad, Su generosidad, Su bondadoso favor], que siendo rico, se hizo pobre por vosotros, para que por Su pobreza llegarais a ser ricos (abundantemente bendecidos) (2 Corintios 8:9).

Que griten de alegría y se regocijen los que están a favor de mi vindicación y quieren lo que es justo para mí; que digan continuamente: "Sea magnificado el Señor, que se deleita y se complace en la prosperidad de su siervo" (Salmo 35:27).

Justo Juez, basado en las escrituras antes mencionadas, es claro que el espíritu y el altar de *la* pobreza, si se le permite tener éxito, causaría gran daño a mi vida, destino, y también infligiría un daño irreparable a los propósitos de Dios. Pido que todo derecho legal que el espíritu y el altar de *la pobreza* están sosteniendo sea revocado en el glorioso nombre de Jesús. Justo Juez, basado en las escrituras antes mencionadas, es claro que califico para una orden de restricción divina contra el altar de *la pobreza* y el ídolo que se sienta en él, en el nombre de Jesús.

11. Pedir al Tribunal que emita una Orden Divina de Restricción y Recibir la Orden Divina de Restricción por Fe.

Padre Celestial, Juez Justo, ahora te pido que una orden de restricción divina y una orden judicial permanente contra el espíritu y el altar de la *pobreza* en mi vida sea emitida por la autoridad de Tu Corte Suprema, en el nombre de Jesús. Padre Celestial, yo decreto y declaro que cualquier y todas las formas de *pobreza que* el diablo está orquestando en contra de mi vida es ahora cancelada en el glorioso nombre de Jesús. Padre Celestial, yo recibo está orden divina de restricción y orden permanente por fe, en el nombre de Jesús. Porque está escrito en la Constitución de Tu Reino en Hebreos 11:6, *"Pero sin fe es imposible [caminar con Dios y] agradarle, porque cualquiera que se acerque [a] Dios debe [necesariamente] creer que Dios existe y que Él recompensa a aquellos que [seria y diligentemente] lo buscan."* Creo y declaro por fe que el espíritu y el altar de la *pobreza* en mi vida han sido juzgados, ¡en el nombre de Jesús!

12. *Pídele al Señor que selle tu veredicto justo y tus procedimientos judiciales con la sangre de Jesús.*

Padre Celestial, Justo Juez, ahora te pido que selles mi justo veredicto contra el espíritu y el altar de *la pobreza* con la preciosa sangre de Jesús. Que también cubras con la sangre de Jesús todos mis procedimientos legales en está Corte en el nombre de Jesús. Yo decreto y declaro que mi justo veredicto de liberación y ruptura del malvado altar de *la pobreza* está ahora asegurado en los documentos de las Cortes del Cielo. Porque está escrito en el Evangelio de Juan, capítulo 8:36, *"Así que si el Hijo os hace libres, entonces sois incuestionablemente libres."* Yo decreto y declaro que soy libre del altar maligno de la pobreza en el nombre de Jesús, ¡amén!

Oración #7

Desarraigar el altar de la brujería

Hizo pasar a sus hijos por el fuego [como ofrenda a sus dioses] en el Valle de Ben-hinnom; y practicó la brujería, usó la adivinación y practicó la hechicería, y trató con médiums y espiritistas. Hizo mucho mal ante los ojos del Señor, provocándolo a ira.
—**2 Crónicas 33:6**

Tal vez de todos los antiguos vicios malignos no haya ningún oficio oculto que sea tan ampliamente conocido como la brujería. Por desgracia, la brujería es una fuerza a tener en cuenta, en cualquier país del mundo. En los Estados Unidos de América en el mes de octubre todo el país rinde homenaje al altar de la brujería en la forma de Halloween. Estoy convencido de que muchos de los disturbios raciales que estamos viendo ahora en las calles de Estados Unidos son las gallinas que vienen a casa a descansar en una nación que celebra la brujería junto con la Biblia. Viniendo de África, donde la brujería se practica a un nivel muy alto, hemos vivido bajo el temor de esta fuerza opresiva. Antes de entregar mi vida a Cristo, las brujas me atacaban con saña mientras dormía. Me despertaba sintiéndome como si acabara de sobrevivir a la segunda guerra mundial o a una agotadora maratón. En aquellos días temía irme a dormir y odiaba la noche. Afortunadamente, después que vine a Cristo Dios me dio dominio sobre este espíritu y la gente que opera bajo el. He visto brujas de alto rango dar su vida a Cristo a través de mi ministerio.

Sin embargo, la brujería no se limita a brujas y magos volando en escobas místicas en Harry Porter. La brujería también puede manifestarse como un espíritu de terquedad hacia las cosas de Dios o la obediencia a la verdad. 1 Samuel 15:23 dice, *Porque la rebelión es como el pecado de brujería,* y Gálatas 3:1 dice, *¡Oh gálatas insensatos! ¿Quién os ha hechizado* [a]*para que no obedezcáis a la verdad.* De estos dos pasajes de la Escritura está claro que Dios odia estás otras formas de brujería tanto como odia a las brujas que se dedican a prácticas ocultas como la hechicería, los encantamientos, el lanzamiento de hechizos, la nigromancia, la observación de las estrellas, la astrología, la adivinación y así sucesivamente. La poderosa oración de activación a continuación está destinada a destruir los altares malignos de brujería de cualquier tipo en su línea de sangre.

ORACIÓN DE ACTIVACIÓN

1. Dirigirse al Padre en alabanza y adoración

Padre Celestial, santo es Tu nombre y grandemente para ser alabado. Te adoro en el nombre de Jesús. Que Tu Reino se manifieste en mi vida como en el Cielo. Defiende mi causa, oh, Señor, con aquellos que luchan conmigo; lucha contra cualquier entidad o persona que este contendiendo en mi contra. Padre Celestial, está escrito en Salmo 27:6, *"Y ahora mi cabeza se alzará sobre mis enemigos que me rodean, en Su tienda ofreceré sacrificios con gritos de alegría; cantaré, sí, cantaré alabanzas al Señor".* Abba, encomiendo mi adoración al coro celestial de adoración de Tus santos ángeles y la multitud de testigos, en el nombre de Jesús.

2. Pedir al Tribunal que se siente

Padre Celestial, Juez Justo, te pido que las Cortes del Cielo sean sentadas de acuerdo a Daniel 7:9-10. Te lo pido en el poderoso nombre de Jesús. Te pido esto en el poderoso nombre de Jesús. Está escrito:

> *Seguí mirando hasta que se levantaron tronos, y el Anciano de Días (Dios) tomó asiento; su manto era blanco como la nieve y el pelo de su cabeza como lana pura. Su trono era llamas de fuego; sus ruedas eran un fuego ardiente. Un río de fuego fluía y salía de delante de Él; mil millares le asistían, y diez mil veces diez mil Estaban de pie delante de Él; el tribunal Estaba sentado, y los libros abiertos.*

Padre Celestial, estoy solicitando el privilegio de estar delante de la corte del Anciano de Días de acuerdo a lo que fue revelado al profeta Daniel, en el nombre de Jesús, yo oro. Padre Celestial, estoy en Tu corte real por la sangre y el trabajo de Jesús en la cruz. He venido a recibir Tu justo juicio sobre mi vida en contra del espíritu y el altar de *la brujería* que Satanás ha plantado en mi linaje generacional. Padre Celestial, invoco a Tus santos ángeles para que sean testigos de mi demanda y justo juicio en contra del altar maligno de *brujería*. Yo decreto y declaro que este altar maligno de *brujería* no me destruirá a mi o a los miembros de mi familia ni nos detendrá de perseguir nuestro destino dado por Dios aquí en la tierra, en el nombre de Jesús yo oro.

3. *Renuncia a tus derechos de autorrepresentación al Señor como tu abogado*

Padre Celestial, Tu Palabra en 1 Juan 2:1-2 dice: "*Hijitos míos, estás cosas os escribo para que no pequéis. Y si alguno peca, abogado tenemos para con el Padre, a Jesucristo el justo. Y Él mismo es la propiciación por nuestros pecados, y no solo por los nuestros, sino también por los de todo el mundo*". Te agradezco que Jesús es mi fiel Abogado ante el Juez Justo en las Cortes del Cielo. Señor Jesús, renuncio a mis derechos de autorrepresentación y te invoco como mi Abogado para que me ayudes a defender mi caso ante el Juez Justo y procesar el mal del altar de *brujería* que satanás plantó en mi linaje. También le pido al bendito Espíritu Santo, quien es el más alto oficial de las Cortes del Cielo aquí en la tierra, que me haga sensible a los procedimientos de está Corte para poder procesar exitosamente al malvado altar de brujería en el nombre de Jesús.

4. Invoca al altar del mal y al ídolo que se sienta sobre él para que comparezcan ante el tribunal.

Padre Celestial, al estar en Tu corte real me presento a mí mismo como un sacrificio vivo, santo y aceptable delante de Ti de acuerdo a Romanos 12:1. Padre Celestial, Juez Justo, yo invoco al altar de *la brujería* en mi linaje y al ídolo que se sienta en el para que comparezca en Tu corte real para ser enjuiciado en el nombre de Jesús. Porque está escrito en 1 Corintios 6:3, *"¿No sabéis que nosotros [los creyentes] juzgaremos a los ángeles? ¿Cuánto más entonces [en cuanto a] los asuntos de esta vida?".* Padre Celestial, ejerzo la autoridad que Dios me ha dado en Cristo Jesús para juzgar demonios y principados, en el nombre de Jesús te lo ruego. Justo Juez, también está escrito en la Constitución de Tu Reino en 1 Juan 3:8, *"Para esto fue manifestado el Hijo de Dios, para deshacer las obras del diablo".*

5. Responder a las acusaciones de Satanás y ponerse de acuerdo con el adversario

Padre Celestial, yo sé que hasta el fin de la era del pecado, satanás todavía tiene acceso legal a las Cortes del Cielo para levantar acusaciones en contra de los hijos de los hombres; porque está escrito en el libro de Apocalipsis 12:10:

> *Entonces oí una gran voz en el cielo, que decía: "Ahora han llegado la salvación, el poder y el reino (dominio, reinado) de nuestro Dios, y la autoridad de su Cristo; porque ha sido arrojado [por fin] el acusador de nuestros hermanos [creyentes], el que los acusaba y seguía presentando cargos [de conducta pecaminosa] contra ellos ante nuestro Dios día y noche."*

Padre Celestial, el Señor Jesús también dijo en el libro de Mateo 5:25:

Ponte de acuerdo rápidamente [a la primera oportunidad] con tu adversario de derecho mientras estás con él de camino [al tribunal], para que tu adversario no te entregue al juez, y el juez a la guardia, y te metan en la cárcel.

Padre Celestial, con toda humildad, mientras renuncio al espíritu de orgullo, elijo rápidamente estar de acuerdo con las acusaciones legales de mi adversario, satanás. Justo Juez, todas las acusaciones que satanás ha presentado contra mí y mi linaje en está Corte son ciertas.

6. *Arrepiéntete*

Padre Celestial, me arrepiento por mis transgresiones personales, y por los pecados e iniquidades de mis antepasados que abrieron la puerta para que el espíritu y el altar de *la brujería* oprimieran mi vida, en el nombre de Jesús te lo pido. Señor, cada pecado de mis antepasados que el enemigo está usando como un derecho legal para construir casos en mi contra y negarme mi destino, te pido que la sangre de Jesús simplemente los lave. Me arrepiento por cada vez que he celebrado Halloween, consultado a un médium, adivino, lector de cartas del tarot, psíquico, visto películas que fueron dedicadas con el único propósito de glorificar la brujería. Me arrepiento por cada vez que he fantaseado con ser una bruja o consultado con un nigromante para hablar con seres queridos muertos, en el nombre de Jesús, lo ruego. También me arrepiento de la brujería que viene en forma de rebelión y de no escuchar la verdad del evangelio de Cristo. También me arrepiento por maldiciones de palabras auto infligidas y todos los pactos con demonios que han existido en mi linaje ancestral. Te pido que cada pacto con los poderes demoniacos sea revocado y que su derecho a reclamarme a mí y a mi linaje sea desechado ante Tu corte, en el nombre de Jesús. Gracias, Señor, por revocar estos pactos demoniacos y altares malignos en el poderoso nombre de Jesús. Padre Celestial, en mi sincero deseo de divorciarme del espíritu y del altar de *la brujería*, te devuelvo todo y cualquier cosa que el diablo diga que viene de su reino. Solo quiero lo que la sangre de Jesús me ha asegurado.

7. Apelar a la Sangre de Jesús para Limpiar Todo Pecado (Evidencia de Satanás)

Señor Jesús, gracias por limpiarme con Tu sangre para que Satanás no tenga base legal contra mí en Tu corte. Está escrito en 1 Juan 1:9:

> *Si admitimos [libremente] que hemos pecado y confesamos nuestros pecados, Él es fiel y justo [fiel a Su propia naturaleza y promesas], y perdonará nuestros pecados y nos limpiará continuamente de toda maldad [nuestras malas acciones, todo lo que no esté en conformidad con Su voluntad y propósito].*

Justo Juez, apelo a la sangre de Jesús para que limpie todos mis defectos, transgresiones e iniquidades, en el nombre de Jesús, te lo ruego. Recibo por fe el poder limpiador de la sangre de Jesús.

8. Pedir al Tribunal que desestime todas las acusaciones y cargos de Satanás.

Padre Celestial, basado en la obra terminada de Jesús y en mi arrepentimiento de corazón, ahora me muevo a la Corte del cielo para desechar todas las acusaciones y cargos de Satanás en contra mía y de mi linaje en el nombre de Jesús. Porque está escrito que el acusador de los hermanos ha sido arrojado. Así que, te pido Padre que deseches todas las acusaciones de satanás en mi contra, en el nombre de Jesús, te lo ruego.

9. Pídele al Señor que envíe ángeles para destruir el altar maligno y ejecutar el juicio del Señor contra él.

Padre Celestial, Juez Justo, te pido que envíes oficiales angélicos de alto rango de las Cortes que sobresalgan en fuerza para ejecutar el juicio de Tu

corte suprema y destruir el altar maligno de la *brujería* y el ídolo que se sienta en él que satanás plantó en mi línea de sangre, en el nombre de Jesús yo oro. Por el espíritu de profecía, profetizo la destrucción completa del altar maligno de la *brujería* en mi vida, en el nombre de Jesús. Porque está escrito en Salmo 91:11-12, *"Porque Él ordenará a Sus ángeles con respecto a ti, para protegerte y defenderte y guardarte en todos tus caminos [de obediencia y servicio]. Te levantarán en sus manos, para que ni siquiera tropieces con piedra alguna".* Recibo asistencia angelical, ahora mismo, en el nombre de Jesús.

10. Presente las Escrituras que se Usarán para Emitir una Orden Divina de Restricción

Padre Celestial, presento ante Tu Corte Suprema las siguientes escrituras como mi evidencia sólida contra el espíritu y el altar de la brujería en mi vida. Está escrito:

> *Porque no hay encantamiento ni presagio contra Jacob, ni adivinación contra Israel. A su debido tiempo se dirá a Jacob y a Israel: ¡Qué ha hecho Dios!* (Números 23:23)
>
> *No permitirás que viva una mujer que practique la brujería* (Éxodo 22:18).

Justo Juez, basado en las escrituras antes mencionadas, es claro que el espíritu y altar de *brujería*, si se le permite tener éxito, causaría gran daño a mi vida, destino, y también infligiría daño irreparable a los propósitos de Dios. Pido que todo derecho legal que el espíritu y altar de *brujería* está sosteniendo sea revocado en el glorioso nombre de Jesús. Justo Juez, basado en las escrituras antes mencionadas, es claro que califico para una orden de restricción divina contra el altar de *brujería* y el ídolo que se sienta en él, en el nombre de Jesús.

11. Pedir al Tribunal que emita una Orden Divina de Restricción y Recibir la Orden Divina de Restricción por Fe.

Padre Celestial, Juez Justo, ahora te pido que una orden de restricción divina y una orden judicial permanente contra el espíritu y el altar de *la brujería* en mi vida sea emitida por la autoridad de Tu Corte Suprema, en el nombre de Jesús. Padre Celestial, yo decreto y declaro que cualquier forma de *brujería*, ya sea magia blanca o negra o encantamientos que el diablo ha emitido o está orquestando en contra de mi vida son ahora cancelados en el glorioso nombre de Jesús. Padre Celestial, recibo está orden divina de restricción y mandato permanente por fe, en el nombre de Jesús. Porque está escrito en la Constitución de Tu Reino en Hebreos 11:6, *"Pero sin fe es imposible [caminar con Dios y] agradarle, porque cualquiera que se acerque [a] Dios debe [necesariamente] creer que Dios existe y que Él recompensa a aquellos que [seria y diligentemente] lo buscan."* Creo y declaro por fe que el espíritu y el altar de *brujería* en mi vida han sido juzgados, ¡en el nombre de Jesús!

12. Pídele al Señor que selle tu veredicto justo y tus procedimientos judiciales con la sangre de Jesús.

Padre Celestial, Justo Juez, ahora te pido que selles mi justo veredicto contra el espíritu y el altar de *la brujería* con la preciosa sangre de Jesús. Que también cubras con la sangre de Jesús todos mis procedimientos legales en está Corte en el nombre de Jesús. Yo decreto y declaro que mi justo veredicto de liberación y ruptura del malvado altar de la *brujería* está ahora asegurado en los documentos de las Cortes del Cielo. Porque está escrito en el Evangelio de Juan, capítulo 8:36, *"Así que, si el Hijo os hace libres, entonces sois incuestionablemente libres."* Yo decreto y declaro que soy libre del altar maligno de la brujería en el nombre de Jesús, ¡amén!

Oración #8

Desarraigar el altar de los espíritus familiares

No miréis a los que tienen espíritus familiares, ni busquéis a los magos, para ser contaminados por ellos: Yo soy el Señor tu Dios.
—**Levítico 19:31 RVR1995**

En el ámbito de la guerra espiritual y la liberación, hay pocas cosas que sean tan siniestras como los espíritus familiares. La razón es simple pero profundamente profunda. Como el nombre sugiere espíritus familiares se derivan de la frase "espíritus familiares". Estos son espíritus demoniacos que son exclusivos de una familia o ascendencia en particular. Estos espíritus demoniacos están muy familiarizados con la historia, rasgos de carácter, idiosincrasias, fortalezas y debilidades de una línea de sangre en particular. Consecuentemente, los espíritus familiares son también conocidos como "espíritus de vigilancia". Colocan a la familia bajo vigilancia satánica, para que la inteligencia reunida pueda ser utilizada contra los miembros de esa familia y para mantenerlos adictos o leales a altares malignos exclusivos de esa línea de sangre o linaje familiar. Está es la razón por la que tantas personas luchan por romper ciertos hábitos o adicciones, porque tan pronto como se proponen hacerlo, estos espíritus familiares maliciosos se ponen a trabajar para inflamar y explotar sus debilidades. Afortunadamente, estos espíritus maliciosos pueden ser destruidos destruyendo el altar maligno desde el que operan. ¡La siguiente oración está diseñada para hacer precisamente eso!

ORACIÓN DE ACTIVACIÓN

1. Dirigirse al Padre en alabanza y adoración

Padre Celestial, santo es Tu nombre y grandemente para ser alabado. Te adoro en el nombre de Jesús. Que Tu Reino se manifieste en mi vida como en el Cielo. Defiende mi causa, oh, Señor, con aquellos que luchan conmigo; lucha contra cualquier entidad o persona que este contendiendo en mi contra. Padre Celestial, está escrito en Salmo 27:6, *"Y ahora mi cabeza se alzará sobre mis enemigos que me rodean, en Su tienda ofreceré sacrificios con gritos de alegría; cantaré, sí, cantaré alabanzas al Señor".* Abba, encomiendo mi adoración al coro celestial de adoración de Tus santos ángeles y la multitud de testigos, en el nombre de Jesús.

2. Pedir al Tribunal que se siente

Padre Celestial, Juez Justo, te pido que las Cortes del Cielo sean sentadas de acuerdo a Daniel 7:9-10. Te lo pido en el poderoso nombre de Jesús. Te pido esto en el poderoso nombre de Jesús. Está escrito:

> *Seguí mirando hasta que se levantaron tronos, y el Anciano de Días (Dios) tomó asiento; su manto era blanco como la nieve y el pelo de su cabeza como lana pura. Su trono era llamas de fuego; sus ruedas eran un fuego ardiente. Un río de fuego fluía y salía de delante de Él; mil millares le asistían, y diez mil veces diez mil Estaban de pie delante de Él; el tribunal Estaba sentado, y los libros abiertos.*

Padre Celestial, estoy solicitando el privilegio de estar delante de la corte del Anciano de Días de acuerdo a lo que fue revelado al profeta Daniel, en el nombre de Jesús, yo oro. Padre Celestial, estoy en Tu corte real por la sangre y el trabajo de Jesús en la cruz. He venido a recibir Tu justo juicio sobre mi vida en contra del espíritu y el altar de los *espíritus familiares* que Satanás ha plantado en mi linaje generacional. Padre Celestial, invoco a Tus santos ángeles para que sean testigos de mi demanda y justo juicio en contra del altar maligno de los *espíritus familiares*. Yo decreto y declaro que este altar maligno de *espíritus familiares* no subvertirá mi destino dado por Dios o el de los miembros de mi familia, en el nombre de Jesús yo oro.

3. Renuncia a tus derechos de autorrepresentación al Señor como tu abogado

Padre Celestial, Tu Palabra en 1 Juan 2:1-2 dice: *"Hijitos míos, estás cosas os escribo para que no pequéis. Y si alguno peca, abogado tenemos para con el Padre, a Jesucristo el justo. Y Él mismo es la propiciación por nuestros pecados, y no solo por los nuestros, sino también por los de todo el mundo"*. Te agradezco que Jesús es mi fiel Abogado ante el Juez Justo en las Cortes del Cielo. Señor Jesús, renuncio a mis derechos de autorrepresentación y te invoco como mi Abogado para que me ayudes a defender mi caso ante el Juez Justo y procesar el mal del altar de *espíritus familiares* que satanás plantó en mi linaje. También le pido al bendito Espíritu Santo, quien es el más alto oficial de las Cortes del Cielo aquí en la tierra, que me haga sensible a los procedimientos de está Corte para poder procesar exitosamente al malvado altar de espíritus familiares en el nombre de Jesús.

4. Invoca al altar del mal y al ídolo que se sienta sobre él para que comparezcan ante el tribunal.

Padre Celestial, al estar en Tu corte real me presento a mí mismo como un sacrificio vivo, santo y aceptable delante de Ti de acuerdo a Romanos

12:1. Padre Celestial, Juez Justo, yo invoco al altar de los *espíritus familiares* en mi linaje y al ídolo que se sienta en el para que comparezca en Tu corte real para enfrentar el enjuiciamiento en el nombre de Jesús. Porque está escrito en 1 Corintios 6:3, *"¿No sabéis que nosotros [los creyentes] juzgaremos a los ángeles? ¿Cuánto más entonces [en cuanto a] los asuntos de esta vida?".* Padre Celestial, ejerzo la autoridad que Dios me ha dado en Cristo Jesús para juzgar demonios y principados, en el nombre de Jesús te lo ruego. Justo Juez, también está escrito en la constitución de Tu Reino en 1 Juan 3:8, *"Para esto fue manifestado el Hijo de Dios, para deshacer las obras del diablo".*

5. *Responder a las acusaciones de Satanás y ponerse de acuerdo con el adversario*

Padre Celestial, yo sé que hasta el fin de la era del pecado, satanás todavía tiene acceso legal a las Cortes del Cielo para levantar acusaciones en contra de los hijos de los hombres; porque está escrito en el libro de Apocalipsis 12:10:

> *Entonces oí una gran voz en el cielo, que decía: "Ahora han llegado la salvación, el poder y el reino (dominio, reinado) de nuestro Dios, y la autoridad de su Cristo; porque ha sido arrojado [por fin] el acusador de nuestros hermanos [creyentes], el que los acusaba y seguía presentando cargos [de conducta pecaminosa] contra ellos ante nuestro Dios día y noche."*

Padre Celestial, el Señor Jesús también dijo en el libro de Mateo 5:25:

> *Ponte de acuerdo rápidamente [a la primera oportunidad] con tu adversario de derecho mientras estás con él de camino [al tribunal], para que tu adversario no te entregue al juez, y el juez al guardia, y te metan en la cárcel.*

Padre Celestial, con toda humildad, mientras renuncio al espíritu de orgullo y a todos los espíritus familiares, elijo rápidamente estar de acuerdo con las acusaciones legales de mi adversario, satanás. Justo Juez, todas las acusaciones que satanás ha presentado contra mí y mi linaje en está Corte son ciertas.

6. Arrepiéntete

Padre Celestial, me arrepiento por mis transgresiones personales, y por los pecados e iniquidades de mis antepasados que abrieron la puerta para que el espíritu y el altar de *los espíritus familiares* oprimieran mi vida, en el nombre de Jesús yo oro. Señor, cada pecado de mis antepasados que el enemigo está usando como un derecho legal para construir casos en mi contra y negarme mi destino, te pido que la sangre de Jesús los lave. Me arrepiento de cualquier cosa que tenga en común con espíritus familiares de mi linaje. También me arrepiento por maldiciones de palabras auto infligidas y todos los pactos con demonios que han existido en mi línea de sangre ancestral. Te pido que todo pacto con poderes demoníacos sea revocado y que su derecho a reclamarme a mí y a mi linaje sea desechado ante Tu corte, en el nombre de Jesús. Gracias, Señor, por revocar estos pactos demoniacos y altares malignos en el poderoso nombre de Jesús. Padre Celestial, en mi sincero deseo de divorciarme del espíritu y del altar de los *espíritus familiares*, te devuelvo todo y cualquier cosa que el diablo diga que viene de su reino. Solo quiero lo que la sangre de Jesús me ha asegurado.

7. Apelar a la Sangre de Jesús para Limpiar Todo Pecado (Evidencia de Satanás)

Señor Jesús, gracias por limpiarme con Tu sangre para que Satanás no tenga base legal contra mí en Tu corte. Está escrito en 1 Juan 1:9:

> *Si admitimos [libremente] que hemos pecado y confesamos nuestros pecados, Él es fiel y justo [fiel a Su propia naturaleza*

y promesas], y perdonará nuestros pecados y nos limpiará continuamente de toda maldad [nuestras malas acciones, todo lo que no esté en conformidad con Su voluntad y propósito].

Justo Juez, apelo a la sangre de Jesús para que limpie todos mis defectos, transgresiones e iniquidades, en el nombre de Jesús, yo oro. Pido que la sangre de Jesús limpie toda la evidencia de Satanás reunida en mi contra por espíritus familiares. Recibo por fe el poder limpiador de la sangre de Jesús.

8. *Pedir al Tribunal que desestime todas las acusaciones y cargos de Satanás.*

Padre Celestial, basado en la obra terminada de Jesús y en mi arrepentimiento de corazón, ahora me muevo a la Corte del cielo para desechar todas las acusaciones y cargos de Satanás en contra mía y de mi linaje en el nombre de Jesús. Porque está escrito que el acusador de los hermanos ha sido arrojado. Así que, te pido Padre que deseches todas las acusaciones de satanás en mi contra, en el nombre de Jesús, te lo ruego.

9. *Pídele al Señor que envíe ángeles para destruir el altar maligno y ejecutar el juicio del Señor contra él.*

Padre Celestial, Juez Justo, te pido que envíes oficiales angélicos de alto rango de las Cortes que sobresalgan en fuerza para ejecutar el juicio de Tu corte suprema y destruir el altar maligno de los *espíritus familiares* y el ídolo que se sienta en él que satanás plantó en mi línea de sangre, en el nombre de Jesús yo oro. Por el espíritu de profecía, profetizo la destrucción completa del altar maligno de los *espíritus familiares* en mi vida, en el nombre de Jesús. Porque está escrito en Salmo 91:11-12, *"Porque Él ordenará a Sus ángeles con respecto a ti, para protegerte y defenderte y guardarte en todos tus caminos [de obediencia y servicio]. Te levantarán en sus manos, para que ni siquiera tropieces con piedra alguna"*. Recibo asistencia angelical, ahora mismo, en el nombre de Jesús.

10. Presente las Escrituras que se Usarán para Emitir una Orden Divina de Restricción

Padre Celestial, presento ante Tu Corte Suprema las siguientes escrituras como mi evidencia sólida contra el espíritu y el altar de espíritus familiares en mi vida. Está escrito:

> *No se hallará entre vosotros quien haga pasar a su hijo o a su hija por el fuego [como sacrificio], ni quien utilice la adivinación y la adivinación, ni quien practique la brujería, ni quien interprete presagios, ni hechicero* (Deuteronomio 18:10).

> *"Ninguna arma que se forme contra ti tendrá éxito; y condenarás toda lengua que se levante contra ti en juicio. Está [paz, justicia, seguridad y triunfo sobre la oposición] es la herencia de los siervos del Señor, y está es su vindicación de Mi parte", dice el Señor* (Isaías 54:17).

Justo Juez, basado en las escrituras antes mencionadas, es claro que el espíritu y el altar de los *espíritus familiares*, si se les permite tener éxito, causarían gran daño a mi vida, destino, y también infligirían daño irreparable a los propósitos de Dios. Pido que todo derecho legal que el espíritu y altar de *espíritus familiares* está sosteniendo sea revocado en el glorioso nombre de Jesús. Justo Juez, basado en las escrituras antes mencionadas, es claro que califico para una orden de restricción divina contra el altar de *espíritus familiares* y el ídolo que se sienta en él, en el nombre de Jesús.

11. Pedir al Tribunal que emita una Orden Divina de Restricción y Recibir la Orden Divina de Restricción por Fe.

Padre Celestial, Juez Justo, ahora te pido que una orden de restricción divina y una orden judicial permanente en contra del espíritu y el altar de los *espíritus familiares* en mi vida sea emitida por la autoridad de Tu Corte

Suprema, en el nombre de Jesús. Padre Celestial, yo decreto y declaro que la asignación de cada *espíritu familiar* que el diablo ha asignado en contra de mi vida es ahora cancelada en el glorioso nombre de Jesús. Padre Celestial, recibo está orden divina de restricción y orden permanente por fe, en el nombre de Jesús. Porque está escrito en la Constitución de Tu Reino en Hebreos 11:6, *"Pero sin fe es imposible [caminar con Dios y] agradarle, porque cualquiera que se acerque [a] Dios debe [necesariamente] creer que Dios existe y que Él recompensa a aquellos que [seria y diligentemente] lo buscan."* Creo y declaro por fe que el espíritu y el altar de *espíritus familiares* en mi vida han sido juzgados, ¡en el nombre de Jesús!

12. Pídele al Señor que selle tu veredicto justo y tus procedimientos judiciales con la sangre de Jesús.

Padre Celestial, Justo Juez, ahora te pido que selles mi justo veredicto en contra del espíritu y el altar de los *espíritus familiares* en la preciosa sangre de Jesús. Que también cubras con la sangre de Jesús todos mis procedimientos legales en está Corte en el nombre de Jesús. Yo decreto y declaro que mi justo veredicto de liberación y ruptura del malvado altar de los *espíritus familiares* está ahora asegurado en los documentos de las Cortes del Cielo. Porque está escrito en el Evangelio de Juan, capítulo 8:36, *"Así que, si el Hijo os hace libres, entonces sois incuestionablemente libres."* Yo decreto y declaro que soy libre del altar maligno de los espíritus familiares en el nombre de Jesús, ¡amén!

Oración #9

Desarraigar el altar de los abusos

Una respuesta suave, amable y considerada aleja la ira, pero las palabras ásperas, dolorosas y descuidadas despiertan la ira.
—**Proverbios 15:1**

¡Dios no es un Dios abusivo! Sin embargo, hay muchas personas (especialmente mujeres) que viven bajo el régimen opresivo de este espíritu. En ningún lugar es más prominente este espíritu que en los matrimonios, incluso entre los llamados matrimonios cristianos; donde transforma a los esposos en dictadores trianicos que tratan a sus esposas como si fueran ciudadanas de segunda clase. Algunas esposas o novias son maltratadas físicamente (golpeadas) bajo la influencia de este espíritu tribal. En contadas ocasiones, también he visto maridos que sufren bajo la bandera de una esposa maltratadora. Según Proverbios 15:1, el espíritu de abuso suele manifestarse en palabras duras y dolorosas que están diseñadas para herir y malignizar el alma de su víctima. También puede manifestarse en el descuido doloroso y deliberado de los niños que están indefensos ante el padre, tutor o maestro que ocupa un lugar de autoridad sobre ellos. Mientras vivía en Estados Unidos, conocí a varios niños que se criaban en hogares de acogida muy abusivos. Es muy triste. También he estado en países enteros que están sufriendo bajo un gobierno trianico abusivo. La oración de abajo está diseñada para ayudarte, a derrocar el mal altart del abusador.

1. Dirigirse al Padre en alabanza y adoración

Padre Celestial, santo es Tu nombre y grandemente para ser alabado. Te adoro en el nombre de Jesús. Que Tu Reino se manifieste en mi vida como en el Cielo. Defiende mi causa, oh, Señor, con aquellos que luchan conmigo; lucha contra cualquier entidad o persona que este contendiendo en mi contra. Padre Celestial, está escrito en Salmo 27:6, *"Y ahora mi cabeza se alzará sobre mis enemigos que me rodean, en Su tienda ofreceré sacrificios con gritos de alegría; cantaré, sí, cantaré alabanzas al Señor".* Abba, encomiendo mi adoración al coro celestial de adoración de Tus santos ángeles y la multitud de testigos, en el nombre de Jesús.

2. Pedir al Tribunal que se siente

Padre Celestial, Juez Justo, te pido que las Cortes del Cielo sean sentadas de acuerdo a Daniel 7:9-10. Te lo pido en el poderoso nombre de Jesús. Te pido esto en el poderoso nombre de Jesús. Está escrito:

> *Seguí mirando hasta que se levantaron tronos, y el Anciano de Días (Dios) tomó asiento; su manto era blanco como la nieve y el pelo de su cabeza como lana pura. Su trono era llamas de fuego; sus ruedas eran un fuego ardiente. Un río de fuego fluía y salía de delante de Él; mil millares le asistían, y diez mil veces diez mil Estaban de pie delante de Él; el tribunal Estaba sentado, y los libros abiertos.*

Padre Celestial, estoy solicitando el privilegio de estar delante de la corte del Anciano de Días de acuerdo a lo que fue revelado al profeta Daniel, en el nombre de Jesús, yo oro. Padre Celestial, estoy en Tu corte real por la sangre y el trabajo de Jesús en la cruz. He venido a recibir Tu justo juicio sobre mi vida en contra del espíritu y el altar de *abuso* que Satanás ha plantado en mi linaje generacional. Padre Celestial, invoco a Tus santos ángeles para que sean testigos de mi demanda y justo juicio en contra del altar maligno del *abuso*. Yo decreto y declaro que este altar maligno de *abuso* no continuara controlando mi voluntad, mente, y emociones; tampoco controlara mis respuestas a las relaciones divinas que necesito para alcanzar mi destino dado por Dios aquí en la tierra, en el nombre de Jesús yo oro.

3. *Renuncia a tus derechos de autorrepresentación al Señor como tu abogado*

Padre Celestial, Tu Palabra en 1 Juan 2:1-2 dice: "*Hijitos míos, estás cosas os escribo para que no pequéis. Y si alguno peca, abogado tenemos para con el Padre, a Jesucristo el justo. Y Él mismo es la propiciación por nuestros pecados, y no solo por los nuestros, sino también por los de todo el mundo*". Te agradezco que Jesús es mi fiel Abogado ante el Juez Justo en las Cortes del Cielo. Señor Jesús, renuncio a mis derechos de autorrepresentación y te invoco como mi Abogado para que me ayudes a defender mi caso ante el Juez Justo y procesar el mal del altar de *abuso* que satanás plantó en mi linaje. También le pido al bendito Espíritu Santo, quien es el más alto oficial de las Cortes del Cielo aquí en la tierra, que me haga sensible a los procedimientos de está Corte para poder procesar exitosamente el malvado altar del abuso en el nombre de Jesús.

4. *Invoca al altar del mal y al ídolo que se sienta sobre él para que comparezcan ante el tribunal.*

Padre Celestial, al estar en tu corte real me presento a mí mismo como un sacrificio vivo, santo y aceptable delante de ti de acuerdo a Romanos 12:1. Padre Celestial, Juez Justo yo invoco al altar del abuso en mi linaje y al ídolo que se sienta en el para que comparezca en tu corte real para ser enjuiciado en el nombre de Jesús. Porque está escrito en 1 Corintios 6:3, "*¿No sabéis que nosotros [los creyentes] juzgaremos a los ángeles? ¿Cuánto más entonces [en cuanto a] los asuntos de esta vida?*". Padre Celestial, ejerzo la autoridad que Dios me ha dado en Cristo Jesús para juzgar demonios y principados, en el nombre de Jesús te lo ruego. Justo Juez también está escrito en la Constitución de tu Reino en 1 Juan 3:8, *"Para esto fue manifestado el Hijo de Dios, para deshacer las obras del diablo".*

5. Responder a las acusaciones de Satanás y ponerse de acuerdo con el adversario

Padre Celestial, yo sé que hasta el fin de la era del pecado, satanás todavía tiene acceso legal a las Cortes del Cielo para levantar acusaciones contra los hijos de los hombres; porque está escrito en el libro de Apocalipsis 12:10:

> *Entonces oí una gran voz en el cielo, que decía: "Ahora han llegado la salvación, el poder y el reino (dominio, reinado) de nuestro Dios, y la autoridad de su Cristo; porque ha sido arrojado [por fin] el acusador de nuestros hermanos [creyentes], el que los acusaba y seguía presentando cargos [de conducta pecaminosa] contra ellos ante nuestro Dios día y noche."*

Padre Celestial, el Señor Jesús también dijo en el libro de Mateo 5:25:

> *Ponte de acuerdo rápidamente [a la primera oportunidad] con tu adversario de derecho mientras estás con él de camino [al tribunal], para que tu adversario no te entregue al juez, y el juez a la guardia, y te metan en la cárcel.*

Padre Celestial, con toda humildad, mientras renuncio al espíritu de orgullo, elijo rápidamente estar de acuerdo con las acusaciones legales de mi adversario, satanás. Justo Juez, todas las acusaciones que satanás ha presentado contra mí y mi linaje en está Corte son ciertas.

6. Arrepiéntete

Padre Celestial, me arrepiento por mis transgresiones personales, y por los pecados e iniquidades de mis antepasados que abrieron la puerta para que el espíritu y el altar del *abuso* oprimieran mi vida, en el nombre de Jesús te lo pido. Señor, cada pecado de mis antepasados que el enemigo está usando como un derecho legal para construir casos en mi contra y negarme mi destino, te pido que la sangre de Jesús los lave. Me arrepiento por cada vez que he operado en el espíritu de abuso. Me arrepiento por cada palabra dura que hirió el alma de otra persona. También me arrepiento por maldiciones de palabras auto infligidas y todos los pactos con demonios que han existido en mi línea de sangre ancestral. Te pido que cada pacto con los poderes demoniacos sea revocado y que su derecho a reclamarme a mí y a mi linaje sea desechado ante Tu corte, en el nombre de Jesús. Gracias, Señor, por revocar estos pactos demoniacos y altares malignos en el poderoso nombre de Jesús. Padre Celestial, en mi sincero deseo de divorciarme del espíritu y del altar del *abuso*, te devuelvo todo y cualquier cosa que el diablo diga que viene de su reino. Solo quiero lo que la sangre de Jesús me ha asegurado. También perdono a cada persona que alguna vez abusó de mí, espiritual, emocional y físicamente en el nombre de Jesús.

7. Apelar a la Sangre de Jesús para Limpiar Todo Pecado (Evidencia de Satanás)

Señor Jesús, gracias por limpiarme con Tu sangre para que Satanás no tenga base legal contra mí en Tu corte. Está escrito en 1 Juan 1:9:

> *Si admitimos [libremente] que hemos pecado y confesamos nuestros pecados, Él es fiel y justo [fiel a Su propia naturaleza y promesas], y perdonará nuestros pecados y nos limpiará continuamente de toda maldad [nuestras malas acciones, todo lo que no esté en conformidad con Su voluntad y propósito].*

Justo Juez, apelo a la sangre de Jesús para que limpie todos mis defectos, transgresiones e iniquidades, en el nombre de Jesús, te lo ruego. Recibo por fe el poder limpiador de la sangre de Jesús.

8. Pedir al Tribunal que desestime todas las acusaciones y cargos de Satanás.

Padre Celestial, basado en la obra terminada de Jesús y en mi arrepentimiento de corazón, ahora me muevo a la Corte del cielo para desechar todas las acusaciones y cargos de Satanás en contra mía y de mi linaje en el nombre de Jesús. Porque está escrito que el acusador de los hermanos ha sido arrojado. Así que, te pido Padre que deseches todas las acusaciones de satanás en mi contra, en el nombre de Jesús, te lo ruego.

9. Pídele al Señor que envíe ángeles para destruir el altar maligno y ejecutar el juicio del Señor contra él.

Padre Celestial, Juez Justo, te pido que envíes oficiales angélicos de alto rango de las Cortes que sobresalgan en fuerza para ejecutar el juicio de Tu corte suprema y destruir el altar maligno del *abuso* y el ídolo que se sienta en él que satanás plantó en mi línea de sangre, en el nombre de Jesús yo oro. Por el espíritu de profecía, profetizo la destrucción completa del altar maligno del *abuso* en mi vida, en el nombre de Jesús. Porque está escrito en Salmo 91:11-12, *"Porque él mandará a sus ángeles acerca de ti, para que te protejan, te defiendan y te guarden en todos tus caminos [de obediencia y servicio]. Te levantarán en sus manos, para que ni siquiera tropieces con piedra alguna"*. Recibo asistencia angelical, ahora mismo, en el nombre de Jesús.

10. Presente las Escrituras que se Usarán para Emitir una Orden Divina de Restricción

Padre Celestial, presento ante Tu Corte Suprema las siguientes escrituras como mi evidencia sólida contra el espíritu y el altar del abuso en mi vida. Está escrito:

> *Te daré gracias y te alabaré, porque formidable y maravillosamente he sido hecho; maravillosas son tus obras, y mi alma lo sabe muy bien* (Salmo 139:14).

> *"Te devolveré la salud y curaré tus heridas", dice el Señor, "porque te han llamado desterrada, diciendo: 'Está es Sión; nadie la busca y nadie se ocupa de ella'"* (Jeremías 30,17).

Justo Juez, basado en las escrituras antes mencionadas, es claro que el espíritu y el altar del *abuso*, si se le permite tener éxito, causaría gran daño a mi vida, destino, y también infligiría daño irreparable a los propósitos de Dios. Pido que todo derecho legal al que el espíritu y altar del *abuso* se está aferrando sea revocado en el glorioso nombre de Jesús. Justo Juez, basado en las escrituras antes mencionadas, es claro que califico para una orden de restricción divina contra el altar del *abuso* y el ídolo que se sienta en él, en el nombre de Jesús.

11. Pedir al Tribunal que emita una Orden Divina de Restricción y Recibir la Orden Divina de Restricción por Fe.

Padre Celestial, Juez Justo, ahora te pido que una orden de restricción divina y una orden judicial permanente en contra del espíritu y el altar del *abuso* en mi vida sea emitida por la autoridad de Tu Corte Suprema, en el nombre de Jesús. Padre Celestial, yo decreto y declaro que cualquier y todas las formas de planes de *abuso* que el diablo ha emitido o está orquestando en contra de mi vida son ahora cancelados en el glorioso nombre de Jesús. Padre Celestial, yo recibo está orden divina de restricción y orden permanente por fe, en el nombre de Jesús. Porque está escrito en la Constitución de Tu Reino en Hebreos 11:6, *"Pero sin fe es imposible [caminar con Dios y] agradarle, porque cualquiera que se acerque a Dios debe [necesariamente] creer que Dios existe y que Él recompensa a aquellos que [seria y diligentemente] lo buscan".* Creo y declaro por fe que el espíritu y el altar del *abuso* en mi vida han sido juzgados, ¡en el nombre de Jesús!

12. Pídele al Señor que selle tu veredicto justo y tus procedimientos judiciales con la sangre de Jesús.

Padre Celestial, Justo Juez, ahora te pido que selles mi justo veredicto contra el espíritu y el altar del *abuso* en la preciosa sangre de Jesús. Que también cubras con la sangre de Jesús todos mis procedimientos legales en está Corte en el nombre de Jesús. Yo decreto y declaro que mi justo veredicto de liberación y ruptura del malvado altar *del abuso* está ahora asegurado en los documentos de las Cortes del Cielo. Porque está escrito en el Evangelio de Juan, capítulo 8:36, *"Así que si el Hijo os hace libres, entonces sois incuestionablemente libres."* Yo decreto y declaro que soy libre del altar maligno del abuso en el nombre de Jesús, ¡amén!

Oración #10

Desarraigar el altar de los rompe matrimonios

Por eso dejará el hombre a su padre y a su madre, y se unirá a su mujer, y serán una sola carne. Y el hombre y su mujer Estaban ambos desnudos y no se avergonzaban ni se ruborizaban.
—**Génesis 2:24-25**

Ninguna institución humana es más importante a este lado del Cielo que la institución del matrimonio. Dios la diseñó para modelar el nivel más profundo de intimidad y alianza que puede existir entre dos personas. El matrimonio también fue diseñado para ser un reflejo de la relación entre Cristo y la Iglesia (Efesios 5:31). Desafortunadamente, Satanás conoce el misterio para el que fue ordenado el matrimonio, por lo que ha desatado entidades demoníacas para destruir está sagrada institución. El divorcio está tan extendido entre el pueblo de Dios como en el mundo. Una de las entidades demoníacas que satanás utiliza para destruir los matrimonios piadosos es el altar de los rompedores de matrimonios. Este altar maligno es atendido por amantes, prostitutas y vendedores de pornografía. Dios quiere que usted sepa como aislar su matrimonio de este altar de destructores matrimoniales. La oración a continuación fue diseñada específicamente para ayudarle a destruir los altares malignos de los rompe matrimonios en las Cortes del Cielo. Estoy confiando en Dios para cambiar tu matrimonio, ¡en el nombre de Jesús!

ORACIÓN DE ACTIVACIÓN

1. Dirigirse al Padre en alabanza y adoración

Padre Celestial, santo es Tu nombre y grandemente para ser alabado. Te adoro en el nombre de Jesús. Que Tu Reino se manifieste en mi vida como en el Cielo. Defiende mi causa, oh, Señor, con aquellos que luchan conmigo; lucha contra cualquier entidad o persona que este contendiendo en mi contra. Padre Celestial, está escrito en Salmo 27:6, *"Y ahora mi cabeza se alzará sobre mis enemigos que me rodean, en Su tienda ofreceré sacrificios con gritos de alegría; cantaré, sí, cantaré alabanzas al Señor"*. Abba, encomiendo mi adoración al coro celestial de adoración de Tus santos ángeles y la multitud de testigos, en el nombre de Jesús.

2. Pedir al Tribunal que se siente

Padre Celestial, Juez Justo, te pido que las Cortes del Cielo sean sentadas de acuerdo a Daniel 7:9-10. Te lo pido en el poderoso nombre de Jesús. Te pido esto en el poderoso nombre de Jesús. Está escrito:

> *Seguí mirando hasta que se levantaron tronos, y el Anciano de Días (Dios) tomó asiento; su manto era blanco como la nieve y el pelo de su cabeza como lana pura. Su trono era llamas de fuego; sus ruedas eran un fuego ardiente. Un río de fuego fluía y salía de delante de Él; mil millares le asistían, y diez mil veces diez mil Estaban de pie delante de Él; el tribunal Estaba sentado, y los libros abiertos.*

Padre Celestial, estoy solicitando el privilegio de estar delante de la corte del Anciano de Días de acuerdo a lo que fue revelado al profeta Daniel, en el nombre de Jesús, yo oro. Padre Celestial, estoy en Tu corte real por la sangre y el trabajo terminado de Jesús en la cruz. He venido a recibir Tu justo juicio sobre mi vida en contra del espíritu y el altar de *los quebrantadores del matrimonio* que Satanás ha plantado en mi linaje generacional. Padre Celestial, invoco a Tus santos ángeles para que sean testigos de mi demanda y justo enjuiciamiento del malvado altar de los rompe *matrimonios*. Yo decreto y declaro que este malvado altar de los rompe *matrimonios* no romperá mi matrimonio o los matrimonios de los miembros de mi familia, en el nombre de Jesús yo oro.

3. Renuncia a tus derechos de autorrepresentación al Señor como tu abogado

Padre Celestial, Tu Palabra en 1 Juan 2:1-2 dice: *"Hijitos míos, estás cosas os escribo para que no pequéis. Y si alguno peca, abogado tenemos para con el Padre, a Jesucristo el justo. Y Él mismo es la propiciación por nuestros pecados, y no solo por los nuestros, sino también por los de todo el mundo".* Te agradezco que Jesús es mi fiel Abogado ante el Juez Justo en las Cortes del Cielo. Señor Jesús, renuncio a mis derechos de autorrepresentación y te invoco como mi Abogado para que me ayudes a defender mi caso ante el Juez Justo y procesar el mal de *los rompedores de* altares *matrimoniales* que satanás sembró en mi linaje. También pido al bendito Espíritu Santo, quien es el más alto oficial de las Cortes del Cielo aquí en la tierra, que me haga sensible a los procedimientos de está Corte para poder procesar exitosamente al malvado altar de los rompedores de matrimonio en el nombre de Jesús.

4. Invoca al altar del mal y al ídolo que se sienta sobre él para que comparezcan ante el tribunal.

Padre Celestial, al estar en Tu corte real me presento como un sacrificio vivo, santo y aceptable delante de Ti de acuerdo a Romanos 12:1. Padre Celestial, Juez Justo, yo invoco al altar de *los que rompen matrimonios* en mi linaje y al ídolo que se sienta en el para que comparezcan en Tu corte real para ser enjuiciados en el nombre de Jesús. Porque está escrito en 1 Corintios

6:3, *"¿No sabéis que nosotros [los creyentes] juzgaremos a los ángeles? ¿Cuánto más entonces [en cuanto a] los asuntos de esta vida?"*. Padre Celestial, ejerzo la autoridad que Dios me ha dado en Cristo Jesús para juzgar demonios y principados, en el nombre de Jesús te lo ruego. Justo Juez, también está escrito en la Constitución de Tu Reino en 1 Juan 3:8, *"Para esto fue manifestado el Hijo de Dios, para deshacer las obras del diablo"*.

5. Responder a las acusaciones de Satanás y ponerse de acuerdo con el adversario

Padre Celestial, yo sé que hasta el fin de la era del pecado, satanás todavía tiene acceso legal a las Cortes del Cielo para levantar acusaciones en contra de los hijos de los hombres; porque está escrito en el libro de Apocalipsis 12:10:

> *Entonces oí una gran voz en el cielo, que decía: "Ahora han llegado la salvación, el poder y el reino (dominio, reinado) de nuestro Dios, y la autoridad de su Cristo; porque ha sido arrojado [por fin] el acusador de nuestros hermanos [creyentes], el que los acusaba y seguía presentando cargos [de conducta pecaminosa] contra ellos ante nuestro Dios día y noche."*

Padre Celestial, el Señor Jesús también dijo en el libro de Mateo 5:25:

> *Ponte de acuerdo rápidamente [a la primera oportunidad] con tu adversario de derecho mientras estás con él de camino [al tribunal], para que tu adversario no te entregue al juez, y el juez a la guardia, y te metan en la cárcel.*

Padre Celestial, con toda humildad, mientras renuncio al espíritu de orgullo, elijo rápidamente estar de acuerdo con las acusaciones legales de mi adversario, satanás. Justo Juez, todas las acusaciones que satanás ha presentado contra mí y mi linaje en está Corte son ciertas.

6. Arrepiéntete

Padre Celestial, me arrepiento por mis transgresiones personales, y por los pecados e iniquidades de mis antepasados que abrieron la puerta para que el espíritu y el altar de *los rompedores de matrimonio* oprimieran mi vida, en el nombre de Jesús te lo pido. Señor, cada pecado de mis antepasados que el enemigo está usando como un derecho legal para construir casos en mi contra y negarme mi destino, te pido que la sangre de Jesús los lave. Señor, me arrepiento por los pecados de fornicación y adulterio en mi vida o linaje. Me arrepiento por cada momento que he participado en pornografía u otros pecados sexuales. También me arrepiento por maldiciones de palabras auto infligidas y todos los pactos con demonios que han existido en mi línea de sangre ancestral. Te pido que todo pacto con poderes demoníacos sea revocado y que su derecho a reclamarme a mí y a mi linaje sea desechado ante Tu corte, en el nombre de Jesús. Gracias, Señor, por revocar estos pactos demoniacos y altares malignos en el poderoso nombre de Jesús. Padre Celestial, en mi sincero deseo de divorciarme del espíritu y del altar de *los que rompen matrimonios*, te devuelvo todo y cualquier cosa que el diablo diga que viene de su reino. Solo quiero lo que la sangre de Jesús me ha asegurado.

7. Apelar a la Sangre de Jesús para Limpiar Todo Pecado (Evidencia de Satanás)

Señor Jesús, gracias por limpiarme con Tu sangre para que Satanás no tenga base legal contra mí en Tu corte. Está escrito en 1 Juan 1:9:

> *Si admitimos [libremente] que hemos pecado y confesamos nuestros pecados, Él es fiel y justo [fiel a Su propia naturaleza y promesas], y perdonará nuestros pecados y nos limpiará continuamente de toda maldad [nuestras malas acciones, todo lo que no esté en conformidad con Su voluntad y propósito].*

Justo Juez, apelo a la sangre de Jesús para que limpie todos mis defectos, transgresiones e iniquidades, en el nombre de Jesús, te lo ruego. Recibo por fe el poder limpiador de la sangre de Jesús.

8. Pedir al Tribunal que desestime todas las acusaciones y cargos de Satanás.

Padre Celestial, basado en la obra terminada de Jesús y en mi arrepentimiento de corazón, ahora me muevo a la Corte del cielo para desechar todas las acusaciones y cargos de Satanás en contra mía y de mi linaje en el nombre de Jesús. Porque está escrito que el acusador de los hermanos ha sido arrojado. Así que, te pido Padre que deseches todas las acusaciones de satanás en mi contra, en el nombre de Jesús, te lo ruego.

9. Pídele al Señor que envíe ángeles para destruir el altar maligno y ejecutar el juicio del Señor contra él.

Padre Celestial, Juez Justo, te pido que envíes oficiales angélicos de alto rango de las Cortes que sobresalgan en fuerza para ejecutar el juicio de Tu corte suprema y destruir el altar maligno de los que rompen el *matrimonio* y el ídolo que se sienta en él que satanás plantó en mi línea de sangre, en el nombre de Jesús yo oro. Por el espíritu de profecía, yo profetizo la destrucción completa del altar maligno de los rompe *matrimonios* en mi vida, en el nombre de Jesús. Porque está escrito en Salmo 91:11-12, *"Porque él mandará a sus ángeles acerca de ti, para que te protejan, te defiendan y te guarden en todos tus caminos [de obediencia y servicio]. Te levantarán en sus manos, para que ni siquiera tropieces con piedra alguna".* Recibo asistencia angelical, ahora mismo, en el nombre de Jesús.

10. Presente las Escrituras que se Usarán para Emitir una Orden Divina de Restricción

Padre Celestial, presento ante Tu Corte Suprema las siguientes escrituras como mi sólida evidencia contra el espíritu y el altar de los rompedores de matrimonio en mi vida. Está escrito:

Así que ya no son dos, sino una sola carne. Por tanto, lo que Dios ha unido, que no lo separe nadie (Mateo 19:6).

El matrimonio debe ser tenido en honor entre todos [es decir, considerado como algo de gran valor], y el lecho matrimonial sin mancilla [por inmoralidad o por cualquier pecado sexual]; porque Dios juzgará a los inmorales y adúlteros (Hebreos 13:4).

Justo Juez, basado en las escrituras antes mencionadas, es claro que el espíritu y el altar de los *rompedores de matrimonio*, si se les permite tener éxito, causarían gran daño a mi vida, destino, y también infligirían un daño irreparable a los propósitos de Dios. Pido que todo derecho legal que el espíritu y el altar de los *rompedores de matrimonio* están sosteniendo sea revocado en el glorioso nombre de Jesús. Justo Juez, basado en las escrituras antes mencionadas, es claro que califico para una orden de restricción divina contra el altar de los rompedores de *matrimonio* y el ídolo que se sienta en él, en el nombre de Jesús.

11. Pedir al Tribunal que emita una Orden Divina de Restricción y Recibir la Orden Divina de Restricción por Fe.

Padre Celestial, Juez Justo, ahora te pido que una orden de restricción divina y una orden judicial permanente contra el espíritu y el altar de los rompe *matrimonios* en mi vida sea emitida por la autoridad de Tu Corte Suprema, en el nombre de Jesús. Padre Celestial, yo decreto y declaro que cualquier y todas las formas de los planes de los rompe matrimonios que el diablo ha emitido o está orquestando en contra de mi vida son ahora cancelados en el glorioso nombre de Jesús. Padre Celestial, yo recibo está orden divina de restricción y orden permanente por fe, en el nombre de Jesús. Porque está escrito en la Constitución de Tu Reino en Hebreos 11:6, *"Pero sin fe es imposible [caminar con Dios y] agradarle, porque cualquiera que se acerque a*

Dios debe [necesariamente] creer que Dios existe y que Él recompensa a aquellos que [seria y diligentemente] lo buscan". Creo y declaro por fe que el espíritu y el altar de *los rompedores de matrimonio* en mi vida han sido juzgados, ¡en el nombre de Jesús!

12. Pídele al Señor que selle tu veredicto justo y tus procedimientos judiciales con la sangre de Jesús.

Padre Celestial, Justo Juez, ahora te pido que selles mi justo veredicto contra el espíritu y el altar de *los que rompen el matrimonio* con la preciosa sangre de Jesús. Que también cubras con la sangre de Jesús todos mis procedimientos legales en está Corte en el nombre de Jesús. Yo decreto y declaro que mi justo veredicto de liberación y rompimiento del malvado altar de los *rompedores de matrimonio* está ahora asegurado en los documentos de las Cortes del Cielo. Porque está escrito en el Evangelio de Juan, capítulo 8:36, *"Así que, si el Hijo os hace libres, entonces sois incuestionablemente libres."* Yo decreto y declaro que soy libre del altar maligno de los rompedores de matrimonio en el nombre de Jesús, ¡amén!

Oración #11

Desarraigar el altar de la enfermedad

Y he aquí una mujer que tenía espíritu de enfermedad dieciocho años, y Estaba encorvada y no podía levantarse.
—Lucas 13:11 LBLA

En el pasaje anterior de la Escritura, Jesús sanó a una mujer que tenía un espíritu de enfermedad desde hacía dieciocho años. Esto es mucho tiempo para estar enfermo. La palabra enfermedad en el pasaje literalmente significa enfermedad causada por un demonio. Está es una clara admisión bíblica de que algunas enfermedades son causadas por demonios. La mayoría de las enfermedades demoníacas no responden a las medicinas naturales porque son de naturaleza espiritual. El aspecto más importante de este pasaje son las dos frases que Jesús usa para efectuar la sanación y liberación de esta mujer. Jesús dijo: "Mujer, quedas libre de tu enfermedad". Luego argumentó,

"Así pues, está mujer, siendo hija de Abraham, a la que Satanás ha atado -piensa en ello- durante dieciocho años, ¿no debería ser liberada de está atadura en sábado?".

La palabra "desatado" es una expresión legal de la ley, que se utiliza a menudo cuando alguien es liberado de su obligación legal por un juez. Es obvio que está enfermedad demoníaca le sobrevino debido a una acusación que Satanás presentó contra ella en los Tribunales del Cielo. El nombre "satanás" significa "acusador" y lleva la connotación de uno que trae una demanda.

La frase más poderosa que Jesús usó que puso la enfermedad persistente de esta mujer bajo la jurisdicción de las Cortes del Cielo es la frase "desatada de está atadura." Legalmente hablando una "fianza" es usualmente un acuerdo formal escrito por el cual una persona se compromete a realizar un cierto acto tal como comparecer ante un tribunal o cumplir con las obligaciones de un contrato. Así que el espíritu de enfermedad vino sobre está mujer debido a un lazo espiritual bajo el cual satanás la había puesto y que ella no podía pagar. Así que Jesús siendo un juez en las Cortes del Cielo, la "desato" de esta terrible atadura para que El pudiera sanar su cuerpo. La oración de abajo está diseñada para hacer eso por ti.

ORACIÓN DE ACTIVACIÓN

1. Dirigirse al Padre en alabanza y adoración

Padre Celestial, santo es Tu nombre y grandemente para ser alabado. Te adoro en el nombre de Jesús. Que Tu Reino se manifieste en mi vida como en el Cielo. Defiende mi causa, oh, Señor, con aquellos que luchan conmigo; lucha contra cualquier entidad o persona que este contendiendo en mi contra. Padre Celestial, está escrito en Salmo 27:6, *"Y ahora mi cabeza se alzará sobre mis enemigos que me rodean, en Su tienda ofreceré sacrificios con gritos de alegría; cantaré, sí, cantaré alabanzas al Señor".* Abba, encomiendo mi adoración al coro celestial de adoración de Tus santos ángeles y la multitud de testigos, en el nombre de Jesús.

2. Pedir al Tribunal que se siente

Padre Celestial, Juez Justo, te pido que las Cortes del Cielo sean sentadas de acuerdo a Daniel 7:9-10. Te lo pido en el poderoso nombre de Jesús. Te pido esto en el poderoso nombre de Jesús. Está escrito:

> *Seguí mirando hasta que se levantaron tronos, y el Anciano de Días (Dios) tomó asiento; su manto era blanco como la nieve y el pelo de su cabeza como lana pura. Su trono era llamas de fuego; sus ruedas eran un fuego ardiente. Un río de fuego fluía y salía de delante de Él; mil millares le asistían, y diez mil veces diez mil Estaban de pie delante de Él; el tribunal Estaba sentado, y los libros abiertos.*

Padre Celestial, estoy solicitando el privilegio de estar delante de la corte del Anciano de Días de acuerdo a lo que fue revelado al profeta Daniel, en el nombre de Jesús, yo oro. Padre Celestial, estoy en Tu corte real por la sangre y el trabajo de Jesús en la cruz. He venido a recibir Tu justo juicio sobre mi vida en contra del espíritu y el altar de la *enfermedad* que Satanás ha plantado en mi linaje generacional. Padre Celestial, invoco a Tus santos ángeles para que sean testigos de mi demanda y justo juicio en contra del altar maligno de la *enfermedad*. Yo decreto y declaro que este malvado altar de la *enfermedad* no me matara a mi o a los miembros de mi familia antes de nuestro tiempo señalado, en el nombre de Jesús yo oro.

3. Renuncia a tus derechos de autorrepresentación al Señor como tu abogado

Padre Celestial, Tu Palabra en 1 Juan 2:1-2 dice: "*Hijitos míos, estás cosas os escribo para que no pequéis. Y si alguno peca, abogado tenemos para con el Padre, a Jesucristo el justo. Y Él mismo es la propiciación por nuestros pecados, y no solo por los nuestros, sino también por los de todo el mundo*". Te agradezco que Jesús es mi fiel Abogado ante el Juez Justo en las Cortes del Cielo. Señor Jesús, renuncio a mis derechos de autorrepresentación y te invoco como mi Abogado para que me ayudes a defender mi caso ante el Juez Justo y procesar el mal del altar de la *enfermedad* que satanás plantó en mi linaje. También pido al bendito Espíritu Santo, quien es el más alto oficial de las Cortes del Cielo aquí en la tierra, que me haga sensible a los procedimientos de está

Corte para poder procesar exitosamente el malvado altar de la enfermedad en el nombre de Jesús.

4. Invoca al altar del mal y al ídolo que se sienta sobre él para que comparezcan ante el tribunal.

Padre Celestial, al estar en Tu corte real me presento a mí mismo como un sacrificio vivo, santo y aceptable delante de Ti de acuerdo a Romanos 12:1. Padre Celestial, Juez Justo, yo invoco al altar de la *enfermedad* en mi linaje y al ídolo que se sienta en el para que comparezca en Tu corte real para ser enjuiciado en el nombre de Jesús. Porque está escrito en 1 Corintios 6:3, *"¿No sabéis que nosotros [los creyentes] juzgaremos a los ángeles? ¿Cuánto más entonces [en cuanto a] los asuntos de esta vida?"*. Padre Celestial, ejerzo la autoridad que Dios me ha dado en Cristo Jesús para juzgar demonios y principados, en el nombre de Jesús te lo ruego. Justo Juez, también está escrito en la Constitución de Tu Reino en 1 Juan 3:8, *"Para esto fue manifestado el Hijo de Dios, para deshacer las obras del diablo"*.

5. Responder a las acusaciones de Satanás y ponerse de acuerdo con el adversario

Padre Celestial, yo sé que hasta el fin de la era del pecado, satanás todavía tiene acceso legal a las Cortes del Cielo para levantar acusaciones en contra de los hijos de los hombres; porque está escrito en el libro de Apocalipsis 12:10:

> *Entonces oí una gran voz en el cielo, que decía: "Ahora han llegado la salvación, el poder y el reino (dominio, reinado) de nuestro Dios, y la autoridad de su Cristo; porque ha sido arrojado [por fin] el acusador de nuestros hermanos [creyentes], el que los acusaba y seguía presentando cargos [de conducta pecaminosa] contra ellos ante nuestro Dios día y noche."*

Padre Celestial, el Señor Jesús también dijo en el libro de Mateo 5:25:

Ponte de acuerdo rápidamente [a la mayor brevedad posible] con tu adversario de derecho mientras estás con él de camino [al tribunal], para que tu adversario no te entregue al juez, y el juez al guardia, y te metan en la cárcel.

Padre Celestial, con toda humildad, mientras renuncio al espíritu de orgullo, elijo rápidamente estar de acuerdo con las acusaciones legales de mi adversario, satanás. Justo Juez, todas las acusaciones que satanás ha presentado contra mí y mi linaje en está Corte son ciertas.

6. Arrepiéntete

Padre Celestial, me arrepiento de mis transgresiones personales, y de los pecados e iniquidades de mis antepasados que abrieron la puerta para que el espíritu y el altar de la *enfermedad* oprimieran mi vida, en el nombre de Jesús te lo pido. Señor, cada pecado de mis antepasados que el enemigo está usando como un derecho legal para construir casos en mi contra y negarme mi destino, te pido que la sangre de Jesús los lave. También me arrepiento de las maldiciones de palabra auto infligidas y de todos los pactos con demonios de enfermedad que han existido en mi linaje ancestral. Te pido que cada pacto con los poderes demoniacos sea revocado y que su derecho a reclamarme a mí y a mi linaje sea desechado ante Tu corte, en el nombre de Jesús. Gracias, Señor, por revocar estos pactos demoniacos y altares malignos en el poderoso nombre de Jesús. Padre Celestial, en mi sincero deseo de divorciarme del espíritu y del altar de la *enfermedad*, te devuelvo todo y cualquier cosa que el diablo diga que viene de su reino. Solo quiero lo que la sangre de Jesús me ha asegurado.

7. Apelar a la Sangre de Jesús para Limpiar Todo Pecado (Evidencia de Satanás)

Señor Jesús, gracias por limpiarme con Tu sangre para que Satanás no tenga base legal contra mí en Tu corte. Está escrito en 1 Juan 1:9:

> *Si admitimos [libremente] que hemos pecado y confesamos nuestros pecados, Él es fiel y justo [fiel a Su propia naturaleza y promesas], y perdonará nuestros pecados y nos limpiará continuamente de toda maldad [nuestras malas acciones, todo lo que no esté en conformidad con Su voluntad y propósito].*

Justo Juez, apelo a la sangre de Jesús para que limpie todos mis defectos, transgresiones e iniquidades, en el nombre de Jesús, te lo ruego. Recibo por fe el poder limpiador de la sangre de Jesús.

8. Pedir al Tribunal que desestime todas las acusaciones y cargos de Satanás.

Padre Celestial, basado en la obra terminada de Jesús y en mi arrepentimiento de corazón, ahora me muevo a la Corte del cielo para desechar todas las acusaciones y cargos de Satanás en contra mía y de mi linaje en el nombre de Jesús. Porque está escrito que el acusador de los hermanos ha sido arrojado. Así que, te pido Padre que deseches todas las acusaciones de satanás en mi contra, en el nombre de Jesús, te lo ruego.

9. Pídele al Señor que envíe ángeles para destruir el altar maligno y ejecutar el juicio del Señor contra él.

Padre Celestial, Juez Justo, te pido que envíes oficiales angélicos de alto rango de las Cortes que sobresalgan en fuerza para ejecutar el juicio de Tu corte suprema y destruir el altar maligno de la *enfermedad* y el ídolo que se sienta en él que satanás plantó en mi línea de sangre, en el nombre de Jesús yo oro. Por el espíritu de profecía, profetizo la destrucción completa del altar maligno de la *enfermedad* en mi vida, en el nombre de Jesús. Porque está escrito en Salmo 91:11-12, *"Porque él mandará a sus ángeles acerca de ti, para protegerte, defenderte y guardarte en todos tus caminos [de obediencia y servicio]. Te levantarán en sus manos, para que ni siquiera tropieces con piedra alguna"*. Recibo asistencia angelical, ahora mismo, en el nombre de Jesús.

10. Presente las Escrituras que se Usarán para Emitir una Orden Divina de Restricción

Padre Celestial, presento ante Tu Corte Suprema las siguientes escrituras como mi evidencia sólida contra el espíritu y el altar de la enfermedad en mi vida. Está escrito:

> *Al verla Jesús, la llamó y le dijo: "Mujer, has quedado libre de tu enfermedad". Y puso las manos sobre ella, y al instante fue endeorada, y glorificaba a Dios* (Lucas 13:12-13 LBLA).

> *Pero Él fue herido por nuestras transgresiones, Él fue aplastado por nuestra maldad [nuestro pecado, nuestra injusticia, nuestro obrar mal]; el castigo [requerido] para nuestro bienestar cayó sobre Él, y por Sus llagas (heridas) hemos sido sanados* (Isaías 53:5).

Justo Juez, basado en las escrituras antes mencionadas, es claro que el espíritu y el altar de la *enfermedad*, si se le permite tener éxito, causaría gran daño a mi vida, destino, y también infligiría un daño irreparable a los propósitos de Dios. Pido que todo derecho legal que el espíritu y el altar de la *enfermedad* están sosteniendo sea revocado en el glorioso nombre de Jesús. Justo Juez, basado en las escrituras antes mencionadas, es claro que califico para una orden de restricción divina contra el altar de la *enfermedad* y el ídolo que se sienta en él, en el nombre de Jesús.

11. Pedir al Tribunal que emita una Orden Divina de Restricción y Recibir la Orden Divina de Restricción por Fe.

Padre Celestial, Juez Justo, ahora te pido que una orden de restricción divina y una orden judicial permanente en contra del espíritu y el altar de la *enfermedad* en mi vida sea emitida por la autoridad de Tu Corte Suprema, en el nombre de Jesús. Padre Celestial, yo decreto y declaro que cualquier y todas las formas de planes de *enfermedad que* el diablo ha emitido o está orquestando en contra de mi vida son ahora cancelados en el glorioso nombre de Jesús. Padre Celestial, yo recibo está orden divina de restricción y orden permanente por fe, en el nombre de Jesús. Porque está escrito en la Constitución de Tu Reino en Hebreos 11:6, *"Pero sin fe es imposible [caminar con Dios y] agradarle, porque cualquiera que se acerque a Dios debe [necesariamente] creer que Dios existe y que Él recompensa a aquellos que [seria y diligentemente] lo buscan".* Creo y declaro por fe que el espíritu y el altar de la *enfermedad* en mi vida han sido juzgados, ¡en el nombre de Jesús!

12. Pídele al Señor que selle tu veredicto justo y tus procedimientos judiciales con la sangre de Jesús.

Padre Celestial, Justo Juez, ahora te pido que selles mi justo veredicto contra el espíritu y el altar de *la enfermedad* en la preciosa sangre de Jesús. Que también cubras con la sangre de Jesús todos mis procedimientos legales en está Corte en el nombre de Jesús. Yo decreto y declaro que mi justo veredicto de liberación y ruptura del malvado altar de *la enfermedad* está ahora asegurado en los documentos de las Cortes del Cielo. Porque está escrito en el Evangelio de Juan, capítulo 8:36, *"Así que, si el Hijo os hace libres, entonces sois incuestionablemente libres."* Yo decreto y declaro que soy libre del altar maligno de la enfermedad en el nombre de Jesús, ¡amén!

Oración #12

Desarraigar el altar del olvido

Porque el que carece de estas cosas es miope hasta la ceguera, y ha olvidado que fue limpiado de sus antiguos pecados.
—**2 Pedro 1:9 LBLA**

¿Alguna vez ha olvidado una joya de valor incalculable, como una alianza de boda, y ha tenido que buscarla desesperadamente? El alivio emocional que sientes cuando la encuentras solo es superado por el dolor de no encontrarla. Hace un tiempo fui a llevar mi ropa a la tintorería de mi barrio. Cuando empaqué mi camioneta coloqué mi último teléfono Galaxy 10 en el techo de mi camioneta, mientras sacaba mi ropa sucia del asiento trasero. Desafortunadamente para mí, cuando dejé mi ropa sucia y volví a mi camión, me fui y me olvidé de que mi nuevo teléfono estaba todavía en el techo de mi camión. A kilómetros de distancia, de repente me di cuenta de que me había olvidado el teléfono. Me entró el pánico y sentí que me hundía. Llamé varias veces al teléfono perdido, con la esperanza de que algún buen samaritano lo hubiera recogido. Nadie contestó, lo cual no era buena señal. Volví a la tintorería, pero no lo encontré. Estaba tan enfadado conmigo mismo por haberlo olvidado que lo saqué del techo de mi camioneta. Terminé pagando más dinero por otro teléfono. Conozco a personas que han perdido oportunidades de negocio muy importantes solo porque olvidaron la hora de su cita. He oído historias de terror de madres cuyos hijos fueron secuestrados en centros comerciales solo porque en el ajetreo de las compras se olvidaron de mirar en dirección a sus hijos durante unos minutos. ¿Y de personas que perdieron vuelos importantes para destinos estratégicos porque al llegar al mostrador se dieron cuenta de repente de que habían olvidado sus pasaportes? Sé que cierta querida hermana ya sería muy rica, porque fue una de las primeras personas que invirtió miles de euros en Bitcoin. Sus beneficios habrían superado el 1000% si no fuera porque olvidó dónde había colocado el nombre de usuario y la contraseña de su cuenta Bitcoin. Durante años buscó frenéticamente ese trozo de papel y nunca lo encontró. Hace poco murió sin haber encontrado la clave de su riqueza secreta. Sin lugar a dudas, el altar del olvido le ha costado la vida a mucha gente, fortunas, relaciones, oportunidades y demás. La siguiente oración es el antídoto que necesitas.

ORACIÓN DE ACTIVACIÓN

1. Dirigirse al Padre en alabanza y adoración

Padre Celestial, santo es Tu nombre y grandemente para ser alabado. Te adoro en el nombre de Jesús. Que Tu Reino se manifieste en mi vida como en el Cielo. Defiende mi causa, oh, Señor, con aquellos que luchan conmigo; lucha contra cualquier entidad o persona que este contendiendo en mi contra. Padre Celestial, está escrito en Salmo 27:6, *"Y ahora mi cabeza se alzará sobre mis enemigos que me rodean, en Su tienda ofreceré sacrificios con gritos de alegría; cantaré, sí, cantaré alabanzas al Señor"*. Abba, encomiendo mi adoración al coro celestial de adoración de Tus santos ángeles y la multitud de testigos, en el nombre de Jesús.

2. Pedir al Tribunal que se siente

Padre Celestial, Juez Justo, te pido que las Cortes del Cielo sean sentadas de acuerdo a Daniel 7:9-10. Te lo pido en el poderoso nombre de Jesús. Te pido esto en el poderoso nombre de Jesús. Está escrito:

> *Seguí mirando hasta que se levantaron tronos, y el Anciano de Días (Dios) tomó asiento; su manto era blanco como la nieve y el pelo de su cabeza como lana pura. Su trono era llamas de fuego; sus ruedas eran un fuego ardiente. Un río de fuego fluía y salía de delante de Él; mil millares le asistían, y diez mil veces diez mil Estaban de pie delante de Él; el tribunal Estaba sentado, y los libros abiertos.*

Padre Celestial, estoy solicitando el privilegio de estar delante de la corte del Anciano de Días de acuerdo a lo que fue revelado al profeta Daniel, en el nombre de Jesús, yo oro. Padre Celestial, estoy en Tu corte real por la sangre y el trabajo de Jesús en la cruz. He venido a recibir Tu justo juicio sobre mi vida en contra del espíritu y el altar del *olvido* que Satanás ha plantado en mi linaje generacional. Padre Celestial, invoco a Tus santos ángeles para que sean testigos de mi demanda y justo enjuiciamiento del malvado altar del *olvido*. Yo decreto y declaro que este malvado altar del *olvido* no controlara más mi vida o arrestara el recuerdo de memorias que yo necesito para alcanzar mi destino dado por Dios aquí en la tierra, en el nombre de Jesús yo oro.

3. Renuncia a tus derechos de autorrepresentación al Señor como tu abogado

Padre Celestial, Tu Palabra en 1 Juan 2:1-2 dice: "*Hijitos míos, estás cosas os escribo para que no pequéis. Y si alguno peca, abogado tenemos para con el Padre, a Jesucristo el justo. Y Él mismo es la propiciación por nuestros pecados, y no solo por los nuestros, sino también por los de todo el mundo*". Te agradezco que Jesús es mi fiel Abogado ante el Juez Justo en las Cortes del Cielo. Señor Jesús, renuncio a mis derechos de autorrepresentación y te invoco como mi Abogado para que me ayudes a defender mi caso ante el Juez Justo y procesar el mal del altar del *olvido* que satanás plantó en mi linaje. También le pido al bendito Espíritu Santo, quien es el más alto oficial de las Cortes del Cielo aquí en la tierra, que me haga sensible a los procedimientos de está Corte para poder procesar exitosamente el malvado altar del olvido en el nombre de Jesús.

4. Invoca al altar del mal y al ídolo que se sienta sobre él para que comparezcan ante el tribunal.

Padre Celestial, al estar en Tu corte real me presento a mí mismo como un sacrificio vivo, santo y aceptable delante de Ti de acuerdo a Romanos 12:1. Padre Celestial, Juez Justo, yo invoco al altar del *olvido* en mi linaje y al ídolo que se sienta en el para que comparezca en Tu corte real para ser procesado en el nombre de Jesús. Porque está escrito en 1 Corintios 6:3, *"¿No sabéis que nosotros [los creyentes] juzgaremos a los ángeles? ¿Cuánto más entonces [en cuanto a] los asuntos de esta vida?"*. Padre Celestial, ejerzo la autoridad que Dios me ha dado en Cristo Jesús para juzgar demonios y principados, en el nombre de Jesús te lo ruego. Justo Juez, también está escrito en la constitución de Tu Reino en 1 Juan 3:8, *"Para esto fue manifestando el Hijo de Dios, para deshacer las obras del diablo"*.

5. Responder a las acusaciones de Satanás y ponerse de acuerdo con el adversario

Padre Celestial, yo sé que hasta el fin de la era del pecado, satanás todavía tiene acceso legal a las Cortes del Cielo para levantar acusaciones contra los hijos de los hombres; porque está escrito en el libro de Apocalipsis 12:10:

> *Entonces oí una gran voz en el cielo, que decía: "Ahora han llegado la salvación, el poder y el reino (dominio, reinado) de nuestro Dios, y la autoridad de su Cristo; porque ha sido arrojado [por fin] el acusador de nuestros hermanos [creyentes], el que los acusaba y seguía presentando cargos [de conducta pecaminosa] contra ellos ante nuestro Dios día y noche."*

Padre Celestial, el Señor Jesús también dijo en el libro de Mateo 5:25:

Ponte de acuerdo rápidamente [a la primera oportunidad] con tu adversario de derecho mientras estás con él de camino [al tribunal], para que tu adversario no te entregue al juez, y el juez a la guardia, y te metan en la cárcel.

Padre Celestial, con toda humildad, mientras renuncio al espíritu de orgullo, elijo rápidamente estar de acuerdo con las acusaciones legales de mi adversario, satanás. Justo Juez, todas las acusaciones que satanás ha presentado contra mí y mi linaje en está Corte son ciertas.

6. Arrepiéntete

Padre Celestial, me arrepiento por mis transgresiones personales, y por los pecados e iniquidades de mis antepasados que abrieron la puerta para que el espíritu y el altar del *olvido* oprimieran mi vida, en el nombre de Jesús te lo pido. Señor, cada pecado de mis antepasados que el enemigo está usando como un derecho legal para construir casos en mi contra y negarme mi destino, te pido que la sangre de Jesús los lave. Me arrepiento por cualquiera que haya sido herido por mi olvido. También me arrepiento por maldiciones de palabras auto infligidas y todos los pactos con demonios que han existido en mi linaje ancestral. Te pido que todo pacto con poderes demoníacos sea revocado y que su derecho a reclamarme a mí y a mi linaje sea desechado ante Tu corte, en el nombre de Jesús. Gracias, Señor, por revocar estos pactos demoniacos y altares malignos en el poderoso nombre de Jesús. Padre Celestial, en mi sincero deseo de divorciarme del espíritu y del altar del *olvido*, te devuelvo todo y cualquier cosa que el diablo diga que viene de su reino. Solo quiero lo que la sangre de Jesús me ha asegurado.

7. Apelar a la Sangre de Jesús para Limpiar Todo Pecado (Evidencia de Satanás)

Señor Jesús, gracias por limpiarme con Tu sangre para que Satanás no tenga base legal contra mí en Tu corte. Está escrito en 1 Juan 1:9:

> Si admitimos [libremente] que hemos pecado y confesamos nuestros pecados, Él es fiel y justo [fiel a Su propia naturaleza y promesas], y perdonará nuestros pecados y nos limpiará continuamente de toda maldad [nuestras malas acciones, todo lo que no esté en conformidad con Su voluntad y propósito].

Justo Juez, apelo a la sangre de Jesús para que limpie todos mis defectos, transgresiones e iniquidades, en el nombre de Jesús, te lo ruego. Recibo por fe el poder limpiador de la sangre de Jesús.

8. Pedir al Tribunal que desestime todas las acusaciones y cargos de Satanás.

Padre Celestial, basado en la obra terminada de Jesús y en mi arrepentimiento de corazón, ahora me muevo a la Corte del cielo para desechar todas las acusaciones y cargos de Satanás en contra mía y de mi linaje en el nombre de Jesús. Porque está escrito que el acusador de los hermanos ha sido arrojado. Así que, te pido Padre que deseches todas las acusaciones de satanás en mi contra, en el nombre de Jesús, te lo ruego.

9. Pídele al Señor que envíe ángeles para destruir el altar maligno y ejecutar el juicio del Señor contra él.

Padre Celestial, Juez Justo, te pido que envíes oficiales angélicos de alto rango de las Cortes que sobresalgan en fuerza para ejecutar el juicio de Tu

corte suprema y destruir el altar maligno del *olvido* y el ídolo que se sienta en él que satanás plantó en mi línea de sangre, en el nombre de Jesús yo oro. Por el espíritu de profecía, profetizo la destrucción completa del altar maligno del *olvido* en mi vida, en el nombre de Jesús. Porque está escrito en Salmo 91:11-12, *"Porque Él ordenará a Sus ángeles con respecto a ti, para protegerte y defenderte y guardarte en todos tus caminos [de obediencia y servicio]. Te levantarán en sus manos, para que ni siquiera tropieces con piedra alguna".* Recibo asistencia angelical, ahora mismo, en el nombre de Jesús.

10. Presente las Escrituras que se Usarán para Emitir una Orden Divina de Restricción

Padre Celestial, presento ante Tu Corte Suprema las siguientes escrituras como mi evidencia sólida contra el espíritu y el altar del olvido en mi vida. Está escrito:

> *Pero el Consolador, que es el Espíritu Santo, a quien el Padre enviará en mi nombre, él os enseñará todas las cosas, y os recordará todo lo que yo os he dicho* (Juan 14:26 RV).

> *La memoria de los justos es bendita; pero el nombre de los impíos se pudrirá* (Proverbios 10:7 RV).

Justo Juez, basado en las escrituras antes mencionadas, es claro que el espíritu y altar del *olvido*, si se le permite tener éxito, causaría gran daño a mi vida, destino, y también infligiría daño irreparable a los propósitos de Dios. Pido que todo derecho legal que el espíritu y el altar del *olvido* están sosteniendo sea revocado en el glorioso nombre de Jesús. Justo Juez, basado en las escrituras antes mencionadas, es claro que califico para una orden de restricción divina contra el altar del *olvido* y el ídolo que se sienta en él, en el nombre de Jesús.

11. Pedir al Tribunal que emita una Orden Divina de Restricción y Recibir la Orden Divina de Restricción por Fe.

Padre Celestial, Juez Justo, ahora te pido que una orden de restricción divina y una orden judicial permanente en contra del espíritu y el altar del *olvido* en mi vida sea emitida por la autoridad de Tu Corte Suprema, en el nombre de Jesús. Padre Celestial, yo decreto y declaro que cualquier y todas las formas de planes de *olvido que* el diablo ha emitido o está orquestando en contra de mi vida son ahora cancelados en el glorioso nombre de Jesús. Padre Celestial, recibo está orden divina de restricción y mandato permanente por fe, en el nombre de Jesús. Porque está escrito en la Constitución de Tu Reino en Hebreos 11:6, *"Pero sin fe es imposible [caminar con Dios y] agradarle, porque cualquiera que se acerque a Dios debe [necesariamente] creer que Dios existe y que Él recompensa a aquellos que [seria y diligentemente] lo buscan".* Creo y declaro por fe que el espíritu y el altar del *olvido* en mi vida han sido juzgados, ¡en el nombre de Jesús!

12. Pídele al Señor que selle tu veredicto justo y tus procedimientos judiciales con la sangre de Jesús.

Padre Celestial, Justo Juez, ahora te pido que selles mi justo veredicto contra el espíritu y el altar del *olvido* en la preciosa sangre de Jesús. Que también cubras con la sangre de Jesús todos mis procedimientos legales en está Corte en el nombre de Jesús. Yo decreto y declaro que mi justo veredicto de liberación y ruptura del malvado altar del *olvido* está ahora asegurado en los documentos de las Cortes del Cielo. Porque está escrito en el Evangelio de Juan, capítulo 8:36, *"Así que, si el Hijo os hace libres, entonces sois incuestionablemente libres."* Yo decreto y declaro que soy libre del altar maligno del olvido en el nombre de Jesús, ¡amén!

Oración #13

Desarraigar el altar del fracaso

Así murió Saúl por la transgresión que cometió contra Jehová, por no haber guardado la palabra de Jehová; y también porque consultó a una médium [respecto a un espíritu de los muertos], para inquirir de ella.
—**1 Crónicas 10:13**

Nadie quiere fracasar y, sin embargo, el fracaso es una experiencia humana común. Fracasar significa fracasar en algo en lo que se supone que deberías tener éxito. Aunque el fracaso es una experiencia humana común, para algunas personas el fracaso es trágicamente sistémico y casi demoníaco. Parece que todo lo que ponen en sus manos acaba en un abyecto fracaso. Fracasar en un negocio, por ejemplo, puede llevar a enormes pérdidas económicas e incluso a la bancarrota. El fracaso en la relación matrimonial es la razón de que haya tantos divorcios en el mundo, incluso entre algunos cristianos que aman sinceramente a Jesús. Algunos fracasos también pueden ser catastróficos. Sin embargo, ¡ningún fracaso es más trágico que el fracaso en creer y aplicar la palabra de Dios! Esto se debe a que nada cambia en la tierra sin digerir la palabra injertada de Dios, que es capaz de salvar nuestras almas. La siguiente oración está diseñada para ayudarte a destruir el altar maligno del fracaso.

ORACIÓN DE ACTIVACIÓN

1. Dirigirse al Padre en alabanza y adoración

Padre Celestial, santo es Tu nombre y grandemente para ser alabado. Te adoro en el nombre de Jesús. Que Tu Reino se manifieste en mi vida como en el Cielo. Defiende mi causa, oh, Señor, con aquellos que luchan conmigo; lucha contra cualquier entidad o persona que este contendiendo en mi contra. Padre Celestial, está escrito en Salmo 27:6, *"Y ahora mi cabeza se alzará sobre mis enemigos que me rodean, en Su tienda ofreceré sacrificios con gritos de alegría; cantaré, sí, cantaré alabanzas al Señor".* Abba, encomiendo mi adoración al coro celestial de adoración de Tus santos ángeles y la multitud de testigos, en el nombre de Jesús.

2. Pedir al Tribunal que se siente

Padre Celestial, Juez Justo, te pido que las Cortes del Cielo sean sentadas de acuerdo a Daniel 7:9-10. Te lo pido en el poderoso nombre de Jesús. Te pido esto en el poderoso nombre de Jesús. Está escrito:

> *Seguí mirando hasta que se levantaron tronos, y el Anciano de Días (Dios) tomó asiento; su manto era blanco como la nieve y el pelo de su cabeza como lana pura. Su trono era llamas de fuego; sus ruedas eran un fuego ardiente. Un río de fuego fluía y salía de delante de Él; mil millares le asistían, y diez mil veces diez mil Estaban de pie delante de Él; el tribunal Estaba sentado, y los libros abiertos.*

Padre Celestial, estoy solicitando el privilegio de estar delante de la corte del Anciano de Días de acuerdo a lo que fue revelado al profeta Daniel, en el nombre de Jesús, yo oro. Padre Celestial, estoy en Tu corte real por la sangre y el trabajo de Jesús en la cruz. He venido a recibir Tu justo juicio sobre mi

vida en contra del espíritu y el altar del *fracaso* que Satanás ha plantado en mi linaje generacional. Padre Celestial, invoco a Tus santos ángeles para que sean testigos de mi demanda y justo enjuiciamiento del malvado altar del *fracaso*. Yo decreto y declaro que este malvado altar del *fracaso* no continuara controlando mi vida o destruyendo las oportunidades divinas que necesito para alcanzar mi destino dado por Dios aquí en la tierra, en el nombre de Jesús yo oro.

3. Renuncia a tus derechos de autorrepresentación al Señor como tu abogado

Padre Celestial, Tu Palabra en 1 Juan 2:1-2 dice: *"Hijitos míos, éstas cosas os escribo para que no pequéis. Y si alguno peca, abogado tenemos para con el Padre, a Jesucristo el justo. Y Él mismo es la propiciación por nuestros pecados, y no solo por los nuestros, sino también por los de todo el mundo"*. Te agradezco que Jesús es mi fiel Abogado ante el Juez Justo en las Cortes del Cielo. Señor Jesús, renuncio a mis derechos de autorrepresentación y te invoco como mi Abogado para que me ayudes a defender mi caso ante el Juez Justo y procesar el mal del altar del *fracaso* que satanás plantó en mi linaje. También le pido al bendito Espíritu Santo, quien es el más alto oficial de las Cortes del Cielo aquí en la tierra, que me haga sensible a los procedimientos de está Corte para poder procesar exitosamente el malvado altar del fracaso en el nombre de Jesús.

4. Invoca al altar del mal y al ídolo que se sienta sobre él para que comparezcan ante el tribunal.

Padre Celestial, al estar en Tu corte real me presento a mí mismo como un sacrificio vivo, santo y aceptable delante de Ti de acuerdo a Romanos 12:1. Padre Celestial, Juez Justo, yo invoco al altar del *fracaso* en mi línea de sangre y al ídolo que se sienta en el para que comparezca en Tu corte real para ser enjuiciado en el nombre de Jesús. Porque está escrito en 1 Corintios

6:3, *"¿No sabéis que nosotros [los creyentes] juzgaremos a los ángeles? ¿Cuánto más entonces [en cuanto a] los asuntos de esta vida?"*. Padre Celestial, ejerzo la autoridad que Dios me ha dado en Cristo Jesús para juzgar demonios y principados, en el nombre de Jesús te lo ruego. Justo Juez, también está escrito en la constitución de Tu Reino en 1 Juan 3:8, *"Para esto fue manifestado el Hijo de Dios, para deshacer las obras del diablo"*.

5. Responder a las acusaciones de Satanás y ponerse de acuerdo con el adversario

Padre Celestial, yo sé que hasta el fin de la era del pecado, satanás todavía tiene acceso legal a las Cortes del Cielo para levantar acusaciones en contra de los hijos de los hombres; porque está escrito en el libro de Apocalipsis 12:10:

> *Entonces oí una gran voz en el cielo, que decía: "Ahora han llegado la salvación, el poder y el reino (dominio, reinado) de nuestro Dios, y la autoridad de su Cristo; porque ha sido arrojado [por fin] el acusador de nuestros hermanos [creyentes], el que los acusaba y seguía presentando cargos [de conducta pecaminosa] contra ellos ante nuestro Dios día y noche."*

Padre Celestial, el Señor Jesús también dijo en el libro de Mateo 5:25:

> *Ponte de acuerdo rápidamente [a la primera oportunidad] con tu adversario de derecho mientras estás con él de camino [al tribunal], para que tu adversario no te entregue al juez, y el juez a la guardia, y te metan en la cárcel.*

Padre Celestial, con toda humildad, mientras renuncio al espíritu de orgullo, elijo rápidamente estar de acuerdo con las acusaciones legales de mi adversario, satanás. Justo Juez, todas las acusaciones que satanás ha presentado contra mí y mi linaje en está Corte son ciertas.

6. *Arrepiéntete*

Padre Celestial, me arrepiento por mis transgresiones personales, y por los pecados e iniquidades de mis antepasados que abrieron la puerta para que el espíritu y el altar del *fracaso* oprimieran mi vida, en el nombre de Jesús te lo pido. Señor, cada pecado de mis antepasados que el enemigo está usando como un derecho legal para construir casos en mi contra y negarme mi destino, te pido que la sangre de Jesús simplemente los lave. Me arrepiento de no haber obedecido y aplicado la palabra de Dios. También me arrepiento por maldiciones de palabra autoinfligidas y todos los pactos con demonios que han existido en mi linaje ancestral. Te pido que cada pacto con los poderes demoniacos sea revocado y que su derecho a reclamarme a mí y a mi linaje sea desechado ante Tu corte, en el nombre de Jesús. Gracias, Señor, por revocar estos pactos demoniacos y altares malignos en el poderoso nombre de Jesús. Padre Celestial, en mi sincero deseo de divorciarme del espíritu y del altar del *fracaso*, te devuelvo todo y cualquier cosa que el diablo diga que viene de su reino. Solo quiero lo que la sangre de Jesús me ha asegurado.

7. *Apelar a la Sangre de Jesús para Limpiar Todo Pecado (Evidencia de Satanás)*

Señor Jesús, gracias por limpiarme con Tu sangre para que Satanás no tenga base legal contra mí en Tu corte. Está escrito en 1 Juan 1:9:

> *Si admitimos [libremente] que hemos pecado y confesamos nuestros pecados, Él es fiel y justo [fiel a Su propia naturaleza y promesas], y perdonará nuestros pecados y nos limpiará continuamente de toda maldad [nuestras malas acciones, todo lo que no esté en conformidad con Su voluntad y propósito].*

Justo Juez, apelo a la sangre de Jesús para que limpie todos mis defectos, transgresiones e iniquidades, en el nombre de Jesús, te lo ruego. Recibo por fe el poder limpiador de la sangre de Jesús.

8. Pedir al Tribunal que desestime todas las acusaciones y cargos de Satanás.

Padre Celestial, basado en la obra terminada de Jesús y en mi arrepentimiento de corazón, ahora me muevo a la Corte del cielo para desechar todas las acusaciones y cargos de Satanás en contra mía y de mi linaje en el nombre de Jesús. Porque está escrito que el acusador de los hermanos ha sido arrojado. Así que, te pido Padre que deseches todas las acusaciones de satanás en mi contra, en el nombre de Jesús, te lo ruego.

9. Pídele al Señor que envíe ángeles para destruir el altar maligno y ejecutar el juicio del Señor contra él.

Padre Celestial, Juez Justo, te pido que envíes oficiales angélicos de alto rango de las Cortes que sobresalgan en fuerza para ejecutar el juicio de Tu corte suprema y destruir el altar maligno del *fracaso* y el ídolo que se sienta en él que satanás plantó en mi línea de sangre, en el nombre de Jesús yo oro. Por el espíritu de profecía, profetizo la destrucción completa del altar maligno del *fracaso* en mi vida, en el nombre de Jesús. Porque está escrito en Salmo 91:11-12, *"Porque él mandará a sus ángeles acerca de ti, para protegerte, defenderte y guardarte en todos tus caminos [de obediencia y servicio]. Te levantarán en sus manos, para que ni siquiera tropieces con piedra alguna".* Recibo asistencia angelical, ahora mismo, en el nombre de Jesús.

10. Presente las Escrituras que se Usarán para Emitir una Orden Divina de Restricción

Padre Celestial, presento ante Tu Corte Suprema las siguientes escrituras como mi sólida evidencia contra el espíritu y el altar del fracaso en mi vida. Está escrito:

> *Porque, aunque el justo caiga siete veces, vuelve a levantarse; pero los impíos tropiezan cuando sobreviene la calamidad* (Proverbios 24:16 NVI).

> *Todo lo puedo [para lo que me ha llamado] por medio de Aquel que me fortalece y me da poder [para cumplir Su propósito: soy autosuficiente en la suficiencia de Cristo; estoy preparado para todo e igual a todo por medio de Aquel que me infunde fuerza interior y paz confiada]* (Filipenses 4:13).

Justo Juez basado en las escrituras antes mencionadas, es claro que el espíritu y el altar del *fracaso*, si se le permite tener éxito, causaría gran daño a mi vida, destino, y también infligiría un daño irreparable a los propósitos de Dios. Pido que todo derecho legal que el espíritu y el altar del *fracaso* están sosteniendo sea revocado en el glorioso nombre de Jesús. Justo Juez basado en las escrituras antes mencionadas, es claro que califico para una orden de restricción divina contra el altar del *fracaso* y el ídolo que se sienta en él, en el nombre de Jesús.

11. Pedir al Tribunal que emita una Orden Divina de Restricción y Recibir la Orden Divina de Restricción por Fe.

Padre Celestial, Juez Justo, ahora te pido que una orden divina de restricción y una orden permanente contra el espíritu y el altar del *fracaso* en mi vida sea emitida por la autoridad de Tu Corte Suprema, en el nombre de Jesús. Padre Celestial, yo decreto y declaro que cualquier forma de *fracaso que* el diablo este orquestando en contra de mi vida es ahora cancelada en el glorioso nombre de Jesús. Padre Celestial, recibo está orden divina de restricción y mandato permanente por fe, en el nombre de Jesús. Porque está escrito en la Constitución de Tu Reino en Hebreos 11:6, *"Pero sin fe es imposible [caminar con Dios y] agradarle, porque cualquiera que se acerque [a] Dios debe [necesariamente] creer que Dios existe y que Él recompensa a aquellos que [seria y diligentemente] lo buscan."* Creo y declaro por fe que el espíritu y el altar del *fracaso* en mi vida han sido juzgados, ¡en el nombre de Jesús!

12. Pídele al Señor que selle tu veredicto justo y tus procedimientos judiciales con la sangre de Jesús.

Padre Celestial, Justo Juez, ahora te pido que selles mi justo veredicto contra el espíritu y el altar del *fracaso* en la preciosa sangre de Jesús. Que también cubras con la sangre de Jesús todos mis procedimientos legales en está Corte en el nombre de Jesús. Yo decreto y declaro que mi justo veredicto de liberación y avance del malvado altar *del fracaso* está ahora asegurado en los documentos de las Cortes del Cielo. Porque está escrito en el Evangelio de Juan, capítulo 8:36, *"Así que, si el Hijo os hace libres, entonces sois incuestionablemente libres."* Yo decreto y declaro que soy libre del altar maligno del fracaso en el nombre de Jesús, ¡amén!

Oración #14

Desarraigar el altar del orgullo

Ahora yo, Nabucodonosor, alabo, exalto y honro al Rey del cielo, porque todas sus obras son verdaderas y fieles y sus caminos son justos, y Él es capaz de humillar y abatir a los que andan en soberbia [egocéntrica y farisaica].
—**Daniel 4:37**

Tal vez no haya pecado que Dios odie más que el orgullo y, sin embargo, el orgullo es algo con lo que la mayoría de los seres humanos luchan. El orgullo es el pecado primordial de Lucifer. Fue su perdición. Antes de que Lucifer se convirtiera en el Satanás del Diablo que conocemos ahora, era uno de los ángeles más exaltados del Cielo. Su cuerpo celestial era una cosa de inmensa belleza. Dios construyo instrumentos de música para la adoración dentro de el para que pudiera guiar a todo el cielo en la adoración a Dios. Sin embargo, la escritura dice en el libro de Ezequiel 28 que el corrompió su sabiduría al ser impresionado por su propia belleza e influencia. Se volvió tan egocéntrico (que es la raíz del orgullo) que quería que otros ángeles lo adoraran como a Dios. Así que en su orgullo Lucifer escenificó la histórica y catastrófica rebelión de un tercio de los ángeles del cielo que se alinearon con él contra su propio creador. No es de extrañar que el escritor del libro de Proverbios declare que la "soberbia" precede a la caída. He visto a tantos grandes ministros del evangelio, líderes empresariales y políticos caer debido al orgullo. Lo más aterrador es el hecho de que Dios resiste a los orgullosos, mientras que da gracia a los humildes (Santiago 4:6). La peligrosa oración a continuación está diseñada para ayudarte a destruir los altares del orgullo en tu vida, para que puedas atraer el favor de Dios.

ORACIÓN DE ACTIVACIÓN

1. Dirigirse al Padre en alabanza y adoración

Padre Celestial, santo es Tu nombre y grandemente para ser alabado. Te adoro en el nombre de Jesús. Que Tu Reino se manifieste en mi vida como en el Cielo. Defiende mi causa, oh, Señor, con aquellos que luchan conmigo; lucha contra cualquier entidad o persona que este contendiendo en mi contra. Padre Celestial, está escrito en Salmo 27:6, *"Y ahora mi cabeza se alzará sobre mis enemigos que me rodean, en Su tienda ofreceré sacrificios con gritos de alegría; cantaré, sí, cantaré alabanzas al Señor"*. Abba, encomiendo mi adoración al coro celestial de adoración de Tus santos ángeles y la multitud de testigos, en el nombre de Jesús.

2. Pedir al Tribunal que se siente

Padre Celestial, Juez Justo, te pido que las Cortes del Cielo sean sentadas de acuerdo a Daniel 7:9-10. Te lo pido en el poderoso nombre de Jesús. Te pido esto en el poderoso nombre de Jesús. Está escrito:

> *Seguí mirando hasta que se levantaron tronos, y el Anciano de Días (Dios) tomó asiento; su manto era blanco como la nieve y el pelo de su cabeza como lana pura. Su trono era llamas de fuego; sus ruedas eran un fuego ardiente. Un río de fuego fluía y salía de delante de Él; mil millares le asistían, y diez mil veces diez mil Estaban de pie delante de Él; el tribunal Estaba sentado, y los libros abiertos.*

Padre Celestial, estoy solicitando el privilegio de estar delante de la corte del Anciano de Días de acuerdo a lo que fue revelado al profeta Daniel, en el nombre de Jesús, yo oro. Padre Celestial, estoy en Tu corte real por la sangre y el trabajo terminado de Jesús en la cruz. He venido a recibir Tu justo juicio sobre mi vida en contra del espíritu y el altar del *orgullo* que Satanás ha plantado en mi linaje generacional. Padre Celestial, invoco a Tus santos ángeles para que sean testigos de mi demanda y justo enjuiciamiento del malvado altar del *orgullo*. Yo decreto y declaro que este altar maligno del *orgullo* no continuara controlando mi voluntad, mente y emociones ni matara las relaciones divinas que necesito para alcanzar mi destino dado por Dios aquí en la tierra, en el nombre de Jesús yo oro.

3. Renuncia a tus derechos de autorrepresentación al Señor como tu abogado

Padre Celestial, Tu Palabra en 1 Juan 2:1-2 dice: *"Hijitos míos, estás cosas os escribo para que no pequéis. Y si alguno peca, abogado tenemos para con el Padre, a Jesucristo el justo. Y Él mismo es la propiciación por nuestros pecados, y no solo por los nuestros, sino también por los de todo el mundo"*. Te agradezco que Jesús es mi fiel Abogado ante el Juez Justo en las Cortes del Cielo. Señor Jesús, renuncio a mis derechos de autorrepresentación y te invoco como mi Abogado para que me ayudes a defender mi caso ante el Juez Justo y procesar el mal del altar del *orgullo* que satanás plantó en mi alma y linaje. También le pido al bendito Espíritu Santo, quien es el más alto oficial de las Cortes del Cielo aquí en la tierra, que me haga sensible a los procedimientos de está Corte para poder procesar exitosamente al malvado altar del orgullo en el nombre de Jesús.

4. Invoca al altar del mal y al ídolo que se sienta sobre él para que comparezcan ante el tribunal.

Padre Celestial, al estar en Tu corte real me presento a mí mismo como un sacrificio vivo, santo y aceptable delante de Ti de acuerdo a Romanos

12:1. Padre Celestial, Juez Justo, yo invoco al altar del *orgullo* en mi linaje y al ídolo que se sienta en el para que comparezca en Tu corte real para enfrentar el enjuiciamiento en el nombre de Jesús. Porque está escrito en 1 Corintios 6:3, *"¿No sabéis que nosotros [los creyentes] juzgaremos a los ángeles? ¿Cuánto más entonces [en cuanto a] los asuntos de esta vida?"*. Padre Celestial, ejerzo la autoridad que Dios me ha dado en Cristo Jesús para juzgar demonios y principados, en el nombre de Jesús te lo ruego. Justo Juez, también está escrito en la constitución de Tu Reino en 1 Juan 3:8, *"Para esto fue manifestado el Hijo de Dios, para deshacer las obras del diablo"*.

5. Responder a las acusaciones de Satanás y ponerse de acuerdo con el adversario

Padre Celestial, yo sé que hasta el fin de la era del pecado, satanás todavía tiene acceso legal a las Cortes del Cielo para levantar acusaciones contra los hijos de los hombres; porque está escrito en el libro de Apocalipsis 12:10:

> *Entonces oí una gran voz en el cielo, que decía: "Ahora han llegado la salvación, el poder y el reino (dominio, reinado) de nuestro Dios, y la autoridad de su Cristo; porque ha sido arrojado [por fin] el acusador de nuestros hermanos [creyentes], el que los acusaba y seguía presentando cargos [de conducta pecaminosa] contra ellos ante nuestro Dios día y noche."*

Padre Celestial, el Señor Jesús también dijo en el libro de Mateo 5:25:

> *Ponte de acuerdo rápidamente [a la mayor brevedad posible] con tu adversario de derecho mientras estás con él de camino [al tribunal], para que tu adversario no te entregue al juez, y el juez al guardia, y te metan en la cárcel.*

Padre Celestial, con toda humildad, mientras renuncio al espíritu de orgullo, elijo rápidamente estar de acuerdo con las acusaciones legales de mi adversario, satanás. Justo Juez, todas las acusaciones que satanás ha presentado contra mí y mi linaje en está Corte son ciertas.

6. *Arrepiéntete*

Padre Celestial, me arrepiento por mis transgresiones personales, y por los pecados e iniquidades de mis antepasados que abrieron la puerta para que el espíritu y el altar del *orgullo* oprimieran mi vida, en el nombre de Jesús te lo pido. Señor, cada pecado de mis antepasados que el enemigo está usando como un derecho legal para construir casos en mi contra y negarme mi destino, te pido que la sangre de Jesús simplemente los lave. Me arrepiento por cada instancia en la que he operado en el espíritu de orgullo. También me arrepiento por maldiciones de palabras autoinfligidas debido al orgullo y todos los pactos con demonios que han existido en mi linaje ancestral. Te pido que cada pacto con el espíritu de orgullo sea ahora revocado y su derecho legal de reclamarme a mí y a mi linaje sea ahora desechado ante Tu corte, en el nombre de Jesús. Gracias, Señor, por revocar estos pactos demoniacos y altares malignos en el poderoso nombre de Jesús. Padre Celestial, en mi sincero deseo de divorciarme del espíritu y del altar del *orgullo*, te devuelvo todo y cualquier cosa que el diablo diga que viene de su reino. Solo quiero lo que la sangre de Jesús me ha asegurado.

7. *Apelar a la Sangre de Jesús para Limpiar Todo Pecado (Evidencia de Satanás)*

Señor Jesús, gracias por limpiarme con Tu sangre para que Satanás no tenga base legal contra mí en Tu corte. Está escrito en 1 Juan 1:9:

> *Si admitimos [libremente] que hemos pecado y confesamos nuestros pecados, Él es fiel y justo [fiel a Su propia naturaleza y promesas], y perdonará nuestros pecados y nos limpiará continuamente de toda maldad [nuestras malas acciones, todo lo que no esté en conformidad con Su voluntad y propósito].*

Justo Juez, apelo a la sangre de Jesús para que limpie todos mis defectos, transgresiones e iniquidades, en el nombre de Jesús, te lo ruego. Recibo por fe el poder limpiador de la sangre de Jesús.

8. Pedir al Tribunal que desestime todas las acusaciones y cargos de Satanás.

Padre Celestial, basado en la obra terminada de Jesús y en mi arrepentimiento de corazón, ahora me muevo a la Corte del cielo para desechar todas las acusaciones y cargos de Satanás en contra mía y de mi linaje en el nombre de Jesús. Porque está escrito que el acusador de los hermanos ha sido arrojado. Así que, te pido Padre que deseches todas las acusaciones de satanás en mi contra, en el nombre de Jesús, te lo ruego.

9. Pídele al Señor que envíe ángeles para destruir el altar maligno y ejecutar el juicio del Señor contra él.

Padre Celestial, Juez Justo, te pido que envíes oficiales angélicos de alto rango de las Cortes que sobresalgan en fuerza para ejecutar el juicio de Tu corte suprema y destruir el altar maligno del *orgullo* y el ídolo que se sienta en él que satanás plantó en mi línea de sangre, en el nombre de Jesús yo oro. Por el espíritu de profecía, profetizo la destrucción completa del altar maligno del *orgullo* en mi vida, en el nombre de Jesús. Porque está escrito en Salmo 91:11-12, *"Porque él mandará a sus ángeles acerca de ti, para protegerte, defenderte y guardarte en todos tus caminos [de obediencia y servicio]. Te levantarán en sus manos, para que ni siquiera tropieces con piedra alguna"*. Recibo asistencia angelical, ahora mismo, en el nombre de Jesús.

10. Presente las Escrituras que se Usarán para Emitir una Orden Divina de Restricción

Padre Celestial, presento ante Tu Corte Suprema las siguientes escrituras como mi evidencia sólida contra el espíritu y el altar del orgullo en mi vida. Está escrito:

> *Pero Él nos da más y más gracia [a través del poder del Espíritu Santo para desafiar al pecado y vivir una vida obediente que refleje tanto nuestra fe como nuestra gratitud por nuestra salvación]. Por eso dice: "Dios se opone a los soberbios y altivos, pero [continuamente] da [el don de] la gracia a los humildes [que se apartan de la arrogancia]"* (Santiago 4:6).
>
> *Ante el desastre, el corazón del hombre es altivo y se llena de prepotencia, pero la humildad precede a la honra* (Proverbios 18:12).

Justo Juez, basado en las escrituras antes mencionadas, es claro que el espíritu y el altar del *orgullo*, si se le permite tener éxito, causaría gran daño a mi vida, destino, y también infligiría un daño irreparable a los propósitos de Dios. Pido que todo derecho legal que el espíritu y el altar del *orgullo* están sosteniendo sea revocado en el glorioso nombre de Jesús. Justo Juez, basado en las escrituras antes mencionadas, es claro que califico para una orden de restricción divina contra el altar del *orgullo* y el ídolo que se sienta en él, en el nombre de Jesús.

11. Pedir al Tribunal que emita una Orden Divina de Restricción y Recibir la Orden Divina de Restricción por Fe.

Padre Celestial, Juez Justo, ahora te pido que una orden de restricción divina y una orden judicial permanente contra el espíritu y el altar del *orgullo* en mi vida sea emitida por la autoridad de Tu Corte Suprema, en el nombre de Jesús. Padre Celestial, yo decreto y declaro que cualquier y todas las formas de *orgullo* que el diablo está orquestando en mi vida es ahora cancelado en el glorioso nombre de Jesús. Padre Celestial, yo recibo está orden divina de restricción y orden permanente por fe, en el nombre de Jesús. Porque está escrito en la Constitución de Tu Reino en Hebreos 11:6, *"Pero sin fe es imposible [caminar con Dios y] agradarle, porque cualquiera que se acerque [a] Dios debe [necesariamente] creer que Dios existe y que Él recompensa a aquellos que [seria y diligentemente] lo buscan."* Creo y declaro por fe que el espíritu y el altar del *orgullo* en mi vida han sido juzgados, ¡en el nombre de Jesús!

12. Pídele al Señor que selle tu veredicto justo y tus procedimientos judiciales con la sangre de Jesús.

Padre Celestial, Justo Juez, ahora te pido que selles mi justo veredicto contra el espíritu y el altar del *orgullo* con la preciosa sangre de Jesús. Que también cubras con la sangre de Jesús todos mis procedimientos legales en está Corte en el nombre de Jesús. Yo decreto y declaro que mi justo veredicto de liberación y rompimiento del malvado altar *del orgullo* está ahora asegurado en los documentos de las Cortes del Cielo. Porque está escrito en el Evangelio de Juan, capítulo 8:36, *"Así que, si el Hijo os hace libres, entonces sois incuestionablemente libres."* Yo decreto y declaro que soy libre del altar maligno del orgullo en el nombre de Jesús, ¡amén!

Oración #15

Desarraigar el altar de Jezabel

Pero tengo está [acusación] contra ti: que toleras a la mujer Jezabel, que se hace llamar profetisa [pretendiendo ser inspirada], y enseña y extravía a mis siervos para que cometan [actos de] inmoralidad sexual y coman alimentos sacrificados a los ídolos.
—Apocalipsis 2:20

No hace falta decir que Dios odia el espíritu de Jezabel. En el pasaje anterior de la escritura Jesús reprende a una de Sus iglesias que Estaba coqueteando con el espíritu de Jezabel. Basado en el pasaje anterior de la escritura el espíritu de Jezabel es el espíritu que enseña a los hijos de Dios a cometer actos de inmoralidad sexual y comer comida sacrificada a los ídolos. El espíritu de Jezabel también es presentado en la Biblia como un espíritu de manipulación, brujería y control. Lo más importante es que es un espíritu que odia a los verdaderos profetas de Dios y también odia la presencia de Dios.

¡Por eso hubo un enfrentamiento entre Jezabel y Elías! Si luchas internamente con querer controlarlo todo o manipular a la gente que te rodea, probablemente tienes el altar de Jezabel en tu linaje ancestral. Esto es cierto también para las personas, incluyendo a los cristianos que odian lo profético sin ninguna razón obvia. La buena noticia es que Dios es capaz de destruir este altar maligno de seducción, manipulación y control. Tal vez usted está bajo alguien (un cónyuge o líder espiritual) que exhibe este espíritu de control y manipulación hacia usted. También puedes usar la peligrosa oración de abajo para destruir el altar maligno de Jezabel en tu linaje o sobre ti.

ORACIÓN DE ACTIVACIÓN

1. Dirigirse al Padre en alabanza y adoración

Padre Celestial, santo es Tu nombre y grandemente para ser alabado. Te adoro en el nombre de Jesús. Que Tu Reino se manifieste en mi vida como en el Cielo. Defiende mi causa, oh, Señor, con aquellos que luchan conmigo; lucha contra cualquier entidad o persona que este contendiendo en mi contra. Padre Celestial, está escrito en Salmo 27:6, *"Y ahora mi cabeza se alzará sobre mis enemigos que me rodean, en Su tienda ofreceré sacrificios con gritos de alegría; cantaré, sí, cantaré alabanzas al Señor".* Abba, encomiendo mi adoración al coro celestial de adoración de Tus santos ángeles y la multitud de testigos, en el nombre de Jesús.

2. Pedir al Tribunal que se siente

Padre Celestial, Juez Justo, te pido que las Cortes del Cielo sean sentadas de acuerdo a Daniel 7:9-10. Te lo pido en el poderoso nombre de Jesús. Te pido esto en el poderoso nombre de Jesús. Está escrito:

> *Seguí mirando hasta que se levantaron tronos, y el Anciano de Días (Dios) tomó asiento; su manto era blanco como la nieve y el pelo de su cabeza como lana pura. Su trono era llamas de fuego; sus ruedas eran un fuego ardiente. Un río de fuego fluía y salía de delante de Él; mil millares le asistían, y diez mil veces diez mil Estaban de pie delante de Él; el tribunal Estaba sentado, y los libros abiertos.*

Padre Celestial, estoy solicitando el privilegio de estar delante de la corte del Anciano de Días de acuerdo a lo que fue revelado al profeta Daniel, en el nombre de Jesús, yo oro. Padre Celestial, estoy en Tu corte real por la sangre y el trabajo de Jesús en la cruz. He venido a recibir Tu justo juicio sobre mi vida en contra del espíritu y el altar de *Jezabel* que Satanás ha plantado en mi linaje generacional. Padre Celestial, invoco a Tus santos ángeles para que sean testigos de mi demanda y justo juicio en contra del altar maligno de *Jezabel*. Yo decreto y declaro que este altar maligno de *Jezabel* no matara lo profético en mi vida o controlara mi vida y las relaciones divinas que necesito para alcanzar mi destino dado por Dios aquí en la tierra, en el nombre de Jesús yo oro.

3. Renuncia a tus derechos de autorrepresentación al Señor como tu abogado

Padre Celestial, Tu Palabra en 1 Juan 2:1-2 dice: "*Hijitos míos, estás cosas os escribo para que no pequéis. Y si alguno peca, abogado tenemos para con el Padre, a Jesucristo el justo. Y Él mismo es la propiciación por nuestros pecados, y no solo por los nuestros, sino también por los de todo el mundo*". Te agradezco que Jesús es mi fiel Abogado ante el Juez Justo en las Cortes del Cielo. Señor Jesús, renuncio a mis derechos de autorrepresentación y te invoco como mi Abogado para que me ayudes a defender mi caso ante el Juez Justo y procesar el mal del altar de *Jezabel* que satanás plantó en mi linaje o que está usando en mi vida. También le pido al bendito Espíritu Santo, quien es el más alto oficial de las Cortes del Cielo aquí en la tierra, que me haga sensible a los procedimientos de está Corte para poder procesar exitosamente al malvado altar de Jezabel en el nombre de Jesús.

4. Invoca al altar del mal y al ídolo que se sienta sobre él para que comparezcan ante el tribunal.

Padre Celestial, al estar en Tu corte real me presento a mí mismo como un sacrificio vivo, santo y aceptable delante de Ti de acuerdo a Romanos

12:1. Padre Celestial, Juez Justo, yo invoco al altar de *Jezabel* en mi linaje y al ídolo que se sienta en el para que comparezca en Tu corte real para ser procesado en el nombre de Jesús. Porque está escrito en 1 Corintios 6:3, *"¿No sabéis que nosotros [los creyentes] juzgaremos a los ángeles? ¿Cuánto más entonces [en cuanto a] los asuntos de esta vida?"*. Padre Celestial, ejerzo la autoridad que Dios me ha dado en Cristo Jesús para juzgar demonios y principados, en el nombre de Jesús te lo ruego. Justo Juez, también está escrito en la constitución de Tu Reino en 1 Juan 3:8, *"Para esto fue manifestado el Hijo de Dios, para deshacer las obras del diablo"*.

5. Responder a las acusaciones de Satanás y ponerse de acuerdo con el adversario

Padre Celestial, yo sé que hasta el fin de la era del pecado, satanás todavía tiene acceso legal a las Cortes del Cielo para levantar acusaciones en contra de los hijos de los hombres; porque está escrito en el libro de Apocalipsis 12:10:

> *Entonces oí una gran voz en el cielo, que decía: "Ahora han llegado la salvación, el poder y el reino (dominio, reinado) de nuestro Dios, y la autoridad de su Cristo; porque ha sido arrojado [por fin] el acusador de nuestros hermanos [creyentes], el que los acusaba y seguía presentando cargos [de conducta pecaminosa] contra ellos ante nuestro Dios día y noche."*

Padre Celestial, el Señor Jesús también dijo en el libro de Mateo 5:25:

> *Ponte de acuerdo rápidamente [a la primera oportunidad] con tu adversario de derecho mientras estás con él de camino [al tribunal], para que tu adversario no te entregue al juez, y el juez a la guardia, y te metan en la cárcel.*

Padre Celestial, con toda humildad, mientras renuncio al espíritu de orgullo, elijo rápidamente estar de acuerdo con las acusaciones legales de mi adversario, satanás. Justo Juez, todas las acusaciones que satanás ha presentado contra mí y mi linaje en está Corte son ciertas.

6. Arrepiéntete

Padre Celestial, me arrepiento por mis transgresiones personales, y por los pecados e iniquidades de mis antepasados que abrieron la puerta para que el espíritu y el altar de *Jezabel* oprimieran mi vida, en el nombre de Jesús te lo pido. Señor, cada pecado de mis antepasados que el enemigo está usando como un derecho legal para construir casos en mi contra y negarme mi destino, te pido que la sangre de Jesús simplemente los lave. Me arrepiento por cada vez que he operado en este espíritu de manipulación, brujería y control. También me arrepiento por las maldiciones de palabra auto infligidas y por todos los pactos con demonios que han existido en mi linaje ancestral. Te pido que cada pacto con los poderes demoníacos sea revocado y que su derecho a reclamarme a mí y a mi línea de sangre sea desechado ante Tu corte, en el nombre de Jesús. Gracias, Señor, por revocar estos pactos demoniacos y altares malignos en el poderoso nombre de Jesús. Padre Celestial, en mi sincero deseo de divorciarme del espíritu y del altar de *Jezabel*, te devuelvo todo y cualquier cosa que el diablo diga que viene de su reino. Solo quiero lo que la sangre de Jesús me ha asegurado.

7. Apelar a la Sangre de Jesús para Limpiar Todo Pecado (Evidencia de Satanás)

Señor Jesús, gracias por limpiarme con Tu sangre para que Satanás no tenga base legal contra mí en Tu corte. Está escrito en 1 Juan 1:9:

> *Si admitimos [libremente] que hemos pecado y confesamos nuestros pecados, Él es fiel y justo [fiel a Su propia naturale-*

za y promesas], y perdonará nuestros pecados y nos limpiará continuamente de toda maldad [nuestras malas acciones, todo lo que no esté en conformidad con Su voluntad y propósito].

Justo Juez, apelo a la sangre de Jesús para que limpie todos mis defectos, transgresiones e iniquidades, en el nombre de Jesús, te lo ruego. Recibo por fe el poder limpiador de la sangre de Jesús.

8. Pedir al Tribunal que desestime todas las acusaciones y cargos de Satanás.

Padre Celestial, basado en la obra terminada de Jesús y en mi arrepentimiento de corazón, ahora me muevo a la Corte del cielo para desechar todas las acusaciones y cargos de Satanás en contra mía y de mi linaje en el nombre de Jesús. Porque está escrito que el acusador de los hermanos ha sido arrojado. Así que, te pido Padre que deseches todas las acusaciones de satanás en mi contra, en el nombre de Jesús, te lo ruego.

9. Pídele al Señor que envíe ángeles para destruir el altar maligno y ejecutar el juicio del Señor contra él.

Padre Celestial, Juez Justo, te pido que envíes oficiales angélicos de alto rango de las Cortes que sobresalgan en fuerza para ejecutar el juicio de Tu corte suprema y destruir el altar maligno de *Jezabel* y el ídolo que se sienta en él que satanás plantó en mi línea de sangre, en el nombre de Jesús yo oro. Por el espíritu de profecía, profetizo la destrucción completa del altar maligno de *Jezabel* en mi vida, en el nombre de Jesús. Porque está escrito en Salmo 91:11-12, *"Porque él mandará a sus ángeles acerca de ti, para protegerte, defenderte y guardarte en todos tus caminos [de obediencia y servicio]. Te levantarán en sus manos, para que ni siquiera tropieces con piedra alguna".* Recibo asistencia angelical, ahora mismo, en el nombre de Jesús.

10. Presente las Escrituras que se Usarán para Emitir una Orden Divina de Restricción

Padre Celestial, presento ante Tu Corte Suprema las siguientes escrituras como mi evidencia sólida contra el espíritu y el altar de Jezabel en mi vida. Está escrito:

> *Y dijo: "Arrojadla". Así que la arrojaron, y parte de su sangre salpicó la pared y los caballos, y él la pisoteó* (2 Reyes 9:33).

> *El cadáver de Jezabel será como estiércol sobre la superficie del campo en la propiedad de Jezreel, para que no puedan decir: "Está es Jezabel"* (2 Reyes 9:37).

Justo Juez, basado en las escrituras antes mencionadas, es claro que el espíritu y el altar de *Jezabel*, si se le permite triunfar, causaría gran daño a mi vida, destino, y también infligiría daño irreparable a los propósitos de Dios. Pido que todo derecho legal que el espíritu y el altar de *Jezabel* están sosteniendo sea revocado en el glorioso nombre de Jesús. Justo Juez, basado en las escrituras antes mencionadas, es claro que califico para una orden de restricción divina contra el altar de *Jezabel* y el ídolo que se sienta en él, en el nombre de Jesús.

11. Pedir al Tribunal que emita una Orden Divina de Restricción y Recibir la Orden Divina de Restricción por Fe.

Padre Celestial, Juez Justo, ahora te pido que una orden de restricción divina y una orden judicial permanente en contra del espíritu y el altar de *Jezabel* en mi vida sea emitida por la autoridad de Tu Corte Suprema, en el nombre de Jesús. Padre Celestial, yo decreto y declaro que cualquier manifestación de *Jezabel que* el diablo este orquestando en contra de mi vida es ahora cancelada en el glorioso nombre de Jesús. Padre Celestial, yo recibo está orden divina de restricción y orden permanente por fe, en el nombre de

Jesús. Porque está escrito en la Constitución de Tu Reino en Hebreos 11:6, *"Pero sin fe es imposible [caminar con Dios y] agradarle, porque cualquiera que se acerque [a] Dios debe [necesariamente] creer que Dios existe y que Él recompensa a aquellos que [seria y diligentemente] lo buscan."* Creo y declaro por fe que el espíritu y el altar de *Jezabel* en mi vida han sido juzgados, ¡en el nombre de Jesús!

12. Pídele al Señor que selle tu veredicto justo y tus procedimientos judiciales con la sangre de Jesús.

Padre Celestial, Justo Juez, ahora te pido que selles mi justo veredicto contra el espíritu y el altar de *Jezabel* en la preciosa sangre de Jesús. Que también cubras con la sangre de Jesús todos mis procedimientos legales en está Corte en el nombre de Jesús. Yo decreto y declaro que mi justo veredicto de liberación y rompimiento del malvado altar de *Jezabel* está ahora asegurado en los documentos de las Cortes del Cielo. Porque está escrito en el Evangelio de Juan, capítulo 8:36, *"Así que, si el Hijo os hace libres, entonces sois incuestionablemente libres."* Yo decreto y declaro que soy libre del altar maligno de Jezabel en el nombre de Jesús, ¡amén!

Oración #16

Desarraigar el altar de los espíritus marinos o acuáticos

En aquel día el Señor castigará con su espada feroz, grande y poderosa a Leviatán, la serpiente que huye [rescatando a Israel de su enemigo], a Leviatán, la serpiente retorcida; y matará al dragón que vive en el mar.
—Isaías 27:1

La mayoría de las pesadillas y sueños sexuales (húmedos) que sufre la mayoría de la gente se debe a espíritus marinos o acuáticos. He recibido correspondencia de cristianos de todo el mundo, que me escriben buscando liberación porque están cansados de tener sueños sexuales con hombres o mujeres que no son sus esposos o esposas. Uno de los más poderosos de estos espíritus de agua es una feroz serpiente marina que la biblia llama Leviatán. La biblia tiene mucho que decir sobre este espíritu marino en el libro de Job. El libro de Job nos deja saber que Leviatán es el rey de todos los hijos del orgullo. Ya que Leviatán es un espíritu de agua, es seguro decir que la mayoría del orgullo con el que luchamos es debido a la influencia de los espíritus de agua sobre el agua en nuestros cuerpos.

Isaías 27:1 nos da dos cosas claves que necesitamos saber acerca de este espíritu de agua. Número uno, es una "serpiente retorcida" esto significa que este espíritu marino es responsable de toda la tergiversación de la verdad que ocurre en la tierra. Los espíritus del agua son responsables de por qué el mal ahora se llama bien y el bien se llama mal, debido a la habilidad de Leviatán para torcer la verdad. Estoy convencido de que este espíritu está sobre la mayor parte de la confusión de género que está plagando nuestro mundo de hoy. Número dos, es un dragón del Mar, lo que significa que el altar maligno de este principado demoníaco se encuentra en el Mar (agua). Ya que nuestros cuerpos son 70% agua, somos muy vulnerables a la influencia de espíritus de agua debido a nuestros cuerpos infectados de pecado. Este tipo de influencia demoniaca solo se detendrá después de que nuestros cuerpos físicos se revistan de inmortalidad. La buena noticia es que podemos llevar a Leviatán y a cualquier otro espíritu de agua a las Cortes del Cielo para ser procesados por Dios mismo. ¡La peligrosa oración a continuación está diseñada para ayudarte a liberarte y destruir el altar maligno de los espíritus marinos o de agua!

ORACIÓN DE ACTIVACIÓN

1. Dirigirse al Padre en alabanza y adoración

Padre Celestial, santo es Tu nombre y grandemente para ser alabado. Te adoro en el nombre de Jesús. Que Tu Reino se manifieste en mi vida como en el Cielo. Defiende mi causa, oh, Señor, con aquellos que luchan conmigo; lucha contra cualquier entidad o persona que este contendiendo en mi contra. Padre Celestial, está escrito en Salmo 27:6, *"Y ahora mi cabeza se alzará sobre mis enemigos que me rodean, en Su tienda ofreceré sacrificios con gritos de alegría; cantaré, sí, cantaré alabanzas al Señor".* Abba, encomiendo mi adoración al coro celestial de adoración de Tus santos ángeles y la multitud de testigos, en el nombre de Jesús.

2. Pedir al Tribunal que se siente

Padre Celestial, Juez Justo, te pido que las Cortes del Cielo sean sentadas de acuerdo a Daniel 7:9-10. Te lo pido en el poderoso nombre de Jesús. Te pido esto en el poderoso nombre de Jesús. Está escrito:

> *Seguí mirando hasta que se levantaron tronos, y el Anciano de Días (Dios) tomó asiento; su manto era blanco como la nieve y el pelo de su cabeza como lana pura. Su trono era llamas de fuego; sus ruedas eran un fuego ardiente. Un río de fuego fluía y salía de delante de Él; mil millares le asistían, y diez mil veces diez mil Estaban de pie delante de Él; el tribunal Estaba sentado, y los libros abiertos.*

Padre Celestial, estoy solicitando el privilegio de estar delante de la corte del Anciano de Días de acuerdo a lo que fue revelado al profeta Daniel, en el nombre de Jesús, yo oro. Padre Celestial, estoy en Tu corte real por la sangre y el trabajo terminado de Jesús en la cruz. He venido a recibir Tu justo juicio sobre mi vida en contra del altar de los *espíritus marinos o de agua* que Satanás ha plantado en mi linaje generacional. Justo Juez estoy pidiendo a esta Corte que me libere del poder de Leviatán esa serpiente retorcida o cualquier otro espíritu de agua. Padre Celestial, invoco a tus santos ángeles para que sean testigos de mi demanda y justo enjuiciamiento del altar maligno de los *espíritus marinos o de agua*. Yo decreto y declaro que este altar maligno de *espíritus marinos o de agua* no me controlarán a través del agua en mi cuerpo o destruirán las relaciones divinas que necesito para lograr mi destino dado por Dios aquí en la tierra, en el nombre de Jesús yo oro.

3. Renuncia a tus derechos de autorrepresentación al Señor como tu abogado

Padre Celestial, Tu Palabra en 1 Juan 2:1-2 dice: *"Hijitos míos, estás cosas os escribo para que no pequéis. Y si alguno peca, abogado tenemos para con el Padre, a Jesucristo el justo. Y Él mismo es la propiciación por nuestros pecados, y no solo por los nuestros, sino también por los de todo el mundo".* Te agradezco que Jesús es mi fiel Abogado ante el Juez Justo en las Cortes del Cielo. Señor Jesús, renuncio a mis derechos de autorrepresentación y te invoco como mi Abogado para que me ayudes a defender mi caso ante el Juez Justo y procesar el mal del altar de los *espíritus marinos o de agua* que satanás sembró en mi linaje. También le pido al bendito Espíritu Santo, quien es el más alto oficial de las Cortes del Cielo aquí en la tierra, que me haga sensible a los procedimientos de está Corte para poder procesar exitosamente al malvado altar de espíritus marinos o de agua en el nombre de Jesús.

4. Invoca al altar del mal y al ídolo que se sienta sobre él para que comparezcan ante el tribunal.

Padre Celestial, al estar en Tu corte real me presento como un sacrificio vivo, santo y aceptable delante de Ti de acuerdo a Romanos 12:1. Padre Celestial, Juez Justo, yo invoco al altar de los *espíritus marinos o de agua* en mi linaje y al ídolo que se sienta en el para que comparezca en Tu corte real para ser enjuiciado en el nombre de Jesús. Porque está escrito en 1 Corintios 6:3, *"¿No sabéis que nosotros [los creyentes] juzgaremos a los ángeles? ¿Cuánto más entonces [en cuanto a] los asuntos de esta vida?".* Padre Celestial, ejerzo la autoridad que Dios me ha dado en Cristo Jesús para juzgar demonios y principados, en el nombre de Jesús te lo ruego. Justo Juez, también está escrito en la Constitución de Tu Reino en 1 Juan 3:8, *"Para esto fue manifestado el Hijo de Dios, para deshacer las obras del diablo".*

5. Responder a las acusaciones de Satanás y ponerse de acuerdo con el adversario

Padre Celestial, yo sé que hasta el fin de la era del pecado, satanás todavía tiene acceso legal a las Cortes del Cielo para levantar acusaciones en contra de los hijos de los hombres; porque está escrito en el libro de Apocalipsis 12:10:

> *Entonces oí una gran voz en el cielo, que decía: "Ahora han llegado la salvación, el poder y el reino (dominio, reinado) de nuestro Dios, y la autoridad de su Cristo; porque ha sido arrojado [por fin] el acusador de nuestros hermanos [creyentes], el que los acusaba y seguía presentando cargos [de conducta pecaminosa] contra ellos ante nuestro Dios día y noche."*

Padre Celestial, el Señor Jesús también dijo en el libro de Mateo 5:25:

> *Ponte de acuerdo rápidamente [a la primera oportunidad] con tu adversario de derecho mientras estás con él de camino [al tribunal], para que tu adversario no te entregue al juez, y el juez a la guardia, y te metan en la cárcel.*

Padre Celestial, con toda humildad, mientras renuncio al espíritu de orgullo, elijo rápidamente estar de acuerdo con las acusaciones legales de mi adversario, satanás. Justo Juez, todas las acusaciones que satanás ha presentado contra mí y mi linaje en está Corte son ciertas.

6. *Arrepiéntete*

Padre Celestial, me arrepiento por mis transgresiones personales, y por los pecados e iniquidades de mis antepasados que abrieron la puerta para que el altar de los *espíritus marinos o de agua* opriman mi vida, en el nombre de Jesús yo oro. Señor, cada pecado de mis antepasados que el enemigo está usando como un derecho legal para construir casos en mi contra y negarme mi destino, te pido que la sangre de Jesús los lave. Me arrepiento de cada fantasía sexual, pecado o sueño húmedo que he tenido. También me arrepiento por maldiciones de palabras auto infligidas y todos los pactos con espíritus marinos que han existido en mi linaje ancestral. Te pido que cada pacto con estos poderes demoniacos sea ahora revocado y que su derecho legal de reclamarme a mí y a mi linaje sea ahora desechado ante Tu corte, en el nombre de Jesús. Gracias, Señor, por revocar estos pactos demoníacos y altares marinos malignos en el poderoso nombre de Jesús. Padre Celestial, en mi sincero deseo de divorciarme del altar de los *espíritus marinos o de agua*, te devuelvo todo y cualquier cosa que el diablo diga que viene de su reino. Solo quiero lo que la sangre de Jesús me ha asegurado.

7. Apelar a la Sangre de Jesús para Limpiar Todo Pecado (Evidencia de Satanás)

Señor Jesús, gracias por limpiarme con Tu sangre para que Satanás no tenga base legal contra mí en Tu corte. Está escrito en 1 Juan 1:9:

> *Si admitimos [libremente] que hemos pecado y confesamos nuestros pecados, Él es fiel y justo [fiel a Su propia naturaleza y promesas], y perdonará nuestros pecados y nos limpiará continuamente de toda maldad [nuestras malas acciones, todo lo que no esté en conformidad con Su voluntad y propósito].*

Justo Juez, apelo a la sangre de Jesús para que limpie todos mis defectos, transgresiones e iniquidades, en el nombre de Jesús, te lo ruego. Recibo por fe el poder limpiador de la sangre de Jesús.

8. Pedir al Tribunal que desestime todas las acusaciones y cargos de Satanás.

Padre Celestial, basado en la obra terminada de Jesús y en mi arrepentimiento de corazón, ahora me muevo a la Corte del cielo para desechar todas las acusaciones y cargos de Satanás en contra mía y de mi linaje en el nombre de Jesús. Porque está escrito que el acusador de los hermanos ha sido arrojado. Así que, te pido Padre que deseches todas las acusaciones de satanás en mi contra, en el nombre de Jesús, te lo ruego.

9. Pídele al Señor que envíe ángeles para destruir el altar maligno y ejecutar el juicio del Señor contra él.

Padre Celestial, Juez Justo, te pido que envíes oficiales angélicos de alto rango de las Cortes que sobresalgan en fuerza para ejecutar el juicio de Tu corte suprema y destruir el altar maligno de los *espíritus marinos o de agua* y el ídolo que se sienta en él que satanás plantó en mi línea de sangre, en el nombre de Jesús yo oro. Por el espíritu de profecía, yo profetizo la destrucción completa del altar maligno de los *espíritus marinos o de agua* en mi vida, en el nombre de Jesús. Porque está escrito en Salmo 91:11-12, *"Porque Él ordenará a Sus ángeles con respecto a ti, para protegerte y defenderte y guardarte en todos tus caminos [de obediencia y servicio]. Te levantarán en sus manos, para que ni siquiera tropieces con piedra alguna".* Recibo asistencia angelical, ahora mismo, en el nombre de Jesús.

10. Presente las Escrituras que se Usarán para Emitir una Orden Divina de Restricción

Padre Celestial, presento ante Tu Corte Suprema las siguientes escrituras como mi evidencia sólida contra el altar de espíritus marinos o de agua en mi vida. Está escrito:

> *Tú aplastaste las cabezas **del Leviatán** (Egipto); lo diste como alimento a las criaturas del desierto* (Salmo 74:14).

> *Hijitos (creyentes, queridos), vosotros sois de Dios y le pertenecéis, y [ya] los habéis vencido [a los agentes del anticristo]; porque Aquel que está en vosotros es mayor que aquel (Satanás) que está en el mundo [de la humanidad pecadora]* (1 Juan 4:4).

Justo Juez, basado en las escrituras antes mencionadas, es claro que el altar de *espíritus marinos o de agua*, si se le permite tener éxito, causaría gran daño a mi vida, destino, y también infligiría daño irreparable a los propósitos de Dios. Pido que todo derecho legal que el altar de los *espíritus marinos o de agua* está sosteniendo sea revocado en el glorioso nombre de Jesús. Justo Juez, basado en las escrituras antes mencionadas, es claro que califico para una orden de restricción divina contra el altar de *espíritus marinos o de agua* y el ídolo que se sienta en él, en el nombre de Jesús.

11. Pedir al Tribunal que emita una Orden Divina de Restricción y Recibir la Orden Divina de Restricción por Fe.

Padre Celestial, Juez Justo, ahora te pido que una orden divina de restricción y un mandato permanente en contra del altar de los *espíritus marinos o de agua* en mi vida sean emitidos por la autoridad de Tu Corte Suprema, en el nombre de Jesús. Padre Celestial, yo decreto y declaro que cualquier *espíritu marino o de agua que* el diablo ha desatado en contra de mi vida son ahora arrestados en el glorioso nombre de Jesús. Padre Celestial, recibo está orden divina de restricción y orden permanente por fe, en el nombre de Jesús. Porque está escrito en la constitución de Tu Reino en Hebreos 11:6, *"Pero sin fe es imposible [caminar con Dios y] agradarle, porque cualquiera que se acerque [a] Dios debe [necesariamente] creer que Dios existe y que Él recompensa a aquellos que [seria y diligentemente] lo buscan."* Creo y declaro por fe que el altar de *espíritus marinos o de agua* en mi vida ha sido juzgado, ¡en el nombre de Jesús!

12. Pídele al Señor que selle tu veredicto justo y tus procedimientos judiciales con la sangre de Jesús.

Padre Celestial, Justo Juez, ahora te pido que selles mi justo veredicto en contra del altar de los *espíritus marinos o de agua* en la preciosa sangre de Jesús. Que también cubras con la sangre de Jesús todos mis procedimientos legales en está Corte en el nombre de Jesús. Yo decreto y declaro que mi justo veredicto de liberación y rompimiento del malvado altar de los *espíritus marinos o de agua* está ahora asegurado en los documentos de las Cortes del Cielo. Porque está escrito en el Evangelio de Juan, capítulo 8:36, *"Así que, si el Hijo os hace libres, entonces sois incuestionablemente libres."* Yo decreto y declaro que soy libre del altar maligno de los espíritus marinos o de agua en el nombre de Jesús, ¡amén!

Oración #17

Desarraigar el altar del espíritu Dalila

Entonces Dalila se dio cuenta de que él le había dicho todo lo que tenía en su corazón, así que mandó llamar a los señores filisteos, diciendo: "Subid está vez, porque él me ha dicho todo lo que tiene en su corazón". Entonces subieron los señores filisteos y le trajeron el dinero [que le habían prometido] en la mano. Ella hizo dormir a Sansón sobre sus rodillas, llamó a un hombre y le hizo afeitar las siete trenzas de su cabeza. Entonces ella comenzó a maltratar a Sansón, y su fuerza lo abandonó.
—Jueces 16:18-19

El altar maligno del espíritu Dalila es un altar de seducción que está diseñado para causar que hombres y mujeres de Dios (hijos de Dios) que llevan llamados más altos en Dios se comprometan a sí mismos. Este altar maligno está detrás de muchos de los escándalos sexuales y financieros que han sacudido al cuerpo de Cristo a través de los años. Una mujer filistea llamada Dalila se convirtió en la cara de este espíritu maligno y su altar. Dalila es famosa por haber derribado al poderoso Sansón, seduciéndolo para que revelara el secreto de sus habilidades sobrenaturales y forzándolo a romper su voto nazareo de consagración a Dios. Si alguna vez has comprometido la unción y el llamado sobre tu vida por cualquier razón, se debe a las operaciones del malvado altar de Dalila. Dalila no amaba a Sansón, ella fue contratada para descubrir el secreto de su fuerza en Dios, con el fin de apaciguarlo de su devoción a Dios. Lo primero que le sucedió a Sansón después de exponer su conexión con Dios a Dalila, los señores filisteos le sacaron los ojos y quedó ciego. Así que, el altar del espíritu de Dalila está detrás de por qué algunas personas dotadas pierden su visión original de lo que Dios les llamó a hacer. ¡Si usted ha sido una víctima de este altar maligno del espíritu de Dalila o no, la oración peligrosa abajo está diseñada para que usted destruya el altar del espíritu de Dalila en su vida o línea de sangre!

ORACIÓN DE ACTIVACIÓN

1. Dirigirse al Padre en alabanza y adoración

Padre Celestial, santo es Tu nombre y grandemente para ser alabado. Te adoro en el nombre de Jesús. Que Tu Reino se manifieste en mi vida como en el Cielo. Defiende mi causa, oh, Señor, con aquellos que luchan conmigo; lucha contra cualquier entidad o persona que este contendiendo en mi contra. Padre Celestial, está escrito en Salmo 27:6, *"Y ahora mi cabeza se alzará sobre mis enemigos que me rodean, en Su tienda ofreceré sacrificios con gritos de alegría; cantaré, sí, cantaré alabanzas al Señor".* Abba, encomiendo mi adoración al coro celestial de adoración de Tus santos ángeles y la multitud de testigos, en el nombre de Jesús.

2. Pedir al Tribunal que se siente

Padre Celestial, Juez Justo, te pido que las Cortes del Cielo sean sentadas de acuerdo a Daniel 7:9-10. Te lo pido en el poderoso nombre de Jesús. Te pido esto en el poderoso nombre de Jesús. Está escrito:

> *Seguí mirando hasta que se levantaron tronos, y el Anciano de Días (Dios) tomó asiento; su manto era blanco como la nieve*

> *y el pelo de su cabeza como lana pura. Su trono era llamas de fuego; sus ruedas eran un fuego ardiente. Un río de fuego fluía y salía de delante de Él; mil millares le asistían, y diez mil veces diez mil Estaban de pie delante de Él; el tribunal Estaba sentado, y los libros abiertos.*

Padre Celestial, estoy solicitando el privilegio de estar delante de la corte del Anciano de Días de acuerdo a lo que fue revelado al profeta Daniel, en el nombre de Jesús, yo oro. Padre Celestial, estoy en Tu corte real por la sangre y el trabajo terminado de Jesús en la cruz. He venido a recibir Tu justo juicio sobre mi vida en contra del altar del *espíritu de Dalila* que Satanás ha plantado en mi linaje generacional. Padre Celestial, invoco a Tus santos ángeles para que sean testigos de mi demanda y justo juicio en contra del altar maligno del *espíritu de Dalila*. Yo decreto y declaro que este altar maligno del espíritu *de Dalila* no me forzara a comprometer y destruir mi consagración al Señor, en el nombre de Jesús yo oro.

3. *Renuncia a tus derechos de autorrepresentación al Señor como tu abogado*

Padre Celestial, Tu Palabra en 1 Juan 2:1-2 dice: "*Hijitos míos, estás cosas os escribo para que no pequéis. Y si alguno peca, abogado tenemos para con el Padre, a Jesucristo el justo. Y Él mismo es la propiciación por nuestros pecados, y no solo por los nuestros, sino también por los de todo el mundo*". Te agradezco que Jesús es mi fiel Abogado ante el Juez Justo en las Cortes del Cielo. Señor Jesús, renuncio a mis derechos de auto representación y te invoco como mi Abogado para que me ayudes a defender mi caso ante el Juez Justo y procesar el mal del altar del espíritu de *Dalila* que satanás sembró en mi linaje. También le pido al bendito Espíritu Santo, quien es el más alto oficial de las Cortes del Cielo aquí en la tierra, que me haga sensible a los procedimientos de está Corte para poder procesar exitosamente al malvado altar del espíritu de Dalila en el nombre de Jesús.

4. Invoca al altar del mal y al ídolo que se sienta sobre él para que comparezcan ante el tribunal.

Padre Celestial, al estar en Tu corte real me presento a mí mismo como un sacrificio vivo, santo y aceptable delante de Ti de acuerdo a Romanos 12:1. Padre Celestial, Juez Justo, yo invoco al altar del espíritu de *Dalila* en mi línea de sangre y al ídolo que se sienta en el para que comparezca en Tu corte real para ser enjuiciado en el nombre de Jesús. Porque está escrito en 1 Corintios 6:3, *"¿No sabéis que nosotros [los creyentes] juzgaremos a los ángeles? ¿Cuánto más entonces [en cuanto a] los asuntos de esta vida?".* Padre Celestial, ejerzo la autoridad que Dios me ha dado en Cristo Jesús para juzgar demonios y principados, en el nombre de Jesús te lo ruego. Justo Juez, también está escrito en la Constitución de Tu Reino en 1 Juan 3:8, *"Para esto fue manifestado el Hijo de Dios, para deshacer las obras del diablo".*

5. Responder a las acusaciones de Satanás y ponerse de acuerdo con el adversario

Padre Celestial, yo sé que hasta el final de la era del pecado, satanás todavía tiene acceso legal a las Cortes del Cielo para levantar acusaciones contra los hijos de los hombres; porque está escrito en el libro de Apocalipsis 12:10:

> *Entonces oí una gran voz en el cielo, que decía: "Ahora han llegado la salvación, el poder y el reino (dominio, reinado) de nuestro Dios, y la autoridad de su Cristo; porque ha sido arrojado [por fin] el acusador de nuestros hermanos [creyentes], el que los acusaba y seguía presentando cargos [de comportamiento pecaminoso] contra ellos ante nuestro Dios día y noche."*

Padre Celestial, el Señor Jesús también dijo en el libro de Mateo 5:25:

Ponte de acuerdo rápidamente [a la primera oportunidad] con tu adversario de derecho mientras estás con él de camino [al tribunal], para que tu adversario no te entregue al juez, y el juez a la guardia, y te metan en la cárcel.

Padre Celestial, con toda humildad, mientras renuncio al espíritu de orgullo, elijo rápidamente estar de acuerdo con las acusaciones legales de mi adversario, satanás. Justo Juez, todas las acusaciones que satanás ha presentado contra mí y mi linaje en está Corte son ciertas.

6. *Arrepiéntete*

Padre Celestial, me arrepiento por mis transgresiones personales, y por los pecados e iniquidades de mis antepasados que abrieron la puerta para que el altar del espíritu de *Dalila* oprimiera mi vida, en el nombre de Jesús yo oro. Señor, cada pecado de mis antepasados que el enemigo está usando como un derecho legal para construir casos en mi contra y negarme mi destino, te pido que la sangre de Jesús los lave. Me arrepiento por cada vez que he fraternizado con el espíritu de Dalila. Me arrepiento por cada vez que he comprometido lo que me llamaste a hacer, Padre Celestial. También me arrepiento por las maldiciones de palabras auto infligidas y por todos los pactos con demonios que han existido en mi linaje ancestral. Te pido que cada pacto con los poderes demoniacos sean revocados y que sus derechos de reclamarme a mí y a mi linaje sean desechados ante Tu corte, en el nombre de Jesús. Gracias, Señor, por revocar estos pactos demoniacos y altares malignos en el poderoso nombre de Jesús. Padre Celestial, en mi sincero deseo de divorciarme del altar del espíritu de *Dalila*, te devuelvo todo y cualquier cosa que el diablo diga que viene de su reino. Solo quiero lo que la sangre de Jesús me ha asegurado.

7. Apelar a la Sangre de Jesús para Limpiar Todo Pecado (Evidencia de Satanás)

Señor Jesús, gracias por limpiarme con Tu sangre para que Satanás no tenga base legal contra mí en Tu corte. Está escrito en 1 Juan 1:9:

> *Si admitimos [libremente] que hemos pecado y confesamos nuestros pecados, Él es fiel y justo [fiel a Su propia naturaleza y promesas], y perdonará nuestros pecados y nos limpiará continuamente de toda maldad [nuestras malas acciones, todo lo que no esté en conformidad con Su voluntad y propósito].*

Justo Juez, apelo a la sangre de Jesús para que limpie todos mis defectos, transgresiones e iniquidades, en el nombre de Jesús, te lo ruego. Recibo por fe el poder limpiador de la sangre de Jesús.

8. Pedir al Tribunal que desestime todas las acusaciones y cargos de Satanás.

Padre Celestial, basado en la obra terminada de Jesús y en mi arrepentimiento de corazón, ahora me muevo a la Corte del cielo para desechar todas las acusaciones y cargos de Satanás en contra mía y de mi linaje en el nombre de Jesús. Porque está escrito que el acusador de los hermanos ha sido arrojado. Así que, te pido Padre que deseches todas las acusaciones de satanás en mi contra, en el nombre de Jesús, te lo ruego.

9. Pídele al Señor que envíe ángeles para destruir el altar maligno y ejecutar el juicio del Señor contra él.

Padre Celestial, Juez Justo, te pido que envíes oficiales angélicos de alto rango de las Cortes que sobresalgan en fuerza para ejecutar el juicio de Tu corte suprema y destruir el altar maligno del espíritu de *Dalila* y el ídolo que se sienta en él que satanás plantó en mi línea de sangre, en el nombre de Jesús yo oro. Por el espíritu de profecía, yo profetizo la destrucción completa del altar maligno del espíritu de *Dalila* en mi vida, en el nombre de Jesús. Porque está escrito en Salmo 91:11-12, *"Porque él mandará a sus ángeles acerca de ti, para protegerte, defenderte y guardarte en todos tus caminos [de obediencia y servicio]. Te levantarán en sus manos, para que ni siquiera tropieces con piedra alguna".* Recibo asistencia angelical, ahora mismo, en el nombre de Jesús.

10. Presente las Escrituras que se Usarán para Emitir una Orden Divina de Restricción

Padre Celestial, presento ante Tu Corte Suprema las siguientes escrituras como mi evidencia sólida contra el altar del espíritu Dalila en mi vida. Está escrito:

> *Someteos, pues, a [la autoridad de] Dios. Resistid al diablo [manteneos firmes contra él] y huirá de vosotros* (Santiago 4:7).

> *Porque los labios de una mujer inmoral destilan miel [como un panal de miel] y su habla es más suave que el aceite; pero al final es amarga como [el extracto de] ajenjo, afilada como una espada de dos filos. Sus pies descienden a la muerte; sus pasos se apoderan del Seol (el mundo inferior, el lugar de los muertos)* (Proverbios 5:3-5).

Justo Juez, basado en las escrituras antes mencionadas, es claro que el altar del espíritu *Dalila*, si se le permite tener éxito, causaría gran daño a mi vida, destino, y también infligiría daño irreparable a los propósitos de Dios. Pido que todo derecho legal que el altar del espíritu *Dalila* está sosteniendo sea revocado en el glorioso nombre de Jesús. Justo Juez, basado en las escrituras antes mencionadas, es claro que califico para una orden de restricción divina contra el altar del espíritu de *Dalila* y el ídolo que se sienta en él, en el nombre de Jesús.

11. Pedir al Tribunal que emita una Orden Divina de Restricción y Recibir la Orden Divina de Restricción por Fe.

Padre Celestial, Juez Justo, ahora te pido que una orden de restricción divina y una orden judicial permanente en contra del altar del espíritu de *Dalila* en mi vida sea emitida por la autoridad de Tu Corte Suprema, en el nombre de Jesús. Padre Celestial, yo decreto y declaro que cualquier plan del espíritu de *Dalila* para comprometer o destruir mi unción son ahora cancelados en el glorioso nombre de Jesús. Padre Celestial, yo recibo está orden divina de restricción y mandato permanente por fe, en el nombre de Jesús. Porque está escrito en la constitución de Tu Reino en Hebreos 11:6, *"Pero sin fe es imposible [caminar con Dios y] agradarle, porque cualquiera que se acerque a Dios debe [necesariamente] creer que Dios existe y que El recompensa a aquellos que [seria y diligentemente] lo buscan."* Creo y declaro por fe que el altar del espíritu *Dalila* en mi vida ha sido juzgado, ¡en el nombre de Jesús!

12. Pídele al Señor que selle tu veredicto justo y tus procedimientos judiciales con la sangre de Jesús.

Padre Celestial, Justo Juez, ahora te pido que selles mi justo veredicto contra el altar del espíritu de *Dalila* con la preciosa sangre de Jesús. Que también cubras con la sangre de Jesús todos mis procedimientos legales en está Corte en el nombre de Jesús. Yo decreto y declaro que mi justo veredicto de liberación y rompimiento del malvado altar del espíritu *Dalila* está ahora asegurado en los documentos de las Cortes del Cielo. Porque está escrito en el Evangelio de Juan, capítulo 8:36, *"Así que, si el Hijo os hace libres, entonces sois incuestionablemente libres."* Yo decreto y declaro que soy libre del altar maligno del espíritu Dalila en el nombre de Jesús, ¡amén!

Oración #18

Desarraigar el altar del retraso

El Señor, nuestro Dios, nos habló en Horeb y nos dijo: "Ya habéis permanecido bastante tiempo en este monte. Volveos y reemprended el camino, e id a la región montañosa de los amorreos, y a todos sus vecinos en el Arabá, en la región montañosa y en la llanura (el Sefela), en el Neguev (país del Sur) y en la costa del mar [Mediterráneo], la tierra de los cananeos y el Líbano, hasta el gran río, el río Éufrates."
—**Deuteronomio 1:6-7**

Una vez oí a un hombre de Dios declarar que, si el diablo no puede impedir que cumplas tu destino, ¡hará todo lo posible para retrasar la manifestación de tu destino! Después de muchos años de servicio apostólico al Señor, he llegado a la misma conclusión. El retraso es la queja número uno que recibo en todo el mundo de los cristianos. Por la mirada de dolor y frustración en sus ojos es muy claro que el "retraso" en entrar en lo que Dios prometió ha cobrado un peaje. En el pasaje anterior de la Escritura Dios trata el tema de la "demora" de frente. "Ya habéis permanecido bastante tiempo en este monte. Volveos y reemprended el camino". Está única afirmación desenmascara el misterio que se esconde detrás de todos los "destinos retrasados": se debe a la permanencia en torno a la misma "montaña o problema". La montaña es una metáfora de todo lo que permitimos que Satanás use como herramienta para retrasar nuestro avance en el Reino, distrayéndonos al enfocarnos en el problema en vez de en Dios y Su fidelidad a Su palabra.

Sé de personas ungidas de destino, que están atascados y no pueden superar el hecho de que su cónyuge solicitó el divorcio. Son cristianos que pasaron por la bancarrota que todavía están traumatizados por ello; están constantemente ensayando lo que podrían haber hecho de manera diferente y también sintiendo lástima por sí mismos. Sin embargo, lo único que no están haciendo es "avanzar" - ¡están estancados! En mi estudio de los altares del mal, he descubierto que son rituales predecibles en torno al "retraso". Dondequiera que haya "rituales" hay un altar, ¡en este caso es un altar maligno de retraso! La oración Peligrosa a continuación te ayudará a procesar y destruir este altar maligno de retraso. Es tiempo de que experimentes una aceleración sobrenatural- ¡no más retrasos y no más posposiciones en relación con lo que Dios te ha llamado a hacer!

ORACIÓN DE ACTIVACIÓN

1. Dirigirse al Padre en alabanza y adoración

Padre Celestial, santo es Tu nombre y grandemente para ser alabado. Te adoro en el nombre de Jesús. Que Tu Reino se manifieste en mi vida como en el Cielo. Defiende mi causa, oh, Señor, con aquellos que luchan conmigo; lucha contra cualquier entidad o persona que este contendiendo en mi contra. Padre Celestial, está escrito en Salmo 27:6, *"Y ahora mi cabeza se alzará sobre mis enemigos que me rodean, en Su tienda ofreceré sacrificios con gritos de alegría; cantaré, sí, cantaré alabanzas al Señor".* Abba, encomiendo mi adoración al coro celestial de adoración de Tus santos ángeles y la multitud de testigos, en el nombre de Jesús.

2. Pedir al Tribunal que se siente

Padre Celestial, Juez Justo, te pido que las Cortes del Cielo sean sentadas de acuerdo a Daniel 7:9-10. Te lo pido en el poderoso nombre de Jesús. Te pido esto en el poderoso nombre de Jesús. Está escrito:

> *Seguí mirando hasta que se levantaron tronos, y el Anciano de Días (Dios) tomó asiento; su manto era blanco como la nieve y el pelo de su cabeza como lana pura. Su trono era llamas de fuego; sus ruedas eran un fuego ardiente. Un río de fuego fluía y salía de delante de Él; mil millares le asistían, y diez mil veces diez mil Estaban de pie delante de Él; el tribunal Estaba sentado, y los libros abiertos.*

Padre Celestial, estoy solicitando el privilegio de estar delante de la corte del Anciano de Días de acuerdo a lo que fue revelado al profeta Daniel, en el nombre de Jesús, yo oro. Padre Celestial, estoy en Tu corte real por la sangre y el trabajo de Jesús en la cruz. He venido a recibir Tu justo juicio sobre mi vida en contra del espíritu y el altar del *retraso* que Satanás ha plantado en mi linaje generacional. Padre Celestial, invoco a Tus santos ángeles para que sean testigos de mi demanda y justo juicio en contra del malvado altar de la *demora*. Yo decreto y declaro que este malvado altar de la *demora* no pospondrá o retrasará los avances y las oportunidades divinas que el Señor ha ordenado para mí, en el nombre de Jesús yo oro.

3. Renuncia a tus derechos de autorrepresentación al Señor como tu abogado

Padre Celestial, Tu Palabra en 1 Juan 2:1-2 dice: "*Hijitos míos, estás cosas os escribo para que no pequéis. Y si alguno peca, abogado tenemos para con el Padre, a Jesucristo el justo. Y Él mismo es la propiciación por nuestros pecados, y no solo por los nuestros, sino también por los de todo el mundo*". Te agradezco que Jesús es mi fiel Abogado ante el Juez Justo en las Cortes del Cielo. Señor Jesús, renuncio a mis derechos de autorrepresentación y te invoco como mi Abogado para que me ayudes a defender mi caso ante el Juez Justo y procesar el mal del altar de la *demora* que satanás plantó en mi linaje. También pido al bendito Espíritu Santo, quien es el más alto oficial de las Cortes del Cielo aquí en la tierra, que me haga sensible a los procedimientos de está Corte para poder procesar exitosamente el malvado altar de la demora en el nombre de Jesús.

4. Invoca al altar del mal y al ídolo que se sienta sobre él para que comparezcan ante el tribunal.

Padre Celestial, al estar en Tu corte real me presento a mí mismo como un sacrificio vivo, santo y aceptable delante de Ti de acuerdo a Romanos 12:1. Padre Celestial, Juez Justo, yo invoco al altar de la *demora* en mi línea de sangre y al ídolo que se sienta en el para que comparezca en Tu corte real para ser enjuiciado en el nombre de Jesús. Porque está escrito en 1 Corintios 6:3, *"¿No sabéis que nosotros [los creyentes] juzgaremos a los ángeles? ¿Cuánto más entonces [en cuanto a] los asuntos de esta vida?"*. Padre Celestial, ejerzo la autoridad que Dios me ha dado en Cristo Jesús para juzgar demonios y principados, en el nombre de Jesús te lo ruego. Justo Juez, también está escrito en la Constitución de Tu Reino en 1 Juan 3:8, *"Para esto fue manifestado el Hijo de Dios, para deshacer las obras del diablo"*.

5. Responder a las acusaciones de Satanás y ponerse de acuerdo con el adversario

Padre Celestial, yo sé que hasta el fin de la era del pecado, satanás todavía tiene acceso legal a las Cortes del Cielo para levantar acusaciones en contra de los hijos de los hombres; porque está escrito en el libro de Apocalipsis 12:10:

> *Entonces oí una gran voz en el cielo, que decía: "Ahora han llegado la salvación, el poder y el reino (dominio, reinado) de nuestro Dios, y la autoridad de su Cristo; porque ha sido arrojado [por fin] el acusador de nuestros hermanos [creyentes], el que los acusaba y seguía presentando cargos [de conducta pecaminosa] contra ellos ante nuestro Dios día y noche."*

Padre Celestial, el Señor Jesús también dijo en el libro de Mateo 5:25:

> *Ponte de acuerdo rápidamente [a la mayor brevedad posible] con tu adversario de derecho mientras estás con él de camino [al tribunal], para que tu adversario no te entregue al juez, y el juez al guardia, y te metan en la cárcel.*

Padre Celestial, con toda humildad, mientras renuncio al espíritu de orgullo, elijo rápidamente estar de acuerdo con las acusaciones legales de mi adversario, satanás. Justo Juez, todas las acusaciones que satanás ha presentado contra mí y mi linaje en está Corte son ciertas.

6. *Arrepiéntete*

Padre Celestial, me arrepiento por mis transgresiones personales, y por los pecados e iniquidades de mis antepasados que abrieron la puerta para que el espíritu y el altar de la *demora* oprimieran mi vida, en el nombre de Jesús te lo pido. Señor, cada pecado de mis antepasados que el enemigo está utilizando como un derecho legal para construir casos en mi contra y para retrasar mi destino, te pido que la sangre de Jesús simplemente los lave. También me arrepiento por maldiciones de palabras auto infligidas y todos los pactos con demonios que han existido en mi linaje ancestral. Te pido que cada pacto con los poderes demoniacos sea revocado y que su derecho a reclamarme a mí y a mi linaje sea desechado ante Tu corte, en el nombre de Jesús. Gracias, Señor, por revocar estos pactos demoniacos y arrestar el altar maligno de la demora en el poderoso nombre de Jesús. Padre Celestial, en mi sincero deseo de divorciarme del espíritu y del altar de la *demora*, te devuelvo todo y cualquier cosa que el diablo diga que viene de su reino. Solo quiero lo que la sangre de Jesús me ha asegurado.

7. Apelar a la Sangre de Jesús para Limpiar Todo Pecado (Evidencia de Satanás)

Señor Jesús, gracias por limpiarme con Tu sangre para que Satanás no tenga base legal contra mí en Tu corte. Está escrito en 1 Juan 1:9:

> *Si admitimos [libremente] que hemos pecado y confesamos nuestros pecados, Él es fiel y justo [fiel a Su propia naturaleza y promesas], y perdonará nuestros pecados y nos limpiará continuamente de toda maldad [nuestras malas acciones, todo lo que no esté en conformidad con Su voluntad y propósito].*

Justo Juez, apelo a la sangre de Jesús para que limpie todos mis defectos, transgresiones e iniquidades, en el nombre de Jesús, te lo ruego. Recibo por fe el poder limpiador de la sangre de Jesús.

8. Pedir al Tribunal que desestime todas las acusaciones y cargos de Satanás.

Padre Celestial, basado en la obra terminada de Jesús y en mi arrepentimiento de corazón, ahora me muevo a la Corte del cielo para desechar todas las acusaciones y cargos de Satanás en contra mía y de mi linaje en el nombre de Jesús. Porque está escrito que el acusador de los hermanos ha sido arrojado. Así que, te pido Padre que deseches todas las acusaciones de satanás en mi contra, en el nombre de Jesús, te lo ruego.

9. Pídele al Señor que envíe ángeles para destruir el altar maligno y ejecutar el juicio del Señor contra él.

Padre Celestial, Juez Justo, te pido que envíes oficiales angélicos de alto rango de las Cortes que sobresalgan en fuerza para ejecutar el juicio de Tu corte suprema y destruir el altar maligno de la *demora* y el ídolo que se sienta en él que satanás plantó en mi línea de sangre, en el nombre de Jesús yo oro. Por el espíritu de profecía, profetizo la destrucción completa del altar maligno de la *demora* en mi vida, en el nombre de Jesús. Porque está escrito en Salmo 91:11-12, *"Porque él mandará a sus ángeles acerca de ti, para protegerte, defenderte y guardarte en todos tus caminos [de obediencia y servicio]. Te levantarán en sus manos, para que ni siquiera tropieces con piedra alguna"*. Recibo asistencia angelical, ahora mismo, en el nombre de Jesús.

10. Presente las Escrituras que se Usarán para Emitir una Orden Divina de Restricción

Padre Celestial, presento ante Tu Corte Suprema las siguientes escrituras como mi evidencia sólida contra el espíritu y el altar de la *demora* en mi vida. Está escrito:

> *¿Quién ha oído hablar de algo así? ¿Quién ha visto cosas semejantes? ¿Puede nacer una tierra en un día? ¿O puede una nación dar a luz en un momento? Tan pronto como Sión estuvo de parto, también dio a luz a sus hijos* (Isaías 66:8).

> *"'Porque yo, el Señor, hablaré, y la palabra que yo hable se cumplirá. No se demorará más, porque en vuestros días, oh casa rebelde, yo hablaré la palabra y la cumpliré', dice el Señor Dios."' De nuevo vino a mí la palabra del Señor, diciendo: "Hijo de hombre, he aquí que la casa de Israel dice: 'La visión que ve Ezequiel es para dentro de muchos años, y profetiza de*

> *los tiempos que están lejos". Por tanto, diles: Así dice el Señor Dios: "Ninguna de mis palabras se retrasará más. Cualquier palabra que yo diga se cumplirá por completo""'*, dice el Señor Dios* (Ezequiel 12:25-28).

Justo Juez, basado en las escrituras antes mencionadas, es claro para mí que el espíritu y el altar de la *demora*, si se le permite tener éxito, causaría gran daño a mi vida, destino, y también infligiría un daño irreparable a los propósitos de Dios. Pido que todo derecho legal que el espíritu y el altar de la *demora* están sosteniendo sea revocado en el glorioso nombre de Jesús. Justo Juez, basado en las escrituras antes mencionadas, es claro que califico para una orden de restricción divina contra el altar de la *demora* y el ídolo que se sienta en él, en el nombre de Jesús.

11. Pedir al Tribunal que emita una Orden Divina de Restricción y Recibir la Orden Divina de Restricción por Fe.

Padre Celestial, Juez Justo, ahora te pido que una orden de restricción divina y una orden judicial permanente contra el espíritu y el altar de la *demora* en mi vida sea emitida por la autoridad de Tu Corte Suprema, en el nombre de Jesús. Padre Celestial, yo decreto y declaro que cualquier y todas las formas de *retraso que* el diablo ha emitido o está orquestando en contra de mi vida son ahora canceladas en el glorioso nombre de Jesús. Padre Celestial, yo recibo está orden divina de restricción y orden permanente por fe, en el nombre de Jesús. Porque está escrito en la Constitución de Tu Reino en Hebreos 11:6, *"Pero sin fe es imposible [caminar con Dios y] agradarle, porque cualquiera que se acerque a Dios debe [necesariamente] creer que Dios existe y que Él recompensa a aquellos que [seria y diligentemente] lo buscan".* Creo y declaro por fe que el espíritu y el altar de la *demora* en mi vida han sido juzgados, ¡en el nombre de Jesús!

12. Pídele al Señor que selle tu veredicto justo y tus procedimientos judiciales con la sangre de Jesús.

Padre Celestial, Justo Juez, ahora te pido que selles mi justo veredicto contra el espíritu y el altar de la *demora* en la preciosa sangre de Jesús. Que también cubras con la sangre de Jesús todos mis procedimientos legales en está Corte en el nombre de Jesús. Yo decreto y declaro que mi justo veredicto de liberación y avance del malvado altar de la *demora* está ahora asegurado en los documentos de las Cortes del Cielo. Porque está escrito en el Evangelio de Juan, capítulo 8:36, *"Así que, si el Hijo os hace libres, entonces sois incuestionablemente libres."* Yo decreto y declaro que soy libre del altar maligno de la demora en el nombre de Jesús, ¡amén!

Oración #19

Desarraigar el altar del autosabotaje

Si has sido atrapado con las palabras de tus labios, Si has sido atrapado por las palabras de tu boca, Haz esto ahora, hijo mío, y libérate [de la obligación]; Ya que has caído en la mano de tu prójimo, Ve, humíllate, y ruega a tu prójimo [que pague su deuda y te libere].
— **Proverbios 6:2-3**

No hay nada más peligroso que el autosabotaje, porque en este escenario te conviertes literalmente en tu peor enemigo. Es antinatural que alguien trabaje en contra de sus propios intereses. Por lo tanto, no hace falta decir que el autosabotaje es impulsado por demonios. Después de observar el comportamiento humano y estudiar muchos tipos de fenómenos espirituales he descubierto que son personas que asisten a un altar maligno de autosabotaje. Justo cuando empiezas a pensar que su tiempo de avance ha llegado, hacen algo estúpido o tonto, que descarrila y sabotea completamente la misma cosa que Dios quería dar o hacer por ellos. Algunas personas ni siquiera saben por qué terminan saboteándose a sí mismas. La verdad del asunto es que en algún momento, a satanás se le dio el derecho legal por uno de sus antepasados para plantar un altar de autosabotaje en su línea de sangre. Tomemos el caso de Esaú, por ejemplo; él era el primogénito de Isaac. Como primogénito de Isaac, le correspondía disfrutar de la bendición de la "doble porción" del primogénito. Sin embargo, un desafortunado día, Esaú regresó de cazar animales salvajes y Estaba hambriento. Encontró a su hermano menor Jacob cocinando gachas. Pidió una taza de gachas y Jacob le dijo que podía dársela a cambio de su primogenitura, y Esaú vendió está inestimable bendición espiritual por una simple olla de gachas. ¿Quién hace esto? ¡Una persona que está poseída por un altar de autosabotaje! La oración Peligrosa a continuación está diseñada para ayudarte a destruir el altar maligno del autosabotaje.

ORACIÓN DE ACTIVACIÓN

1. Dirigirse al Padre en alabanza y adoración

Padre Celestial, santo es Tu nombre y grandemente para ser alabado. Te adoro en el nombre de Jesús. Que Tu Reino se manifieste en mi vida como en el Cielo. Defiende mi causa, oh, Señor, con aquellos que luchan conmigo; lucha contra cualquier entidad o persona que este contendiendo en mi contra. Padre Celestial, está escrito en Salmo 27:6, *"Y ahora mi cabeza se alzará sobre mis enemigos que me rodean, en Su tienda ofreceré sacrificios con gritos de alegría; cantaré, sí, cantaré alabanzas al Señor".* Abba, encomiendo mi adoración al coro celestial de adoración de Tus santos ángeles y la multitud de testigos, en el nombre de Jesús.

2. Pedir al Tribunal que se siente

Padre Celestial, Juez Justo, te pido que las Cortes del Cielo sean sentadas de acuerdo a Daniel 7:9-10. Te lo pido en el poderoso nombre de Jesús. Te pido esto en el poderoso nombre de Jesús. Está escrito:

> *Seguí mirando hasta que se levantaron tronos, y el Anciano de Días (Dios) tomó asiento; su manto era blanco como la nieve y el pelo de su cabeza como lana pura. Su trono era llamas de*

fuego; sus ruedas eran un fuego ardiente. Un río de fuego fluía y salía de delante de Él; mil millares le asistían, y diez mil veces diez mil Estaban de pie delante de Él; el tribunal Estaba sentado, y los libros abiertos.

Padre Celestial, estoy solicitando el privilegio de estar delante de la corte del Anciano de Días de acuerdo a lo que fue revelado al profeta Daniel, en el nombre de Jesús, yo oro. Padre Celestial, estoy en Tu corte real por la sangre y el trabajo de Jesús en la cruz. He venido a recibir Tu justo juicio sobre mi vida en contra del espíritu y el altar del *auto sabotaje* que Satanás ha plantado en mi linaje generacional. Padre Celestial, invoco a Tus santos ángeles para que sean testigos de mi demanda y justo juicio en contra del altar maligno del *auto sabotaje*. Yo decreto y declaro que este altar maligno de *autosabotaje* no me engañara para convertirme en mi peor enemigo o sabotear las relaciones divinas que necesito para alcanzar mi destino dado por Dios aquí en la tierra, en el nombre de Jesús yo oro.

3. Renuncia a tus derechos de autorrepresentación al Señor como tu abogado

Padre Celestial, Tu Palabra en 1 Juan 2:1-2 dice: "*Hijitos míos, estás cosas os escribo para que no pequéis. Y si alguno peca, abogado tenemos para con el Padre, a Jesucristo el justo. Y Él mismo es la propiciación por nuestros pecados, y no solo por los nuestros, sino también por los de todo el mundo*". Te agradezco que Jesús es mi fiel Abogado ante el Juez Justo en las Cortes del Cielo. Señor Jesús, renuncio a mis derechos de autorrepresentación y te invoco como mi Abogado para que me ayudes a defender mi caso ante el Juez Justo y procesar el mal del altar del *autosabotaje* que satanás plantó en mi linaje. También le pido al bendito Espíritu Santo, quien es el más alto oficial de las Cortes del Cielo aquí en la tierra, que me haga sensible a los procedimientos de está Corte para poder procesar exitosamente el malvado altar del autosabotaje en el nombre de Jesús.

4. Invoca al altar del mal y al ídolo que se sienta sobre él para que comparezcan ante el tribunal.

Padre Celestial, al estar en Tu corte real me presento como un sacrificio vivo, santo y aceptable delante de Ti de acuerdo a Romanos 12:1. Padre Celestial, Juez Justo, yo invoco al altar del *autosabotaje* en mi linaje y al ídolo que se sienta en él para que comparezca en Tu corte real para ser enjuiciado en el nombre de Jesús. Porque está escrito en 1 Corintios 6:3, *"¿No sabéis que nosotros [los creyentes] juzgaremos a los ángeles? ¿Cuánto más entonces [en cuanto a] los asuntos de esta vida?"*. Padre Celestial, ejerzo la autoridad que Dios me ha dado en Cristo Jesús para juzgar demonios y principados, en el nombre de Jesús te lo ruego. Justo Juez, también está escrito en la Constitución de Tu Reino en 1 Juan 3:8, *"Para esto fue manifestado el Hijo de Dios, para deshacer las obras del diablo"*.

5. Responder a las acusaciones de Satanás y ponerse de acuerdo con el adversario

Padre Celestial, yo sé que hasta el fin de la era del pecado, satanás todavía tiene acceso legal a las Cortes del Cielo para levantar acusaciones contra los hijos de los hombres; porque está escrito en el libro de Apocalipsis 12:10:

> *Entonces oí una gran voz en el cielo, que decía: "Ahora han llegado la salvación, el poder y el reino (dominio, reinado) de nuestro Dios, y la autoridad de su Cristo; porque ha sido arrojado [por fin] el acusador de nuestros hermanos [creyentes], el que los acusaba y seguía presentando cargos [de conducta pecaminosa] contra ellos ante nuestro Dios día y noche."*

Padre Celestial, el Señor Jesús también dijo en el libro de Mateo 5:25:

> *Ponte de acuerdo rápidamente [a la primera oportunidad] con tu adversario de derecho mientras estás con él de camino*

[al tribunal], para que tu adversario no te entregue al juez, y el juez a la guardia, y te metan en la cárcel.

Padre Celestial, con toda humildad, mientras renuncio al espíritu de orgullo, elijo rápidamente estar de acuerdo con las acusaciones legales de mi adversario, satanás. Justo Juez, todas las acusaciones que satanás ha presentado contra mí y mi linaje en está Corte son ciertas.

6. *Arrepiéntete*

Padre Celestial, me arrepiento por mis transgresiones personales, y por los pecados e iniquidades de mis antepasados que abrieron la puerta para que el espíritu y el altar del *auto sabotaje* oprimieran mi vida, en el nombre de Jesús te lo pido. Señor, cada pecado de mis antepasados que el enemigo está usando como un derecho legal para construir casos en mi contra y sabotear mi destino, te pido que la sangre de Jesús simplemente los lave. También me arrepiento de las maldiciones de palabra auto infligidas y de todos los pactos con demonios que han existido en mi linaje ancestral que satanás está usando para sabotear mi vida. Te pido que cada pacto con los poderes demoniacos sea revocado y que su derecho a reclamarme a mí y a mi linaje sea desechado ante Tu corte, en el nombre de Jesús. Gracias, Señor, por revocar estos pactos demoniacos y altares malignos de sabotaje en el poderoso nombre de Jesús. Padre Celestial, en mi sincero deseo de divorciarme del espíritu y del altar del *auto sabotaje*, te devuelvo todo y cualquier cosa que el diablo diga que viene de su reino. Solo quiero lo que la sangre de Jesús me ha asegurado.

7. *Apelar a la Sangre de Jesús para Limpiar Todo Pecado (Evidencia de Satanás)*

Señor Jesús, gracias por limpiarme con Tu sangre para que Satanás no tenga base legal contra mí en Tu corte. Está escrito en 1 Juan 1:9:

> *Si admitimos [libremente] que hemos pecado y confesamos nuestros pecados, Él es fiel y justo [fiel a Su propia naturaleza y promesas], y perdonará nuestros pecados y nos limpiará continuamente de toda maldad [nuestras malas acciones, todo lo que no esté en conformidad con Su voluntad y propósito].*

Justo Juez, apelo a la sangre de Jesús para que limpie todos mis defectos, transgresiones e iniquidades, en el nombre de Jesús, te lo ruego. Recibo por fe el poder limpiador de la sangre de Jesús.

8. Pedir al Tribunal que desestime todas las acusaciones y cargos de Satanás.

Padre Celestial, basado en la obra terminada de Jesús y en mi arrepentimiento de corazón, ahora me muevo a la Corte del cielo para desechar todas las acusaciones y cargos de Satanás en contra mía y de mi linaje en el nombre de Jesús. Porque está escrito que el acusador de los hermanos ha sido arrojado. Así que, te pido Padre que deseches todas las acusaciones de satanás en mi contra, en el nombre de Jesús, te lo ruego.

9. Pídele al Señor que envíe ángeles para destruir el altar maligno y ejecutar el juicio del Señor contra él.

Padre Celestial, Juez Justo, te pido que envíes oficiales angélicos de alto rango de las Cortes que sobresalgan en fuerza para ejecutar el juicio de Tu corte suprema y destruir el altar maligno del *auto sabotaje* y el ídolo que se sienta en él que satanás plantó en mi línea de sangre, en el nombre de Jesús yo oro. Por el espíritu de profecía, profetizo la destrucción completa del altar maligno del *autosabotaje* en mi vida, en el nombre de Jesús. Porque está escrito en Salmo 91:11-12, *"Porque él mandará a sus ángeles acerca de ti, para protegerte, defenderte y guardarte en todos tus caminos [de obediencia y servicio]. Te levantarán en sus manos, para que ni siquiera tropieces con piedra alguna"*. Recibo asistencia angelical, ahora mismo, en el nombre de Jesús.

10. Presente las Escrituras que se Usarán para Emitir una Orden Divina de Restricción

Padre Celestial, presento ante Tu Corte Suprema las siguientes escrituras como mi evidencia sólida contra el espíritu y el altar del *autosabotaje* en mi vida. Está escrito:

> *Me invocará, y yo le responderé; estaré con él en la angustia; lo libraré y lo honraré. Con larga vida lo saciaré, y le mostraré Mi salvación* (Salmo 91:15-16 LBLA).

> *El ladrón no viene sino para robar, matar y destruir. Yo he venido para que tengan vida, y* para *que la tengan en abundancia* (Juan 10:10).

> *No moriré, sino que viviré, y contaré las obras y relataré los hechos ilustres del Señor* (Salmo 118:17).

Justo Juez, basado en las escrituras antes mencionadas, es claro para mí que el espíritu y el altar del *autosabotaje,* si se le permite tener éxito, causaría gran daño a mi vida, destino, y también infligiría un daño irreparable a los propósitos de Dios. Pido que todo derecho legal que el espíritu y el altar del *autosabotaje* están sosteniendo sea revocado en el glorioso nombre de Jesús. Justo Juez, basado en las escrituras antes mencionadas, es claro que califico para una orden de restricción divina contra el altar del *autosabotaje* y el ídolo que se sienta en él, en el nombre de Jesús.

11. Pedir al Tribunal que emita una Orden Divina de Restricción y Recibir la Orden Divina de Restricción por Fe.

Padre Celestial, Juez Justo, ahora te pido que una orden de restricción divina y una orden judicial permanente contra el espíritu y el altar del *auto sabotaje* en mi vida sea emitida por la autoridad de Tu Corte Suprema, en el nombre de Jesús. Padre Celestial, yo decreto y declaro que cualquier y todas las formas de *auto sabotaje que* el diablo está orquestando en contra de mi vida son ahora canceladas en el glorioso nombre de Jesús. Padre Celestial, yo recibo está orden divina de restricción y orden permanente por fe, en el nombre de Jesús. Porque está escrito en la Constitución de Tu Reino en Hebreos 11:6, *"Pero sin fe es imposible [caminar con Dios y] agradarle, porque cualquiera que se acerque [a] Dios debe [necesariamente] creer que Dios existe y que Él recompensa a aquellos que [seria y diligentemente] lo buscan."* Creo y declaro por fe que el espíritu y el altar del *autosabotaje* en mi vida han sido juzgados, ¡en el nombre de Jesús!

12. *Pídele al Señor que selle tu veredicto justo y tus procedimientos judiciales con la sangre de Jesús.*

Padre Celestial, Justo Juez, ahora te pido que selles mi justo veredicto contra el espíritu y el altar del *autosabotaje* en la preciosa sangre de Jesús. Que también cubras con la sangre de Jesús todos mis procedimientos legales en está Corte en el nombre de Jesús. Yo decreto y declaro que mi justo veredicto de liberación y ruptura del malvado altar del *autosabotaje* está ahora asegurado en los documentos de las Cortes del Cielo. Porque está escrito en el Evangelio de Juan, capítulo 8:36, *"Así que, si el Hijo os hace libres, entonces sois incuestionablemente libres."* Yo decreto y declaro que soy libre del altar maligno del autosabotaje en el nombre de Jesús, ¡amén!

Oración #20

Desarraigar el altar de los espíritus abortistas

Samuel dijo a Saúl: "Has actuado con insensatez; no has guardado el mandamiento del Señor, tu Dios, que él te ordenó, pues [si lo hubieras obedecido] el Señor habría establecido tu reino sobre Israel para siempre. Pero ahora tu reino no perdurará. El Señor se ha buscado un hombre (David) conforme a su corazón, y el Señor lo ha nombrado jefe y gobernante de su pueblo, porque tú no has guardado (obedecido) lo que el Señor te mandó."
—1 Samuel 13:13-14

Quizá no haya nada más común a la experiencia humana desde la caída del Hombre en el Jardín del Edén que el malvado ministerio de los espíritus abortistas. Me avergüenza decir que vivo en un país (EE.UU.) que lidera el mundo en el número de bebés abortados por año. Cuando un bebe es abortado todo, lo que contenía en términos de propósito y potencial es declarado nulo. El cielo llora porque algunos de estos bebés abortados llevaban medicinas y vacunas para las enfermedades del mañana. La Oración Peligrosa a continuación también está diseñada para destruir el altar maligno de los espíritus abortistas en tu línea de sangre que han estado matando bebés.

A pesar de la importancia de detener el aborto de bebés, hay otro aspecto muy común y trágico en el funcionamiento del malvado altar de los espíritus abortistas. Definamos primero la palabra "aborto". Según Dictionary.com la palabra "aborto" significa "fracasar, cesar o detenerse en una etapa temprana o prematura". Este es el aspecto del altar maligno de los espíritus abortistas que he visto por todo el mundo. Cristianos cuyos negocios, aspiraciones y carreras prometedoras murieron prematuramente por alguna minúscula razón. Muchos se han desconectado prematuramente con sus padres espirituales dados por Dios o ayudantes del destino porque se ofendieron o se desviaron justo antes de que estás personas liberaran los depósitos espirituales y naturales, que llevaban de Dios para las personas a las que fueron asignados. Si usted es una de esas personas que han estado sufriendo el aborto de oportunidades, relaciones, carreras y proyectos entonces la siguiente oración Peligrosa para destruir el altar maligno de los espíritus abortivos es para usted.

ORACIÓN DE ACTIVACIÓN

1. Dirigirse al Padre en alabanza y adoración

Padre Celestial, santo es Tu nombre y grandemente para ser alabado. Te adoro en el nombre de Jesús. Que Tu Reino se manifieste en mi vida como en el Cielo. Defiende mi causa, oh, Señor, con aquellos que luchan conmigo; lucha contra cualquier entidad o persona que este contendiendo en mi contra. Padre Celestial, está escrito en Salmo 27:6, *"Y ahora mi cabeza se alzará sobre mis enemigos que me rodean, en Su tienda ofreceré sacrificios con gritos de alegría; cantaré, sí, cantaré alabanzas al Señor".* Abba, encomiendo mi adoración al coro celestial de adoración de Tus santos ángeles y la multitud de testigos, en el nombre de Jesús.

2. Pedir al Tribunal que se siente

Padre Celestial, Juez Justo, te pido que las Cortes del Cielo sean sentadas de acuerdo a Daniel 7:9-10. Te lo pido en el poderoso nombre de Jesús. Te pido esto en el poderoso nombre de Jesús. Está escrito:

> *Seguí mirando hasta que se levantaron tronos, y el Anciano de Días (Dios) tomó asiento; su manto era blanco como la nieve y el pelo de su cabeza como lana pura. Su trono era llamas de fuego; sus ruedas eran un fuego ardiente. Un río de fuego fluía y salía de delante de Él; mil millares le asistían, y diez mil veces diez mil Estaban de pie delante de Él; el tribunal Estaba sentado, y los libros abiertos.*

Padre Celestial, estoy solicitando el privilegio de estar delante de la corte del Anciano de Días de acuerdo a lo que fue revelado al profeta Daniel, en el nombre de Jesús, yo oro. Padre Celestial, estoy en Tu corte real por la sangre y el trabajo terminado de Jesús en la cruz. He venido a recibir Tu justo juicio sobre mi vida en contra del altar de *los espíritus abortivos* que Satanás ha plantado en mi linaje generacional. Padre Celestial, invoco a Tus santos ángeles para que sean testigos de mi demanda y justo juicio en contra del altar maligno de los *espíritus del aborto*. Yo decreto y declaro que este altar maligno de *espíritus abortistas* no abortaran mi destino dado por Dios o las relaciones divinas que necesito para alcanzar mi destino dado por Dios aquí en la tierra, en el nombre de Jesús yo oro.

3. Renuncia a tus derechos de autorrepresentación al Señor como tu abogado

Padre Celestial, Tu Palabra en 1 Juan 2:1-2 dice: "*Hijitos míos, estás cosas os escribo para que no pequéis. Y si alguno peca, abogado tenemos para con el Padre, a Jesucristo el justo. Y Él mismo es la propiciación por nuestros pecados,*

y no solo por los nuestros, sino también por los de todo el mundo". Te agradezco que Jesús es mi fiel Abogado ante el Juez Justo en las Cortes del Cielo. Señor Jesús, renuncio a mis derechos de autorrepresentación y te invoco como mi Abogado para que me ayudes a defender mi caso ante el Juez Justo y procesar el mal de *los espíritus del* altar *del aborto* que satanás plantó en mi linaje. También le pido al bendito Espíritu Santo, quien es el más alto oficial de las Cortes del Cielo aquí en la tierra, que me haga sensible a los procedimientos de está Corte para poder procesar exitosamente al malvado altar de los espíritus del aborto en el nombre de Jesús.

4. Invoca al altar del mal y al ídolo que se sienta sobre él para que comparezcan ante el tribunal.

Padre Celestial, al estar en Tu corte real me presento como un sacrificio vivo, santo y aceptable delante de Ti de acuerdo a Romanos 12:1. Padre Celestial, Juez Justo, yo invoco al altar de los *espíritus abortivos* en mi linaje y al ídolo que se sienta en el para que comparezca en Tu corte real para ser enjuiciado en el nombre de Jesús. Porque está escrito en 1 Corintios 6:3, *"¿No sabéis que nosotros [los creyentes] juzgaremos a los ángeles? ¿Cuánto más entonces [en cuanto a] los asuntos de esta vida?".* Padre Celestial, ejerzo la autoridad que Dios me ha dado en Cristo Jesús para juzgar demonios y principados, en el nombre de Jesús te lo ruego. Justo Juez, también está escrito en la Constitución de Tu Reino en 1 Juan 3:8, *"Para esto fue manifestado el Hijo de Dios, para deshacer las obras del diablo".*

5. Responder a las acusaciones de Satanás y ponerse de acuerdo con el adversario

Padre Celestial, yo sé que hasta el fin de la era del pecado, satanás todavía tiene acceso legal a las Cortes del Cielo para levantar acusaciones en contra de los hijos de los hombres; porque está escrito en el libro de Apocalipsis 12:10:

> *Entonces oí una gran voz en el cielo, que decía: "Ahora han llegado la salvación, el poder y el reino (dominio, reinado) de nuestro Dios, y la autoridad de su Cristo; porque ha sido arrojado [por fin] el acusador de nuestros hermanos [creyentes], el que los acusaba y seguía presentando cargos [de conducta pecaminosa] contra ellos ante nuestro Dios día y noche."*

Padre Celestial, el Señor Jesús también dijo en el libro de Mateo 5:25:

> *Ponte de acuerdo rápidamente [a la mayor brevedad posible] con tu adversario de derecho mientras estás con él de camino [al tribunal], para que tu adversario no te entregue al juez, y el juez al guardia, y te metan en la cárcel.*

Padre Celestial, con toda humildad, mientras renuncio al espíritu de orgullo, elijo rápidamente estar de acuerdo con las acusaciones legales de mi adversario, satanás. Justo Juez, todas las acusaciones que satanás ha presentado contra mí y mi linaje en está Corte son ciertas.

6. Arrepiéntete

Padre Celestial, me arrepiento por mis transgresiones personales, y por los pecados e iniquidades de mis antepasados que abrieron la puerta para que el altar de *los espíritus abortistas* oprimieran mi vida, en el nombre de Jesús te lo pido. Señor, cada pecado de mis antepasados que los espíritus abortistas están usando como un derecho legal para construir casos en mi contra y abortar mi destino, te pido que la sangre de Jesús los lave. Me arrepiento por cualquiera en mi linaje que haya cometido un aborto. También me arrepiento por las maldiciones de palabra auto infligidas y todos los pactos con demonios que han existido en mi línea de sangre ancestral. Te pido que todo pacto con poderes demoníacos sea revocado y que su derecho a reclamarme a mí y a mi linaje sea desechado ante Tu corte, en el nombre de Jesús. Gracias, Señor, por revocar estos pactos demoniacos y altares malignos en el poderoso nombre de Jesús. Padre Celestial, en mi sincero deseo de divorciarme del altar de los *espíritus abortivos*, te devuelvo todo y cualquier cosa que el diablo diga que viene de su reino. Solo quiero lo que la sangre de Jesús me ha asegurado.

7. Apelar a la Sangre de Jesús para Limpiar Todo Pecado (Evidencia de Satanás)

Señor Jesús, gracias por limpiarme con Tu sangre para que Satanás no tenga base legal contra mí en Tu corte. Está escrito en 1 Juan 1:9:

> *Si admitimos [libremente] que hemos pecado y confesamos nuestros pecados, Él es fiel y justo [fiel a Su propia naturaleza y promesas], y perdonará nuestros pecados y nos limpiará continuamente de toda maldad [nuestras malas acciones, todo lo que no esté en conformidad con Su voluntad y propósito].*

Justo Juez, apelo a la sangre de Jesús para que limpie todos mis defectos, transgresiones e iniquidades, en el nombre de Jesús, te lo ruego. Recibo por fe el poder limpiador de la sangre de Jesús.

8. Pedir al Tribunal que desestime todas las acusaciones y cargos de Satanás.

Padre Celestial, basado en la obra terminada de Jesús y en mi arrepentimiento de corazón, ahora me muevo a la Corte del cielo para desechar todas las acusaciones y cargos de Satanás en contra mía y de mi linaje en el nombre de Jesús. Porque está escrito que el acusador de los hermanos ha sido arrojado. Así que, te pido Padre que deseches todas las acusaciones de satanás en mi contra, en el nombre de Jesús, te lo ruego.

9. Pídele al Señor que envíe ángeles para destruir el altar maligno y ejecutar el juicio del Señor contra él.

Padre Celestial, Juez Justo, te pido que envíes oficiales angélicos de alto rango de las Cortes que sobresalgan en fuerza para ejecutar el juicio de Tu corte suprema y destruir el altar maligno de los *espíritus del aborto* y el ídolo que se sienta en él que satanás plantó en mi línea de sangre, en el nombre de Jesús yo oro. Por el espíritu de profecía, profetizo la destrucción completa del altar maligno de los *espíritus del aborto* en mi vida, en el nombre de Jesús. Porque está escrito en Salmo 91:11-12, *"Porque él mandará a sus ángeles acerca de ti, para protegerte, defenderte y guardarte en todos tus caminos [de obediencia y servicio]. Te levantarán en sus manos, para que ni siquiera tropieces con piedra alguna".* Recibo asistencia angelical, ahora mismo, en el nombre de Jesús.

10. Presente las Escrituras que se Usarán para Emitir una Orden Divina de Restricción

Padre Celestial, presento ante Tu Corte Suprema las siguientes escrituras como mi sólida evidencia contra el altar de *los espíritus abortistas* en mi vida. Está escrito:

> *Entonces reprenderé al devorador (insectos, plaga) por tu causa y no destruirá los frutos de la tierra, ni tu vid en el campo dejará caer sus uvas [antes de la vendimia]", dice el Señor de los ejércitos. "Todas las naciones te llamarán dichosa y bendita, porque serás tierra de delicias", dice el Señor de los ejércitos* (Malaquías 3:11-12).

> *No moriré, sino que viviré, y contaré las obras y relataré los hechos ilustres del Señor* (Salmo 118:17).

Justo Juez, basado en las escrituras antes mencionadas, es claro que el altar de los *espíritus del aborto,* si se le permite tener éxito, causaría gran daño a mi vida, destino, y también infligiría un daño irreparable a los propósitos de Dios. Pido que cada derecho legal que el altar de los *espíritus del aborto* está sosteniendo sea revocado en el glorioso nombre de Jesús. Justo Juez, basado en las escrituras antes mencionadas, es claro que califico para una orden de restricción divina contra el altar de los *espíritus del aborto* y el ídolo que se sienta en él, en el nombre de Jesús.

11. Pedir al Tribunal que emita una Orden Divina de Restricción y Recibir la Orden Divina de Restricción por Fe.

Padre Celestial, Juez Justo, ahora te pido que una orden de restricción divina y una orden judicial permanente en contra del altar de los *espíritus del aborto* en mi vida sea emitida por la autoridad de Tu Corte Suprema, en el nombre de Jesús. Padre Celestial, yo decreto y declaro que cualquier y todas las formas de *espíritus abortistas que* el diablo ha desatado en contra de mi vida, ministerio o negocio son ahora cancelados en el glorioso nombre de Jesús. Padre Celestial, yo recibo está orden divina de restricción y mandato permanente por fe, en el nombre de Jesús. Porque está escrito en la Constitución de Tu Reino en Hebreos 11:6, *"Pero sin fe es imposible [caminar con Dios y] agradarle, porque cualquiera que se acerque [a] Dios debe [necesariamente] creer que Dios existe y que Él recompensa a aquellos que [seria y diligentemente] lo buscan."* Creo y declaro por fe que el altar de *los espíritus abortivos* en mi vida ha sido juzgado, ¡en el nombre de Jesús!

12. Pídele al Señor que selle tu veredicto justo y tus procedimientos judiciales con la sangre de Jesús.

Padre Celestial, Justo Juez, ahora te pido que selles mi justo veredicto contra el altar de *los espíritus abortistas* con la preciosa sangre de Jesús. Que también cubras con la sangre de Jesús todos mis procedimientos legales en está Corte en el nombre de Jesús. Yo decreto y declaro que mi justo veredicto de liberación y ruptura del malvado altar de los *espíritus abortistas* está ahora asegurado en los documentos de las Cortes del Cielo. Porque está escrito en el Evangelio de Juan, capítulo 8:36, *"Así que, si el Hijo os hace libres, entonces sois incuestionablemente libres."* Yo decreto y declaro que soy libre del altar maligno de los espíritus abortistas en el nombre de Jesús, ¡amén!

Oración #21

Desarraigar el altar de la lucha y la confusión

Pero si tenéis amargas envidias y contiendas en vuestros corazones, no os gloriéis ni mintáis contra la verdad. Está sabiduría no desciende de lo alto, sino que es terrenal, sensual, diabólica. Porque donde hay envidia y contienda, allí hay confusión y toda obra perversa.
—Santiago 3:14-16 RVR1995

Cada vez que veo a gente peleándose o discutiendo, especialmente cristianos, me viene rápidamente a la mente el pasaje de la Escritura anterior. La Biblia dice claramente que donde hay envidia y contienda, hay confusión y toda obra perversa. Quiero que esta última afirmación se entienda bien. En primer lugar, significa que el altar de la contienda es el que abre la puerta a todo tipo de confusión que se libera en ciertos ambientes y en la vida de ciertas personas. En segundo lugar, ¡el altar de la lucha y la confusión abre en última instancia la puerta a la manifestación de toda obra maligna! Para mí, ¡esto es realmente aterrador! El termino o la frase toda obra maligna significa que nada maligno o perverso queda fuera de la ecuación. Conozco familias, así como esposos y esposas que siempre están peleando por algo. Tienen peleas interminables por las cosas más estúpidas. He estado en las llamadas reuniones familiares, donde vi el altar maligno de la lucha y la confusión apoderarse y destruir toda la reunión. También he visto iglesias y negocios que han sido destruidos por el altar de la lucha y la confusión.

Verdaderamente, este no es un altar maligno para jugar. Debe ser destruido en las Cortes del Cielo. La siguiente Oración Peligrosa está diseñada para ayudarte a ti y a mí a destruir el altar maligno de la contienda y la confusión.

ORACIÓN DE ACTIVACIÓN

1. Dirigirse al Padre en alabanza y adoración

Padre Celestial, santo es Tu nombre y grandemente para ser alabado. Te adoro en el nombre de Jesús. Que Tu Reino se manifieste en mi vida como en el Cielo. Defiende mi causa, oh, Señor, con aquellos que luchan conmigo; lucha contra cualquier entidad o persona que este contendiendo en mi contra. Padre Celestial, está escrito en Salmo 27:6, *"Y ahora mi cabeza se alzará sobre mis enemigos que me rodean, en Su tienda ofreceré sacrificios con gritos de alegría; cantaré, sí, cantaré alabanzas al Señor".* Abba, encomiendo mi adoración al coro celestial de adoración de Tus santos ángeles y la multitud de testigos, en el nombre de Jesús.

2. Pedir al Tribunal que se siente

Padre Celestial, Juez Justo, te pido que las Cortes del Cielo sean sentadas de acuerdo a Daniel 7:9-10. Te lo pido en el poderoso nombre de Jesús. Te pido esto en el poderoso nombre de Jesús. Está escrito:

> *Seguí mirando hasta que se levantaron tronos, y el Anciano de Días (Dios) tomó asiento; su manto era blanco como la nieve y el pelo de su cabeza como lana pura. Su trono era llamas de fuego; sus ruedas eran un fuego ardiente. Un río de fuego fluía y salía de delante de Él; mil millares le asistían, y diez mil veces diez mil Estaban de pie delante de Él; el tribunal Estaba sentado, y los libros abiertos.*

Padre Celestial, estoy solicitando el privilegio de estar delante de la corte del Anciano de Días de acuerdo a lo que fue revelado al profeta Daniel, en el nombre de Jesús, yo oro. Padre Celestial, estoy en Tu corte real por la sangre y el trabajo de Jesús en la cruz. He venido a recibir Tu justo juicio sobre mi vida en contra del espíritu y el altar de *lucha y confusión* que Satanás ha plantado en mi linaje generacional. Padre Celestial, invoco a Tus santos ángeles para que sean testigos de mi demanda y justo enjuiciamiento de la malvada *contienda y confusión*. Yo decreto y declaro que este altar maligno de *contienda y confusión* no me controlara a mí ni a las relaciones con los miembros de mi familia y las relaciones divinas que necesito para alcanzar mi destino dado por Dios aquí en la tierra, en el nombre de Jesús yo oro.

3. Renuncia a tus derechos de autorrepresentación al Señor como tu abogado

Padre Celestial, Tu Palabra en 1 Juan 2:1-2 dice: *"Hijitos míos, estás cosas os escribo para que no pequéis. Y si alguno peca, abogado tenemos para con el Padre, a Jesucristo el justo. Y Él mismo es la propiciación por nuestros pecados, y no solo por los nuestros, sino también por los de todo el mundo"*. Te agradezco que Jesús es mi fiel Abogado ante el Juez Justo en las Cortes del Cielo. Señor Jesús, renuncio a mis derechos de autorrepresentación y te invoco como mi Abogado para que me ayudes a defender mi caso ante el Juez Justo y procesar el mal del altar de la *contienda y la confusión* que satanás plantó en mi linaje. También pido al bendito Espíritu Santo, quien es el más alto oficial de las Cortes del Cielo aquí en la tierra, que me haga sensible a los procedimientos de está Corte para poder procesar exitosamente el malvado altar de *contienda y confusión* en el nombre de Jesús.

4. Invoca al altar del mal y al ídolo que se sienta sobre él para que comparezcan ante el tribunal.

Padre Celestial, al estar en Tu corte real me presento a mí mismo como un sacrificio vivo, santo y aceptable delante de Ti de acuerdo a Romanos

12:1. Padre Celestial, Juez Justo, yo invoco al altar de la *contienda y la confusión* en mi linaje y al ídolo que se sienta en el para que comparezca en Tu corte real para ser enjuiciado en el nombre de Jesús. Porque está escrito en 1 Corintios 6:3, *"¿No sabéis que nosotros [los creyentes] juzgaremos a los ángeles? ¿Cuánto más entonces [en cuanto a] los asuntos de esta vida?".* Padre Celestial, ejerzo la autoridad que Dios me ha dado en Cristo Jesús para juzgar demonios y principados, en el nombre de Jesús te lo ruego. Justo Juez, también está escrito en la Constitución de Tu Reino en 1 Juan 3:8, *"Para esto fue manifestado el Hijo de Dios, para deshacer las obras del diablo".*

5. *Responder a las acusaciones de Satanás y ponerse de acuerdo con el adversario*

Padre Celestial, yo sé que hasta el fin de la era del pecado, satanás todavía tiene acceso legal a las Cortes del Cielo para levantar acusaciones en contra de los hijos de los hombres; porque está escrito en el libro de Apocalipsis 12:10:

> *Entonces oí una gran voz en el cielo, que decía: "Ahora han llegado la salvación, el poder y el reino (dominio, reinado) de nuestro Dios, y la autoridad de su Cristo; porque ha sido arrojado [por fin] el acusador de nuestros hermanos [creyentes], el que los acusaba y seguía presentando cargos [de comportamiento pecaminoso] contra ellos ante nuestro Dios día y noche."*

Padre Celestial, el Señor Jesús también dijo en el libro de Mateo 5:25:

> *Ponte de acuerdo rápidamente [a la mayor brevedad posible] con tu adversario de derecho mientras estás con él de camino [al tribunal], para que tu adversario no te entregue al juez, y el juez al guardia, y te metan en la cárcel.*

Padre Celestial, con toda humildad, mientras renuncio al espíritu de orgullo, elijo rápidamente estar de acuerdo con las acusaciones legales de mi adversario, satanás. Justo Juez, todas las acusaciones que satanás ha presentado contra mí y mi linaje en está Corte son ciertas.

6. *Arrepiéntete*

Padre Celestial, me arrepiento de mis transgresiones personales, y de los pecados e iniquidades de mis antepasados que abrieron la puerta para que el espíritu y el altar de la *lucha y la confusión* oprimieran mi vida, en el nombre de Jesús te lo pido. Señor, cada pecado de mis antepasados que el enemigo está usando como un derecho legal para construir casos en mi contra y causar que me revuelque en interminables luchas y confusión, te pido que la sangre de Jesús los lave. Me arrepiento por cada vez que he sido la fuente de lucha y confusión, en el nombre de Jesús. También me arrepiento de las maldiciones de palabras auto infligidas y de todos los pactos con demonios que han existido en mi linaje ancestral. Te pido que cada pacto con los poderes demoniacos y el altar de la lucha y la confusión sean revocados y que su derecho a reclamarme a mí y a mi línea de sangre sean desechados ante Tu corte, en el nombre de Jesús. Gracias, Señor, por revocar estos pactos demoniacos y altares malignos en el poderoso nombre de Jesús. Padre Celestial, en mi sincero deseo de divorciarme del espíritu y altar de *lucha y confusión*, te devuelvo todo y cualquier cosa que el diablo diga que viene de su reino. Solo quiero lo que la sangre de Jesús me ha asegurado.

7. *Apelar a la Sangre de Jesús para Limpiar Todo Pecado (Evidencia de Satanás)*

Señor Jesús, gracias por limpiarme con Tu sangre para que Satanás no tenga base legal contra mí en Tu corte. Está escrito en 1 Juan 1:9:

> *Si admitimos [libremente] que hemos pecado y confesamos nuestros pecados, Él es fiel y justo [fiel a Su propia naturaleza*

> *y promesas], y perdonará nuestros pecados y nos limpiará continuamente de toda maldad [nuestras malas acciones, todo lo que no esté en conformidad con Su voluntad y propósito].*

Justo Juez, apelo a la sangre de Jesús para que limpie todos mis defectos, transgresiones e iniquidades, en el nombre de Jesús, te lo ruego. Recibo por fe el poder limpiador de la sangre de Jesús.

8. Pedir al Tribunal que desestime todas las acusaciones y cargos de Satanás.

Padre Celestial, basado en la obra terminada de Jesús y en mi arrepentimiento de corazón, ahora me muevo a la Corte del cielo para desechar todas las acusaciones y cargos de Satanás en contra mía y de mi linaje en el nombre de Jesús. Porque está escrito que el acusador de los hermanos ha sido arrojado. Así que, te pido Padre que deseches todas las acusaciones de satanás en mi contra, en el nombre de Jesús, te lo ruego.

9. Pídele al Señor que envíe ángeles para destruir el altar maligno y ejecutar el juicio del Señor contra él.

Padre Celestial, Juez Justo, te pido que envíes oficiales angelicales de alto rango de las Cortes que sobresalgan en fuerza para ejecutar el juicio de Tu corte suprema y destruyan el altar maligno de *contienda y confusión* y el ídolo que se sienta en él que satanás plantó en mi línea de sangre, en el nombre de Jesús yo oro. Por el espíritu de profecía, yo profetizo la destrucción completa del altar maligno de *contienda y confusión* en mi vida, en el nombre de Jesús. Porque está escrito en Salmo 91:11-12, *"Porque él mandará a sus ángeles acerca de ti, para protegerte, defenderte y guardarte en todos tus caminos [de obediencia y servicio]. Te levantarán en sus manos, para que ni siquiera tropieces con piedra alguna".* Recibo asistencia angelical, ahora mismo, en el nombre de Jesús.

10. Presente las Escrituras que se Usarán para Emitir una Orden Divina de Restricción

Padre Celestial, presento ante Tu Corte Suprema las siguientes escrituras como mi evidencia sólida contra el espíritu y el altar de *contienda y confusión* en mi vida. Está escrito:

> *Persigue continuamente la paz con todos, y la santificación sin la cual nadie verá [jamás] al Señor* (Hebreos 12:14).

> *Esfuérzate por mantener la unidad del Espíritu en el vínculo de la paz [cada individuo colabora para que el conjunto tenga éxito]* (Efesios 4:3).

Justo Juez, basado en las escrituras antes mencionadas, es claro que el espíritu y altar de *contienda y confusión*, si se le permite tener éxito, causaría gran daño a mi vida, destino, y también infligiría daño irreparable a los propósitos de Dios. Pido que todo derecho legal que el espíritu y altar de *contienda y confusión* está sosteniendo sea revocado en el glorioso nombre de Jesús. Justo Juez, basado en las escrituras antes mencionadas, es claro que califico para una orden de restricción divina contra el altar de la *contienda y la confusión* y el ídolo que se sienta en él, en el nombre de Jesús.

11. Pedir al Tribunal que emita una Orden Divina de Restricción y Recibir la Orden Divina de Restricción por Fe.

Padre Celestial, Juez Justo, ahora te pido que una orden de restricción divina y una orden judicial permanente en contra del espíritu y el altar de la *lucha y la confusión* en mi vida sea emitida por la autoridad de Tu Corte Suprema, en el nombre de Jesús. Padre Celestial, yo decreto y declaro que cualquier y toda forma de *lucha y confusión* que el diablo está orquestando en contra de mi vida es ahora cancelada en el glorioso nombre de Jesús. Padre

Celestial, yo recibo está orden divina de restricción y orden permanente por fe, en el nombre de Jesús. Porque está escrito en la Constitución de Tu Reino en Hebreos 11:6, *"Pero sin fe es imposible [caminar con Dios y] agradarle, porque cualquiera que se acerque [a] Dios debe [necesariamente] creer que Dios existe y que Él recompensa a aquellos que [seria y diligentemente] lo buscan."* Creo y declaro por fe que el espíritu y altar de *contienda y confusión* en mi vida ha sido juzgado, ¡en el nombre de Jesús!

12. Pídele al Señor que selle tu veredicto justo y tus procedimientos judiciales con la sangre de Jesús.

Padre Celestial, Justo Juez, ahora te pido que selles mi justo veredicto contra el espíritu y el altar de la *contienda y la confusión* en la preciosa sangre de Jesús. Que también cubras con la sangre de Jesús todos mis procedimientos legales en está Corte en el nombre de Jesús. Yo decreto y declaro que mi justo veredicto de liberación y rompimiento del malvado altar de *la contienda y la confusión* está ahora asegurado en los documentos de las Cortes del Cielo. Porque está escrito en el Evangelio de Juan, capítulo 8:36, *"Así que, si el Hijo os hace libres, entonces sois incuestionablemente libres."* Yo decreto y declaro que soy libre del altar maligno de la contienda y la confusión en el nombre de Jesús, ¡amén!

Oración #22

Desarraigar el altar de los espíritus mentirosos

El Señor le dijo: "¿De qué manera?". Y él respondió: "Saldré y seré un espíritu mentiroso en boca de todos sus profetas". Y el Señor le dijo: "Le persuadirás, y además vencerás. Sal y hazlo".
—**1 Reyes 22:22 LBLA**

¡Solo Dios sabe cuántas relaciones, carreras, matrimonios y negocios han sido destruidos a causa de una mentira! Sí, está muy claro por el testimonio de las Escrituras que la mentira es la herramienta de destrucción favorita del diablo. La mentira es en realidad un arma de destrucción masiva. Recuerdo que hace años vi una película basada en una historia real llamada Rosewood. En esta película una mujer blanca casada Estaba teniendo una aventura con el compañero de trabajo de su marido. Cuando Estaba a punto de ser descubierta. Decidió acusar falsamente a un hombre negro de haberla violado para desviar la culpa y ocultar la aventura a su confiado marido. Cuando se descubrió la mentira, toda la ciudad de Rosewood (un floreciente barrio negro) Estaba en llamas. Varios hombres y mujeres negros inocentes habían sido asesinados.

Existe incluso un ámbito generalizado de la mentira que los médicos psiquiatras califican de "patología". En consecuencia, ¡a la persona que padece está enfermedad mental también se la conoce como mentiroso patológico!

Estás personas son como Jim Carrey en la película "¡Mentiroso, mentiroso!". Sin embargo, ahora lo sé mejor. Estás personas son simplemente asistentes humanos al altar maligno de espíritus mentirosos del que son impotentes para desprenderse. Especialmente si son cristianos, pero luchan con la mentira. Afortunadamente, la "Oración Peligrosa" de abajo fue diseñada para ayudarte a destruir el altar maligno de los espíritus mentirosos en las Cortes del Cielo.

ORACIÓN DE ACTIVACIÓN

1. Dirigirse al Padre en alabanza y adoración

Padre Celestial, santo es Tu nombre y grandemente para ser alabado. Te adoro en el nombre de Jesús. Que Tu Reino se manifieste en mi vida como en el Cielo. Defiende mi causa, oh, Señor, con aquellos que luchan conmigo; lucha contra cualquier entidad o persona que este contendiendo en mi contra. Padre Celestial, está escrito en Salmo 27:6, *"Y ahora mi cabeza se alzará sobre mis enemigos que me rodean, en Su tienda ofreceré sacrificios con gritos de alegría; cantaré, sí, cantaré alabanzas al Señor".* Abba, encomiendo mi adoración al coro celestial de adoración de Tus santos ángeles y la multitud de testigos, en el nombre de Jesús.

2. Pedir al Tribunal que se siente

Padre Celestial, Juez Justo, te pido que las Cortes del Cielo sean sentadas de acuerdo a Daniel 7:9-10. Te lo pido en el poderoso nombre de Jesús. Te pido esto en el poderoso nombre de Jesús. Está escrito:

> *Seguí mirando hasta que se levantaron tronos, y el Anciano de Días (Dios) tomó asiento; su manto era blanco como la nieve*

> *y el pelo de su cabeza como lana pura. Su trono era llamas de fuego; sus ruedas eran un fuego ardiente. Un río de fuego fluía y salía de delante de Él; mil millares le asistían, y diez mil veces diez mil Estaban de pie delante de Él; el tribunal Estaba sentado, y los libros abiertos.*

Padre Celestial, estoy solicitando el privilegio de estar delante de la corte del Anciano de Días de acuerdo a lo que fue revelado al profeta Daniel, en el nombre de Jesús, yo oro. Padre Celestial, estoy en Tu corte real por la sangre y el trabajo de Jesús en la cruz. He venido a recibir Tu justo juicio sobre mi vida en contra del altar de los *espíritus mentirosos* que Satanás ha plantado en mi linaje generacional. Padre Celestial, invoco a Tus santos ángeles para que sean testigos de mi demanda y justo juicio en contra del altar maligno de los *espíritus mentirosos*. Yo decreto y declaro que este altar maligno de *espíritus mentirosos* no me obligara a mentir por ninguna razón, especialmente a las relaciones divinas que necesito para alcanzar mi destino dado por Dios aquí en la tierra, en el nombre de Jesús yo oro.

3. Renuncia a tus derechos de autorrepresentación al Señor como tu abogado

Padre Celestial, Tu Palabra en 1 Juan 2:1-2 dice: *"Hijitos míos, estás cosas os escribo para que no pequéis. Y si alguno peca, abogado tenemos para con el Padre, a Jesucristo el justo. Y Él mismo es la propiciación por nuestros pecados, y no solo por los nuestros, sino también por los de todo el mundo"*. Te agradezco que Jesús es mi fiel Abogado ante el Juez Justo en las Cortes del Cielo. Señor Jesús, renuncio a mis derechos de autorrepresentación y te invoco como mi Abogado para que me ayudes a defender mi caso ante el Juez Justo y procesar el mal del altar de *espíritus mentirosos* que satanás plantó en mi linaje. También pido al bendito Espíritu Santo, quien es el más alto oficial de las Cortes del Cielo aquí en la tierra, que me haga sensible a los procedimientos de está Corte para poder procesar exitosamente al malvado altar de espíritus *mentirosos* en el nombre de Jesús.

4. Invoca al altar del mal y al ídolo que se sienta sobre él para que comparezcan ante el tribunal.

Padre Celestial, al estar en Tu corte real me presento a mí mismo como un sacrificio vivo, santo y aceptable delante de Ti de acuerdo a Romanos 12:1. Padre Celestial, Juez Justo, yo invoco al altar de los *espíritus mentirosos* en mi linaje y al ídolo que se sienta en el para que comparezca en Tu corte real para ser enjuiciado en el nombre de Jesús. Porque está escrito en 1 Corintios 6:3, *"¿No sabéis que nosotros [los creyentes] juzgaremos a los ángeles? ¿Cuánto más entonces [en cuanto a] los asuntos de esta vida?"*. Padre Celestial, ejerzo la autoridad que Dios me ha dado en Cristo Jesús para juzgar demonios y principados, en el nombre de Jesús te lo ruego. Justo Juez, también está escrito en la Constitución de Tu Reino en 1 Juan 3:8, *"Para esto fue manifestado el Hijo de Dios, para deshacer las obras del diablo"*.

5. Responder a las acusaciones de Satanás y ponerse de acuerdo con el adversario

Padre Celestial, yo sé que hasta el fin de la era del pecado, satanás todavía tiene acceso legal a las Cortes del Cielo para levantar acusaciones contra los hijos de los hombres; porque está escrito en el libro de Apocalipsis 12:10:

> *Entonces oí una gran voz en el cielo, que decía: "Ahora han llegado la salvación, el poder y el reino (dominio, reinado) de nuestro Dios, y la autoridad de su Cristo; porque ha sido arrojado [por fin] el acusador de nuestros hermanos [creyentes], el que los acusaba y seguía presentando cargos [de conducta pecaminosa] contra ellos ante nuestro Dios día y noche."*

Padre Celestial, el Señor Jesús también dijo en el libro de Mateo 5:25:

Ponte de acuerdo rápidamente [a la primera oportunidad] con tu adversario de derecho mientras estás con él de camino [al tribunal], para que tu adversario no te entregue al juez, y el juez a la guardia, y te metan en la cárcel.

Padre Celestial, con toda humildad, mientras renuncio al espíritu de orgullo, elijo rápidamente estar de acuerdo con las acusaciones legales de mi adversario, satanás. Justo Juez, todas las acusaciones que satanás ha presentado contra mí y mi linaje en está Corte son ciertas.

6. *Arrepiéntete*

Padre Celestial, me arrepiento por mis transgresiones personales, y por los pecados e iniquidades de mis antepasados que abrieron la puerta para que el altar de *los espíritus mentirosos* oprimieran mi vida, en el nombre de Jesús te lo pido. Señor, cada pecado de mis antepasados que el enemigo está usando como un derecho legal para construir casos en mi contra y negarme mi destino, te pido que la sangre de Jesús los lave. Me arrepiento de cualquier mentira que haya dicho, especialmente las que hieren a otras personas. También me arrepiento por maldiciones de palabras auto infligidas y todos los pactos con demonios de mentiras que han existido en mi linaje ancestral. Te pido que todo pacto con poderes demoniacos sea revocado y que su derecho a reclamarme a mí y a mi linaje sea desechado ante Tu corte, en el nombre de Jesús. Gracias, Señor, por revocar estos pactos demoniacos y el altar maligno de los espíritus mentirosos en el poderoso nombre de Jesús. Padre Celestial, en mi sincero deseo de divorciarme del altar de los *espíritus mentirosos*, te devuelvo todo y cualquier cosa que el diablo diga que viene de su reino. Solo quiero lo que la sangre de Jesús me ha asegurado.

7. Apelar a la Sangre de Jesús para Limpiar Todo Pecado (Evidencia de Satanás)

Señor Jesús, gracias por limpiarme con Tu sangre para que Satanás no tenga base legal contra mí en Tu corte. Está escrito en 1 Juan 1:9:

> *Si admitimos [libremente] que hemos pecado y confesamos nuestros pecados, Él es fiel y justo [fiel a Su propia naturaleza y promesas], y perdonará nuestros pecados y nos limpiará continuamente de toda maldad [nuestras malas acciones, todo lo que no esté en conformidad con Su voluntad y propósito].*

Justo Juez, apelo a la sangre de Jesús para que limpie todos mis defectos, transgresiones e iniquidades, en el nombre de Jesús, te lo ruego. Recibo por fe el poder limpiador de la sangre de Jesús.

8. Pedir al Tribunal que desestime todas las acusaciones y cargos de Satanás.

Padre Celestial, basado en la obra terminada de Jesús y en mi arrepentimiento de corazón, ahora me muevo a la Corte del cielo para desechar todas las acusaciones y cargos de Satanás en contra mía y de mi linaje en el nombre de Jesús. Porque está escrito que el acusador de los hermanos ha sido arrojado. Así que, te pido Padre que deseches todas las acusaciones de satanás en mi contra, en el nombre de Jesús, te lo ruego.

9. Pídele al Señor que envíe ángeles para destruir el altar maligno y ejecutar el juicio del Señor contra él.

Padre Celestial, Juez Justo, te pido que envíes oficiales angélicos de alto rango de las Cortes que sobresalgan en fuerza para ejecutar el juicio de Tu corte suprema y destruir el altar maligno de los *espíritus mentirosos* y el ídolo que se sienta en él que satanás plantó en mi línea de sangre, en el nombre de Jesús yo oro. Por el espíritu de profecía, profetizo la destrucción completa del altar maligno de los *espíritus mentirosos* en mi vida, en el nombre de Jesús. Porque está escrito en Salmo 91:11-12, *"Porque Él ordenará a Sus ángeles con respecto a ti, para protegerte y defenderte y guardarte en todos tus caminos [de obediencia y servicio]. Te levantarán en sus manos, para que ni siquiera tropieces con piedra alguna".* Recibo asistencia angelical, ahora mismo, en el nombre de Jesús.

10. Presente las Escrituras que se Usarán para Emitir una Orden Divina de Restricción

Padre Celestial, presento ante Tu Corte Suprema las siguientes escrituras como mi evidencia sólida contra el altar de *espíritus mentirosos* en mi vida. Está escrito:

> *No testificarás falsamente [es decir, mentirás, ocultarás o manipularás la verdad] contra tu prójimo (cualquier persona)* (Éxodo 20:16).

> *Y conoceréis la verdad [respecto a la salvación], y la verdad os hará libres [de la pena del pecado]* (Juan 8:32).

Justo Juez, basado en las escrituras antes mencionadas, es claro para mí que el altar de *espíritus mentirosos,* si se le permite tener éxito, causaría gran daño a mi vida, destino, y también infligiría daño irreparable a los propósitos de Dios. Pido que todo derecho legal que el espíritu y el altar de *espíritus mentirosos* está sosteniendo sea revocado en el glorioso nombre de Jesús. Justo Juez, basado en las escrituras antes mencionadas, es claro que califico para una orden de restricción divina contra el altar de *espíritus mentirosos* y el ídolo que se sienta en él, en el nombre de Jesús.

11. Pedir al Tribunal que emita una Orden Divina de Restricción y Recibir la Orden Divina de Restricción por Fe.

Padre Celestial, Juez Justo, ahora te pido que una orden de restricción divina y una orden judicial permanente en contra del altar de los *espíritus mentirosos* en mi vida sea emitida por la autoridad de Tu Corte Suprema, en el nombre de Jesús. Padre Celestial, yo decreto y declaro que cualquier *mentira* o *espíritu mentiroso que* el diablo este orquestando en contra de mi vida sean ahora arrestados en el glorioso nombre de Jesús. Padre Celestial, yo recibo está orden divina de restricción y orden permanente por fe, en el nombre de Jesús. Porque está escrito en la Constitución de Tu Reino en Hebreos 11:6, *"Pero sin fe es imposible [caminar con Dios y] agradarle, porque cualquiera que se acerque [a] Dios debe [necesariamente] creer que Dios existe y que Él recompensa a aquellos que [seria y diligentemente] lo buscan."* Creo y declaro por fe que el altar de *espíritus mentirosos* en mi vida ha sido juzgado, ¡en el nombre de Jesús!

12. Pídele al Señor que selle tu veredicto justo y tus procedimientos judiciales con la sangre de Jesús.

Padre Celestial, Justo Juez, ahora te pido que selles mi justo veredicto contra el altar de los *espíritus mentirosos* con la preciosa sangre de Jesús. Que también cubras con la sangre de Jesús todos mis procedimientos legales en está Corte en el nombre de Jesús. Yo decreto y declaro que mi justo veredicto de liberación y rompimiento del malvado altar de los *espíritus mentirosos* está ahora asegurado en los documentos de las Cortes del Cielo. Porque está escrito en el Evangelio de Juan, capítulo 8:36, *"Así que, si el Hijo os hace libres, entonces sois incuestionablemente libres."* Yo decreto y declaro que soy libre del altar maligno de los espíritus mentirosos en el nombre de Jesús, ¡amén!

Oración #23

Desarraigar el altar de las falsas profecías

El Señor le dijo: "¿Cómo?". Y él respondió: "Saldré y seré un espíritu engañador en boca de todos sus profetas". Entonces el Señor le dijo: "Tú debes atraerlo y también tener éxito. Ve y hazlo". Ahora, pues, he aquí que el Señor ha puesto un espíritu engañoso en boca de todos estos profetas; y el Señor ha anunciado un desastre contra vosotros.
—1 Reyes 22:22-23

No se puede leer la Biblia sin comprender que Dios odia las falsas profecías y a los falsos profetas. De hecho, la pena por falsas profecías en el Antiguo Testamento era la muerte. Así de duro miraba Dios el pecado de descarriar a la gente usando falsas profecías. Entonces, ¿por qué Dios odia tanto el altar de las falsas profecías? La respuesta está en comprender el hecho de que Dios utiliza el medio de la profecía para comunicar Su voluntad a Sus hijos en la Tierra. Y no hay nada más importante en la Tierra que descubrir la voluntad de Dios. Una falsa profecía le da a satanás el poder de controlar y conducir a la gente, especialmente a los hijos de Dios en la dirección equivocada. Imagínate que un falso profeta te dijera con quién casarte para luego descubrir que Dios no tuvo nada que ver.

Toda la religión del Islam que tiene millones de seguidores se debió a las falsas profecías que el profeta Mahoma recibió de un ángel que se le apareció en Medina. El único problema con sus revelaciones extrabíblicas es que el Corán aleja a las almas perdidas de Jesús y del mensaje de salvación que solo se encuentra en Jesús. Conozco cristianos que nunca se moverán en el destino que Dios les ha dado hasta que renuncien a las falsas profecías a las que se aferran. Sé de hermanos y hermanas solteros en Cristo que todavía se aferran a las profecías de casarse con un hombre o una mujer está casada actualmente, pero siguen esperando, esperando y creyendo, ¡las cosas cambiarán! Que el Señor use la "Oración Peligrosa" de abajo para destruir el altar maligno de las falsas profecías que está controlando nuestra vida y frenando nuestro destino.

ORACIÓN DE ACTIVACIÓN

1. Dirigirse al Padre en alabanza y adoración

Padre Celestial, santo es Tu nombre y grandemente para ser alabado. Te adoro en el nombre de Jesús. Que Tu Reino se manifieste en mi vida como en el Cielo. Defiende mi causa, oh, Señor, con aquellos que luchan conmigo; lucha contra cualquier entidad o persona que este contendiendo en mi contra. Padre Celestial, está escrito en Salmo 27:6, *"Y ahora mi cabeza se alzará sobre mis enemigos que me rodean, en Su tienda ofreceré sacrificios con gritos de alegría; cantaré, sí, cantaré alabanzas al Señor".* Abba, encomiendo mi adoración al coro celestial de adoración de Tus santos ángeles y la multitud de testigos, en el nombre de Jesús.

2. Pedir al Tribunal que se siente

Padre Celestial, Juez Justo, te pido que las Cortes del Cielo sean sentadas de acuerdo a Daniel 7:9-10. Te lo pido en el poderoso nombre de Jesús. Te pido esto en el poderoso nombre de Jesús. Está escrito:

> *Seguí mirando hasta que se levantaron tronos, y el Anciano de Días (Dios) tomó asiento; su manto era blanco como la nieve y el pelo de su cabeza como lana pura. Su trono era llamas de fuego; sus ruedas eran un fuego ardiente. Un río de fuego fluía y salía de delante de Él; mil millares le asistían, y diez mil veces diez mil Estaban de pie delante de Él; el tribunal Estaba sentado, y los libros abiertos.*

Padre Celestial, estoy solicitando el privilegio de estar delante de la corte del Anciano de Días de acuerdo a lo que fue revelado al profeta Daniel, en el nombre de Jesús, yo oro. Padre Celestial, estoy en Tu corte real por la sangre y el trabajo terminado de Jesús en la cruz. He venido a recibir Tu justo juicio sobre mi vida en contra del espíritu y el altar de las *falsas profecías* que Satanás ha plantado en mi linaje generacional. Padre Celestial, invoco a Tus santos ángeles para que sean testigos de mi demanda y justo juicio en contra del altar maligno de las *falsas profecías*. Yo decreto y declaro que este altar maligno de *falsas profecías* no me engañara ni desperdiciara mi tiempo en la tierra persiguiendo falsas profecías que Dios nunca hablo sobre mi vida, en el nombre de Jesús yo oro.

3. Renuncia a tus derechos de autorrepresentación al Señor como tu abogado

Padre Celestial, Tu Palabra en 1 Juan 2:1-2 dice: "*Hijitos míos, estás cosas os escribo para que no pequéis. Y si alguno peca, abogado tenemos para con el Padre, a Jesucristo el justo. Y Él mismo es la propiciación por nuestros pecados, y no solo por los nuestros, sino también por los de todo el mundo*". Te agradezco que Jesús es mi fiel Abogado ante el Juez Justo en las Cortes del Cielo. Señor Jesús, renuncio a mis derechos de autorrepresentación y te invoco como mi Abogado para que me ayudes a defender mi caso ante el Juez Justo y procesar el mal del altar de las *falsas profecías* que satanás plantó en mi linaje. También le pido al bendito Espíritu Santo, quien es el más alto oficial de las Cortes del Cielo aquí en la tierra, que me haga sensible a los procedimientos de está Corte para poder procesar exitosamente el malvado altar de las falsas *profecías* en el nombre de Jesús.

4. Invoca al altar del mal y al ídolo que se sienta sobre él para que comparezcan ante el tribunal.

Padre Celestial, al estar en Tu corte real me presento a mí mismo como un sacrificio vivo, santo y aceptable delante de Ti de acuerdo a Romanos 12:1. Padre Celestial, Juez Justo, yo invoco al altar de las *falsas profecías* en mi linaje y al ídolo que se sienta en el para que comparezca en Tu corte real para ser enjuiciado en el nombre de Jesús. Porque está escrito en 1 Corintios 6:3, *"¿No sabéis que nosotros [los creyentes] juzgaremos a los ángeles? ¿Cuánto más entonces [en cuanto a] los asuntos de esta vida?"*. Padre Celestial, ejerzo la autoridad que Dios me ha dado en Cristo Jesús para juzgar demonios y principados, en el nombre de Jesús te lo ruego. Justo Juez, también está escrito en la Constitución de Tu Reino en 1 Juan 3:8, *"Para esto fue manifestado el Hijo de Dios, para deshacer las obras del diablo"*.

5. Responder a las acusaciones de Satanás y ponerse de acuerdo con el adversario

Padre Celestial, yo sé que hasta el fin de la era del pecado, satanás todavía tiene acceso legal a las Cortes del Cielo para levantar acusaciones en contra de los hijos de los hombres; porque está escrito en el libro de Apocalipsis 12:10:

> *Entonces oí una gran voz en el cielo, que decía: "Ahora han llegado la salvación, el poder y el reino (dominio, reinado) de nuestro Dios, y la autoridad de su Cristo; porque ha sido arrojado [por fin] el acusador de nuestros hermanos [creyentes], el que los acusaba y seguía presentando cargos [de conducta pecaminosa] contra ellos ante nuestro Dios día y noche."*

Padre Celestial, el Señor Jesús también dijo en el libro de Mateo 5:25:

Ponte de acuerdo rápidamente [a la mayor brevedad posible] con tu adversario de derecho mientras estás con él de camino [al tribunal], para que tu adversario no te entregue al juez, y el juez al guardia, y te metan en la cárcel.

Padre Celestial, con toda humildad, mientras renuncio al espíritu de orgullo, elijo rápidamente estar de acuerdo con las acusaciones legales de mi adversario, satanás. Justo Juez, todas las acusaciones que satanás ha presentado contra mí y mi linaje en está Corte son ciertas.

6. *Arrepiéntete*

Padre Celestial, me arrepiento por mis transgresiones personales, y por los pecados e iniquidades de mis antepasados que abrieron la puerta para que el espíritu y el altar de las *falsas profecías* oprimieran mi vida, en el nombre de Jesús yo oro. Señor, cada pecado de mis antepasados que el enemigo está usando como un derecho legal para construir casos en mi contra y negarme mi destino a través de falsas profecías, te pido que la sangre de Jesús simplemente los lave. Me arrepiento de haberme aferrado a profecías que sabía que no eran ciertas. También me arrepiento por maldiciones de palabras auto infligidas y todos los pactos con demonios que han existido en mi linaje ancestral. Te pido que todo pacto con poderes demoniacos sea revocado y que su derecho a reclamarme a mí y a mi linaje sea desechado ante Tu corte, en el nombre de Jesús. Gracias, Señor, por revocar estos pactos demoniacos y altares malignos en el poderoso nombre de Jesús. Padre Celestial, en mi sincero deseo de divorciarme del espíritu y del altar de las *falsas profecías*, te devuelvo todo y cualquier cosa que el diablo diga que viene de su reino. Solo quiero lo que la sangre de Jesús me ha asegurado.

7. Apelar a la Sangre de Jesús para Limpiar Todo Pecado (Evidencia de Satanás)

Señor Jesús, gracias por limpiarme con Tu sangre para que Satanás no tenga base legal contra mí en Tu corte. Está escrito en 1 Juan 1:9:

> *Si admitimos [libremente] que hemos pecado y confesamos nuestros pecados, Él es fiel y justo [fiel a Su propia naturaleza y promesas], y perdonará nuestros pecados y nos limpiará continuamente de toda maldad [nuestras malas acciones, todo lo que no esté en conformidad con Su voluntad y propósito].*

Justo Juez, apelo a la sangre de Jesús para que limpie todos mis defectos, transgresiones e iniquidades, en el nombre de Jesús, te lo ruego. Recibo por fe el poder limpiador de la sangre de Jesús.

8. Pedir al Tribunal que desestime todas las acusaciones y cargos de Satanás.

Padre Celestial, basado en la obra terminada de Jesús y en mi arrepentimiento de corazón, ahora me muevo a la Corte del cielo para desechar todas las acusaciones y cargos de Satanás en contra mía y de mi linaje en el nombre de Jesús. Porque está escrito que el acusador de los hermanos ha sido arrojado. Así que, te pido Padre que deseches todas las acusaciones de satanás en mi contra, en el nombre de Jesús, te lo ruego.

9. Pídele al Señor que envíe ángeles para destruir el altar maligno y ejecutar el juicio del Señor contra él.

Padre Celestial, Juez Justo, te pido que envíes oficiales angélicos de alto rango de las Cortes que sobresalgan en fuerza para ejecutar el juicio de Tu corte suprema y destruir el altar maligno de las *falsas profecías* y el ídolo que se sienta en él que satanás plantó en mi línea de sangre, en el nombre de

Jesús yo oro. Por el espíritu de profecía, profetizo la destrucción completa del altar maligno de las *falsas profecías* en mi vida, en el nombre de Jesús. Porque está escrito en Salmo 91:11-12, *"Porque él mandará a sus ángeles acerca de ti, para protegerte, defenderte y guardarte en todos tus caminos [de obediencia y servicio]. Te levantarán en sus manos, para que ni siquiera tropieces con piedra alguna".* Recibo asistencia angelical, ahora mismo, en el nombre de Jesús.

10. Presente las Escrituras que se Usarán para Emitir una Orden Divina de Restricción

Padre Celestial, presento ante Tu Corte Suprema las siguientes escrituras como mi sólida evidencia contra el espíritu y el altar de las *falsas profecías* en mi vida. Está escrito:

> *"Porque ya no habrá visión falsa y vacía ni adivinación lisonjera dentro de la casa de Israel. Porque yo el Señor hablaré, y cualquier palabra que yo hable se cumplirá. No se demorará más, porque en vuestros días, oh casa rebelde, hablaré la palabra y la cumpliré",* dice el Señor Dios (Ezequiel 12:24-25).

> *Porque yo conozco los planes y pensamientos que tengo para vosotros -dice el Señor-, planes de paz y bienestar y no de calamidad, para daros un futuro y una esperanza* (Jeremías 29:11).

Justo Juez, basado en las escrituras antes mencionadas, es claro para mí que el espíritu y el altar de las *falsas profecías,* si se les permite tener éxito, causarían gran daño a mi vida, destino, y también infligirían un daño irreparable a los propósitos de Dios. Pido que todo derecho legal que el espíritu y el altar de las *falsas profecías* están sosteniendo sea revocado en el glorioso nombre de Jesús. Justo Juez, basado en las escrituras antes mencionadas, es claro que califico para una orden de restricción divina contra el altar de las *falsas profecías* y el ídolo que se sienta en él, en el nombre de Jesús.

11. Pedir al Tribunal que emita una Orden Divina de Restricción y Recibir la Orden Divina de Restricción por Fe.

Padre Celestial, Juez Justo, ahora te pido que una orden divina de restricción y una orden permanente contra el espíritu y el altar de las *falsas profecías* en mi vida sean emitidas por la autoridad de Tu Corte Suprema, en el nombre de Jesús. Padre Celestial, yo decreto y declaro que todas y cada una de las *falsas profecías* que el diablo ha diseñado en contra y sobre mi vida son ahora canceladas en el glorioso nombre de Jesús. Padre Celestial, yo recibo está orden divina de restricción y mandato permanente por fe, en el nombre de Jesús. Porque está escrito en la Constitución de Tu Reino en Hebreos 11:6, *"Pero sin fe es imposible [caminar con Dios y] agradarle, porque cualquiera que se acerque [a] Dios debe [necesariamente] creer que Dios existe y que Él recompensa a aquellos que [seria y diligentemente] lo buscan".* Creo y declaro por fe que el espíritu y el altar de las *falsas profecías* en mi vida han sido juzgados, ¡en el nombre de Jesús!

12. Pídele al Señor que selle tu veredicto justo y tus procedimientos judiciales con la sangre de Jesús.

Padre Celestial, Justo Juez, ahora te pido que selles mi justo veredicto contra el espíritu y el altar de las *falsas profecías* en la preciosa sangre de Jesús. Que también cubras con la sangre de Jesús todos mis procedimientos legales en está Corte en el nombre de Jesús. Yo decreto y declaro que mi justo veredicto de liberación y ruptura del malvado altar de las *falsas profecías* está ahora asegurado en los documentos de las Cortes del Cielo. Porque está escrito en el Evangelio de Juan, capítulo 8:36, *"Así que, si el Hijo os hace libres, entonces sois incuestionablemente libres."* Yo decreto y declaro que soy libre del altar maligno de las falsas profecías en el nombre de Jesús, ¡amén!

Oración #24

Desarraigar el altar del miedo

Porque me ha sobrevenido lo que tanto temía, y me ha sobrevenido lo que tanto temía.
—Job 3:25

"*Así que, en primer lugar, permítanme afirmar mi firme creencia de que lo único que tenemos que temer es... el miedo en sí mismo: un terror sin nombre, irracional e injustificado que paraliza los esfuerzos necesarios para convertir la retirada en avance*". *Esas* fueron las palabras que salieron directamente del discurso inaugural del Presidente Franklin D Roosevelt en 1933. Estados Unidos Estaba a punto de entrar en la Segunda Guerra Mundial. Nunca se ha dicho nada más cierto fuera de la Biblia que las palabras de un famoso presidente de los Estados Unidos. ¡El miedo es verdaderamente un terrorista amenazador y despiadado! Hay tantas personas, incluidos los cristianos, que viven constantemente con miedo. Tomemos por ejemplo el caso de Job. Job era profundamente amado por Dios y bendecido más allá de la comprensión humana. Sin embargo, ¡vivía bajo el temor constante de que sus hijos pecaran contra Dios y murieran! Sus temores acabaron abriendo la puerta para que Satanás lanzara acusaciones contra él en los Tribunales del Cielo. La pandemia mundial de Covid-19 no ha hecho más que acelerar la vida temerosa de tanta gente. La Biblia dice que "el miedo es un tormento, y quien vive en el miedo no se ha perfeccionado en el amor de Dios". Tal vez por eso a satanás le encanta utilizar el miedo para controlar la vida y las decisiones de la gente. Desafortunadamente he visto demasiado cristianos que son asistentes a este altar maligno del miedo. Sirven a este altar maligno todos los días. Muchos están clamando por la libertad de vivir en el miedo. La "Oración Peligrosa" de abajo es tu arma para destruir el altar maligno del miedo.

ORACIÓN DE ACTIVACIÓN

1. Dirigirse al Padre en alabanza y adoración

Padre Celestial, santo es Tu nombre y grandemente para ser alabado. Te adoro en el nombre de Jesús. Que Tu Reino se manifieste en mi vida como en el Cielo. Defiende mi causa, oh, Señor, con aquellos que luchan conmigo; lucha contra cualquier entidad o persona que este contendiendo en mi contra. Padre Celestial, está escrito en Salmo 27:6, *"Y ahora mi cabeza se alzará sobre mis enemigos que me rodean, en Su tienda ofreceré sacrificios con gritos de alegría; cantaré, sí, cantaré alabanzas al Señor".* Abba, encomiendo mi adoración al coro celestial de adoración de Tus santos ángeles y la multitud de testigos, en el nombre de Jesús.

2. Pedir al Tribunal que se siente

Padre Celestial, Juez Justo, te pido que las Cortes del Cielo sean sentadas de acuerdo a Daniel 7:9-10. Te lo pido en el poderoso nombre de Jesús. Te pido esto en el poderoso nombre de Jesús. Está escrito:

> *Seguí mirando hasta que se levantaron tronos, y el Anciano de Días (Dios) tomó asiento; su manto era blanco como la nieve y el pelo de su cabeza como lana pura. Su trono era llamas de fuego; sus ruedas eran un fuego ardiente. Un río de fuego fluía*

y salía de delante de Él; mil millares le asistían, y diez mil veces diez mil Estaban de pie delante de Él; el tribunal Estaba sentado, y los libros abiertos.

Padre Celestial, estoy solicitando el privilegio de estar delante de la corte del Anciano de Días de acuerdo a lo que fue revelado al profeta Daniel, en el nombre de Jesús, yo oro. Padre Celestial, estoy en Tu corte real por la sangre y el trabajo terminado de Jesús en la cruz. He venido a recibir Tu justo juicio sobre mi vida en contra del espíritu y el altar del *temor* que Satanás ha plantado en mi linaje generacional. Padre Celestial, invoco a Tus santos ángeles para que sean testigos de mi demanda y justo enjuiciamiento del malvado altar del *miedo*. Yo decreto y declaro que este altar maligno del *miedo* no me aterrorizara a mi o a los miembros de mi familia con miedos interminables y tampoco matara mi habilidad de confiar en las relaciones divinas que necesito para lograr mi destino dado por Dios aquí en la tierra, en el nombre de Jesús yo oro.

3. *Renuncia a tus derechos de autorrepresentación al Señor como tu abogado*

Padre Celestial, Tu Palabra en 1 Juan 2:1-2 dice: "*Hijitos míos, estás cosas os escribo para que no pequéis. Y si alguno peca, abogado tenemos para con el Padre, a Jesucristo el justo. Y Él mismo es la propiciación por nuestros pecados, y no solo por los nuestros, sino también por los de todo el mundo*". Te agradezco que Jesús es mi fiel Abogado ante el Juez Justo en las Cortes del Cielo. Señor Jesús, renuncio a mis derechos de autorrepresentación y te invoco como mi Abogado para que me ayudes a defender mi caso ante el Juez Justo y procesar el mal del altar del *miedo* que satanás plantó en mi linaje. También le pido al bendito Espíritu Santo, quien es el más alto oficial de las Cortes del Cielo aquí en la tierra, que me haga sensible a los procedimientos de está Corte para poder procesar exitosamente el malvado altar del miedo en el nombre de Jesús.

4. Invoca al altar del mal y al ídolo que se sienta sobre él para que comparezcan ante el tribunal.

Padre Celestial, al estar en Tu corte real me presento a mí mismo como un sacrificio vivo, santo y aceptable delante de Ti de acuerdo a Romanos 12:1. Padre Celestial, Juez Justo, yo invoco al altar del *miedo* en mi linaje y al ídolo que se sienta en el para que comparezca en Tu corte real para enfrentar el enjuiciamiento en el nombre de Jesús. Porque está escrito en 1 Corintios 6:3, *"¿No sabéis que nosotros [los creyentes] juzgaremos a los ángeles? ¿Cuánto más entonces [en cuanto a] los asuntos de esta vida?".* Padre Celestial, ejerzo la autoridad que Dios me ha dado en Cristo Jesús para juzgar demonios y principados, en el nombre de Jesús te lo ruego. Justo Juez, también está escrito en la Constitución de Tu Reino en 1 Juan 3:8, *"Para esto fue manifestado el Hijo de Dios, para deshacer las obras del diablo".*

5. Responder a las acusaciones de Satanás y ponerse de acuerdo con el adversario

Padre Celestial, yo sé que hasta el fin de la era del pecado, satanás todavía tiene acceso legal a las Cortes del Cielo para levantar acusaciones contra los hijos de los hombres; porque está escrito en el libro de Apocalipsis 12:10:

> *Entonces oí una gran voz en el cielo, que decía: "Ahora han llegado la salvación, el poder y el reino (dominio, reinado) de nuestro Dios, y la autoridad de su Cristo; porque ha sido arrojado [por fin] el acusador de nuestros hermanos [creyentes], el que los acusaba y seguía presentando cargos [de conducta pecaminosa] contra ellos ante nuestro Dios día y noche."*

Padre Celestial, el Señor Jesús también dijo en el libro de Mateo 5:25:

> *Ponte de acuerdo rápidamente [a la mayor brevedad posible] con tu adversario de derecho mientras estás con él de camino*

[al tribunal], para que tu adversario no te entregue al juez, y el juez al guardia, y te metan en la cárcel.

Padre Celestial, con toda humildad, mientras renuncio al espíritu de orgullo, elijo rápidamente estar de acuerdo con las acusaciones legales de mi adversario, satanás. Justo Juez, todas las acusaciones que satanás ha presentado contra mí y mi linaje en está Corte son ciertas.

6. *Arrepiéntete*

Padre Celestial, me arrepiento por mis transgresiones personales, y por los pecados e iniquidades de mis antepasados que abrieron la puerta para que el espíritu y el altar del *miedo* oprimieran mi vida, en el nombre de Jesús te lo pido. Señor, cada pecado de mis antepasados que el enemigo está utilizando como un derecho legal para construir casos en mi contra y para hacerme vivir en el miedo, te pido que la sangre de Jesús simplemente los lave. Me arrepiento por idolatrar mis miedos en lugar de confiar en Dios. También me arrepiento por maldiciones de palabras auto infligidas y todos los pactos con demonios que han existido en mi linaje ancestral. Te pido que cada pacto con los poderes demoniacos sea revocado y que su derecho a reclamarme a mí y a mi linaje sea desechado ante Tu corte, en el nombre de Jesús. Gracias, Señor, por revocar estos pactos demoniacos y altares malignos en el poderoso nombre de Jesús. Padre Celestial, en mi sincero deseo de divorciarme del espíritu y del altar del *miedo*, te devuelvo todo y cualquier cosa que el diablo diga que viene de su reino. Solo quiero lo que la sangre de Jesús me ha asegurado.

7. *Apelar a la Sangre de Jesús para Limpiar Todo Pecado (Evidencia de Satanás)*

Señor Jesús, gracias por limpiarme con Tu sangre para que Satanás no tenga base legal contra mí en Tu corte. Está escrito en 1 Juan 1:9:

> *Si admitimos [libremente] que hemos pecado y confesamos nuestros pecados, Él es fiel y justo [fiel a Su propia naturaleza y promesas], y perdonará nuestros pecados y nos limpiará continuamente de toda maldad [nuestras malas acciones, todo lo que no esté en conformidad con Su voluntad y propósito].*

Justo Juez, apelo a la sangre de Jesús para que limpie todos mis defectos, transgresiones e iniquidades, en el nombre de Jesús, te lo ruego. Recibo por fe el poder limpiador de la sangre de Jesús.

8. Pedir al Tribunal que desestime todas las acusaciones y cargos de Satanás.

Padre Celestial, basado en la obra terminada de Jesús y en mi arrepentimiento de corazón, ahora me muevo a la Corte del cielo para desechar todas las acusaciones y cargos de Satanás en contra mía y de mi linaje en el nombre de Jesús. Porque está escrito que el acusador de los hermanos ha sido arrojado. Así que, te pido Padre que deseches todas las acusaciones de satanás en mi contra, en el nombre de Jesús, te lo ruego.

9. Pídele al Señor que envíe ángeles para destruir el altar maligno y ejecutar el juicio del Señor contra él.

Padre Celestial, Juez Justo, te pido que envíes oficiales angélicos de alto rango de las Cortes que sobresalgan en fuerza para ejecutar el juicio de Tu corte suprema y destruir el altar maligno del *miedo* y el ídolo que se sienta en él que satanás plantó en mi línea de sangre, en el nombre de Jesús yo oro. Por el espíritu de profecía, profetizo la destrucción completa del altar maligno del *miedo* en mi vida, en el nombre de Jesús. Porque está escrito en Salmo 91:11-12, *"Porque él mandará a sus ángeles acerca de ti, para que te protejan, te defiendan y te guarden en todos tus caminos [de obediencia y servicio]. Te levantarán en sus manos, para que ni siquiera tropieces con piedra alguna".* Recibo asistencia angelical, ahora mismo, en el nombre de Jesús.

10. Presente las Escrituras que se Usarán para Emitir una Orden Divina de Restricción

Padre Celestial, presento ante Tu Corte Suprema las siguientes escrituras como mi evidencia sólida como una roca contra el espíritu y el altar del *miedo* mi vida. Está escrito:

> *Porque no nos ha dado Dios espíritu de timidez, ni de cobardía, ni de temor, sino [nos ha dado un espíritu] de poder, de amor, de buen juicio y de disciplina personal [habilidades que se traducen en una mente tranquila y equilibrada y en autocontrol]* (2 Timoteo 1:7).

> *Pero ahora, esto es lo que dice el Señor, tu Creador, oh, Jacob, y el que te formó, oh, Israel: "No temas, porque te he redimido [del cautiverio]; te he llamado por tu nombre; ¡eres Mío!".* (Isaías 43:1)

Justo Juez, basado en las escrituras antes mencionadas, es claro que el espíritu y el altar del *miedo*, si se le permite tener éxito, causaría gran daño a mi vida, destino, y también infligiría un daño irreparable a los propósitos de Dios. Pido que todo derecho legal que el espíritu y el altar del *miedo* están sosteniendo sea revocado en el glorioso nombre de Jesús. Justo Juez, basado en las escrituras antes mencionadas, es claro que califico para una orden de restricción divina contra el altar del *miedo* y el ídolo que se sienta en él, en el nombre de Jesús.

11. Pedir al Tribunal que emita una Orden Divina de Restricción y Recibir la Orden Divina de Restricción por Fe.

Padre Celestial, Juez Justo, ahora te pido que una orden de restricción divina y una orden judicial permanente contra el espíritu y el altar del *miedo* en mi vida sea emitida por la autoridad de Tu Corte Suprema, en el nombre de Jesús. Padre Celestial, yo decreto y declaro que cualquier y todas las formas de *miedo que* el diablo ha emitido o está orquestando en contra de mi vida son ahora canceladas en el glorioso nombre de Jesús. Padre Celestial, yo recibo está orden divina de restricción y orden permanente por fe, en el nombre de Jesús. Porque está escrito en la Constitución de Tu Reino en Hebreos 11:6, *"Pero sin fe es imposible [caminar con Dios y] agradarle, porque cualquiera que se acerque a Dios debe [necesariamente] creer que Dios existe y que Él recompensa a aquellos que [seria y diligentemente] lo buscan"*. Creo y declaro por fe que el espíritu y el altar del *miedo* en mi vida han sido juzgados, ¡en el nombre de Jesús!

12. Pídele al Señor que selle tu veredicto justo y tus procedimientos judiciales con la sangre de Jesús.

Padre Celestial, Justo Juez, ahora te pido que selles mi justo veredicto en contra del espíritu y el altar del *miedo* en la preciosa sangre de Jesús. Que también cubras con la sangre de Jesús todos mis procedimientos legales en está Corte en el nombre de Jesús. Yo decreto y declaro que mi justo veredicto de liberación y avance del malvado altar del *temor* está ahora asegurado en los documentos de las Cortes del Cielo. Porque está escrito en el Evangelio de Juan, capítulo 8:36, *"Así que si el Hijo os hace libres, entonces sois incuestionablemente libres."* Yo decreto y declaro que soy libre del altar maligno del miedo en el nombre de Jesús, ¡amén!

Oración #25

Desarraigar el altar del trauma

En cuanto a los que queden de ustedes, traeré desesperación (falta de valor, debilidad) a sus corazones en las tierras de sus enemigos; el sonido de una hoja esparcida los pondrá en fuga, y huirán como si [huyeran] de la espada, y caerán aun cuando nadie los persiga.
—**Levítico 26:36**

Según la Asociación Americana de Psicología, "el trauma es una respuesta emocional a un suceso terrible, como un accidente, una violación o un desastre natural. Inmediatamente después del suceso, el shock y la negación son típicos. Las reacciones a largo plazo incluyen emociones impredecibles, recuerdos, relaciones tensas e incluso síntomas físicos como dolores de cabeza o náuseas". Como ministro del Evangelio que viaja mucho, sobre todo por Estados Unidos, puedo dar fe de que he conocido a muchos cristianos que aman a Jesús, pero sufren traumas. A veces el trauma es tan grave que acaban teniendo una doble personalidad y cada una de esas personalidades se convierte en un alter ego por sí misma. Así que en pocas horas de estar con ellos puedes fácilmente observar cómo manifiestan personalidades completamente diferentes. He observado que la mayoría de las víctimas de trauma usualmente se convierten en asistentes del altar maligno del trauma. No importa lo que hagan y digan acaban volviendo al "trauma". Son asistentes al altar maligno del trauma que satanás plantó en su alma cuando experimentaron la experiencia traumática. La "Oración peligrosa" a continuación está diseñada para ayudarte a liberarte del altar maligno del trauma y comenzar a vivir de nuevo.

ORACIÓN DE ACTIVACIÓN

1. Dirigirse al Padre en alabanza y adoración

Padre Celestial, santo es Tu nombre y grandemente para ser alabado. Te adoro en el nombre de Jesús. Que Tu Reino se manifieste en mi vida como en el Cielo. Defiende mi causa, oh, Señor, con aquellos que luchan conmigo; lucha contra cualquier entidad o persona que este contendiendo en mi contra. Padre Celestial, está escrito en Salmo 27:6, *"Y ahora mi cabeza se alzará sobre mis enemigos que me rodean, en Su tienda ofreceré sacrificios con gritos de alegría; cantaré, sí, cantaré alabanzas al Señor".* Abba, encomiendo mi adoración al coro celestial de adoración de Tus santos ángeles y la multitud de testigos, en el nombre de Jesús.

2. Pedir al Tribunal que se siente

Padre Celestial, Juez Justo, te pido que las Cortes del Cielo sean sentadas de acuerdo a Daniel 7:9-10. Te lo pido en el poderoso nombre de Jesús. Te pido esto en el poderoso nombre de Jesús. Está escrito:

> *Seguí mirando hasta que se levantaron tronos, y el Anciano de Días (Dios) tomó asiento; su manto era blanco como la nieve y el pelo de su cabeza como lana pura. Su trono era llamas de fuego; sus ruedas eran un fuego ardiente. Un río de fuego fluía y salía de delante de Él; mil millares le asistían, y diez mil veces diez mil Estaban de pie delante de Él; el tribunal Estaba sentado, y los libros abiertos.*

Padre Celestial, estoy solicitando el privilegio de estar delante de la corte del Anciano de Días de acuerdo a lo que fue revelado al profeta Daniel, en el nombre de Jesús, yo oro. Padre Celestial, estoy en Tu corte real por la sangre y el trabajo terminado de Jesús en la cruz. He venido a recibir Tu justo juicio sobre mi vida en contra del espíritu y el altar del *trauma* que Satanás ha plantado en mi linaje generacional. Padre Celestial, invoco a Tus santos ángeles para que sean testigos de mi demanda y justo enjuiciamiento del malvado altar del *trauma*. Yo decreto y declaro que este malvado altar del *trauma* no me matara a mi o a los miembros de mi familia antes de nuestro tiempo señalado; tampoco matara las relaciones divinas que necesito para alcanzar mi destino dado por Dios aquí en la tierra, en el nombre de Jesús yo oro.

3. *Renuncia a tus derechos de autorrepresentación al Señor como tu abogado*

Padre Celestial, Tu Palabra en 1 Juan 2:1-2 dice: *"Hijitos míos, estás cosas os escribo para que no pequéis. Y si alguno peca, abogado tenemos para con el Padre, a Jesucristo el justo. Y Él mismo es la propiciación por nuestros pecados, y no solo por los nuestros, sino también por los de todo el mundo".* Te agradezco que Jesús es mi fiel Abogado ante el Juez Justo en las Cortes del Cielo. Señor Jesús, renuncio a mis derechos de autorrepresentación y te invoco como mi Abogado para que me ayudes a defender mi caso ante el Juez Justo y procesar el mal del altar del *trauma* que satanás plantó en mi linaje. También pido al bendito Espíritu Santo, quien es el más alto oficial de las Cortes del Cielo aquí en la tierra, que me haga sensible a los procedimientos de está Corte para poder procesar exitosamente el malvado altar del trauma en el nombre de Jesús.

4. *Invoca al altar del mal y al ídolo que se sienta sobre él para que comparezcan ante el tribunal.*

Padre Celestial, al estar en Tu corte real me presento a mí mismo como un sacrificio vivo, santo y aceptable delante de Ti de acuerdo a Romanos

12:1. Padre Celestial, Juez Justo, yo invoco al altar del *trauma* en mi línea de sangre y al ídolo que se sienta en el para que comparezca en Tu corte real para ser enjuiciado en el nombre de Jesús. Porque está escrito en 1 Corintios 6:3, *"¿No sabéis que nosotros [los creyentes] juzgaremos a los ángeles? ¿Cuánto más entonces [en cuanto a] los asuntos de esta vida?"*. Padre Celestial, ejerzo la autoridad que Dios me ha dado en Cristo Jesús para juzgar demonios y principados, en el nombre de Jesús te lo ruego. Justo Juez, también está escrito en la Constitución de Tu Reino en 1 Juan 3:8, *"Para esto fue manifestado el Hijo de Dios, para deshacer las obras del diablo"*.

5. Responder a las acusaciones de Satanás y ponerse de acuerdo con el adversario

Padre Celestial, yo sé que hasta el fin de la era del pecado, satanás todavía tiene acceso legal a las Cortes del Cielo para levantar acusaciones en contra de los hijos de los hombres; porque está escrito en el libro de Apocalipsis 12:10:

> *Entonces oí una gran voz en el cielo, que decía: "Ahora han llegado la salvación, el poder y el reino (dominio, reinado) de nuestro Dios, y la autoridad de su Cristo; porque ha sido arrojado [por fin] el acusador de nuestros hermanos [creyentes], el que los acusaba y seguía presentando cargos [de comportamiento pecaminoso] contra ellos ante nuestro Dios día y noche."*

Padre Celestial, el Señor Jesús también dijo en el libro de Mateo 5:25:

> *Ponte de acuerdo rápidamente [a la primera oportunidad] con tu adversario de derecho mientras estás con él de camino [al tribunal], para que tu adversario no te entregue al juez, y el juez al guardia, y te metan en la cárcel.*

Padre Celestial, con toda humildad, mientras renuncio al espíritu de orgullo, elijo rápidamente estar de acuerdo con las acusaciones legales de mi adversario, satanás. Justo Juez, todas las acusaciones que satanás ha presentado contra mí y mi linaje en está Corte son ciertas.

6. *Arrepiéntete*

Padre Celestial, me arrepiento por mis transgresiones personales, y por los pecados e iniquidades de mis antepasados que abrieron la puerta para que el espíritu y el altar del *trauma* oprimieran mi vida, en el nombre de Jesús te lo pido. Señor, cada pecado de mis antepasados que el enemigo está usando como un derecho legal para construir casos en mi contra y para traumatizarme, te pido que la sangre de Jesús simplemente los lave. Perdono a cualquiera que haya estado involucrado en traumatizarme. También me arrepiento por maldiciones de palabras auto infligidas y todos los pactos con demonios de trauma que han existido en mi linaje ancestral. Te pido que cada pacto con los poderes demoniacos sea revocado y que su derecho a reclamarme a mí y a mi linaje sea desechado ante Tu corte, en el nombre de Jesús. Gracias, Señor, por revocar estos pactos demoniacos y altares de trauma en el poderoso nombre de Jesús. Padre Celestial, en mi sincero deseo de divorciarme del espíritu y del altar del *trauma*, te devuelvo todo y cualquier cosa que el diablo diga que viene de su reino. Solo quiero lo que la sangre de Jesús me ha asegurado.

7. *Apelar a la Sangre de Jesús para Limpiar Todo Pecado (Evidencia de Satanás)*

Señor Jesús, gracias por limpiarme con Tu sangre para que Satanás no tenga base legal contra mí en Tu corte. Está escrito en 1 Juan 1:9:

> *Si admitimos [libremente] que hemos pecado y confesamos nuestros pecados, Él es fiel y justo [fiel a Su propia naturaleza y promesas], y perdonará nuestros pecados y nos limpia-*

rá continuamente de toda maldad [nuestras malas acciones, todo lo que no esté en conformidad con Su voluntad y propósito].

Justo Juez, apelo a la sangre de Jesús para que limpie todos mis defectos, transgresiones e iniquidades, en el nombre de Jesús, te lo ruego. Recibo por fe el poder limpiador de la sangre de Jesús.

8. Pedir al Tribunal que desestime todas las acusaciones y cargos de Satanás.

Padre Celestial, basado en la obra terminada de Jesús y en mi arrepentimiento de corazón, ahora me muevo a la Corte del cielo para desechar todas las acusaciones y cargos de Satanás en contra mía y de mi linaje en el nombre de Jesús. Porque está escrito que el acusador de los hermanos ha sido arrojado. Así que, te pido Padre que deseches todas las acusaciones de satanás en mi contra, en el nombre de Jesús, te lo ruego.

9. Pídele al Señor que envíe ángeles para destruir el altar maligno y ejecutar el juicio del Señor contra él.

Padre Celestial, Juez Justo, te pido que envíes oficiales angélicos de alto rango de las Cortes que sobresalgan en fuerza para ejecutar el juicio de Tu corte suprema y destruir el altar maligno del *trauma* y el ídolo que se sienta en él que satanás plantó en mi línea de sangre, en el nombre de Jesús yo oro. Por el espíritu de profecía, profetizo la destrucción completa del altar maligno del *trauma* en mi vida, en el nombre de Jesús. Porque está escrito en Salmo 91:11-12, *"Porque Él ordenará a Sus ángeles con respecto a ti, para protegerte y defenderte y guardarte en todos tus caminos [de obediencia y servicio]. Te levantarán en sus manos, para que ni siquiera tropieces con piedra alguna"*. Recibo asistencia angelical, ahora mismo, en el nombre de Jesús.

10. Presente las Escrituras que se Usarán para Emitir una Orden Divina de Restricción

Padre Celestial, presento ante Tu Corte Suprema las siguientes escrituras como mi evidencia sólida contra el espíritu y el altar del *trauma* en mi vida. Está escrito:

> *Me invocará, y yo le responderé; estaré con él en la angustia; lo libraré y lo honraré. Con larga vida lo saciaré, y le mostraré Mi salvación* (Salmo 91:15-16 LBLA).

> *Por el quebrantamiento de la hija de mi pueblo yo (Jeremías) estoy quebrantado; estoy de luto, la ansiedad se ha apoderado de mí. ¿No hay bálsamo en Galaad? ¿No hay médico allí? ¿Por qué, pues, no se ha restablecido la salud [espiritual] de la hija de mi pueblo?* (Jeremías 8:21-22)

Justo Juez, basado en las escrituras antes mencionadas, es claro que el espíritu y el altar del *trauma*, si se le permite tener éxito, causaría gran daño a mi vida, destino, y también infligiría daño irreparable a los propósitos de Dios. Pido que todo derecho legal que el espíritu y el altar del *trauma* están sosteniendo sea revocado en el glorioso nombre de Jesús. Justo Juez, basado en las escrituras antes mencionadas, es claro que califico para una orden de restricción divina contra el altar del *trauma* y el ídolo que se sienta en él, en el nombre de Jesús.

11. Pedir al Tribunal que emita una Orden Divina de Restricción y Recibir la Orden Divina de Restricción por Fe.

Padre Celestial, Juez Justo, ahora te pido que una orden de restricción divina y una orden judicial permanente contra el espíritu y el altar del *trauma* en mi vida sea emitida por la autoridad de Tu Corte Suprema, en el nombre de Jesús. Padre Celestial, yo decreto y declaro que todas y cada una de las formas de *trauma que* el diablo ha orquestado en contra de mi vida son ahora canceladas en el glorioso nombre de Jesús. Padre Celestial, yo recibo está orden divina de restricción y orden permanente por fe, en el nombre de Jesús. Porque está escrito en la Constitución de Tu Reino en Hebreos 11:6, *"Pero sin fe es imposible [caminar con Dios y] agradarle, porque cualquiera que se acerque [a] Dios debe [necesariamente] creer que Dios existe y que Él recompensa a aquellos que [seria y diligentemente] lo buscan."* Creo y declaro por fe que el espíritu y el altar del *trauma* en mi vida han sido juzgados, ¡en el nombre de Jesús!

12. *Pídele al Señor que selle tu veredicto justo y tus procedimientos judiciales con la sangre de Jesús.*

Padre Celestial, Justo Juez, ahora te pido que selles mi justo veredicto contra el espíritu y el altar del *trauma* en la preciosa sangre de Jesús. Que también cubras con la sangre de Jesús todos mis procedimientos legales en está Corte en el nombre de Jesús. Yo decreto y declaro que mi justo veredicto de liberación y ruptura del malvado altar del *trauma* está ahora asegurado en los documentos de las Cortes del Cielo. Porque está escrito en el Evangelio de Juan, capítulo 8:36, *"Así que si el Hijo os hace libres, entonces sois incuestionablemente libres."* Yo decreto y declaro que soy libre del altar maligno del trauma en el nombre de Jesús, ¡amén!

Oración #26

Desarraigar el altar de la casa de tu padre

Esa misma noche, el Señor dijo a Gedeón: "Toma el toro de tu padre, el segundo toro de siete años, y derriba el altar de Baal que pertenece a tu padre, y corta la Acera que está junto a él; y construye un altar al Señor, tu Dios, en la cima de esta fortaleza de la montaña [con piedras colocadas] de manera ordenada. Luego toma el segundo toro y ofrece un holocausto con la madera de la Asera que cortarás."
—Jueces 6:25-26

Sin sombra de duda, la lucha más difícil que enfrentarás en tu vida con ídolos y altares malignos en tu linaje es cuando el SEÑOR te envíe a derribar los altares malignos de la casa de tu padre, ¡para destronar al ídolo (dios-demonio) que se sienta sobre él! ¡Estén advertidos! ¿Por qué? Esto se debe al hecho de que el ídolo (espíritu familiar) y el altar maligno de la casa de tu padre fueron plantados en el linaje familiar por tus antepasados. Estos en su mayoría eran hombres o mujeres en posiciones de autoridad sobre el linaje familiar. Consecuentemente, las decisiones que ellos tomaron sobre la familia se volvieron legalmente vinculantes en el reino del espíritu y por lo tanto son reconocidas en las Cortes del Cielo. Engañados por el diablo, muchos de nuestros antepasados voluntariamente abrieron la puerta del linaje familiar a los ídolos (espíritus familiares) y altares malignos que ahora están firmemente plantados en su linaje generacional. Gedeón no pudo avanzar en su destino dado por Dios como libertador de Israel hasta que se enfrentó de frente con el altar de Baal que Estaba en la casa de su padre. Tú tienes que hacer lo mismo que hizo Gedeón. La "Oración peligrosa" a continuación está diseñada para ayudarte a hacer precisamente eso.

ORACIÓN DE ACTIVACIÓN

1. Dirigirse al Padre en alabanza y adoración

Padre Celestial, santo es Tu nombre y grandemente para ser alabado. Te adoro en el nombre de Jesús. Que Tu Reino se manifieste en mi vida como en el Cielo. Defiende mi causa, oh, Señor, con aquellos que luchan conmigo; lucha contra cualquier entidad o persona que este contendiendo en mi contra. Padre Celestial, está escrito en Salmo 27:6, *"Y ahora mi cabeza se alzará sobre mis enemigos que me rodean, en Su tienda ofreceré sacrificios con gritos de alegría; cantaré, sí, cantaré alabanzas al Señor".* Abba, encomiendo mi adoración al coro celestial de adoración de Tus santos ángeles y la multitud de testigos, en el nombre de Jesús.

2. Pedir al Tribunal que se siente

Padre Celestial, Juez Justo, te pido que las Cortes del Cielo sean sentadas de acuerdo a Daniel 7:9-10. Te lo pido en el poderoso nombre de Jesús. Te pido esto en el poderoso nombre de Jesús. Está escrito:

> *Seguí mirando hasta que se levantaron tronos, y el Anciano de Días (Dios) tomó asiento; su manto era blanco como la nieve y el pelo de su cabeza como lana pura. Su trono era llamas de fuego; sus ruedas eran un fuego ardiente. Un río de fuego fluía*

> *y salía de delante de Él; mil millares le asistían, y diez mil veces diez mil Estaban de pie delante de Él; el tribunal Estaba sentado, y los libros abiertos.*

Padre Celestial, estoy solicitando el privilegio de estar delante de la corte del Anciano de Días de acuerdo a lo que fue revelado al profeta Daniel, en el nombre de Jesús, yo oro. Padre Celestial, estoy en Tu corte real por la sangre y el trabajo de Jesús en la cruz. He venido a recibir Tu justo juicio sobre mi vida en contra del espíritu y el altar de *la casa de mi padre* que Satanás ha plantado en mi linaje generacional. Padre Celestial, invoco a Tus santos ángeles para que sean testigos de mi demanda y justo enjuiciamiento del altar maligno de *la casa de mi padre*. Yo decreto y declaro que este altar maligno de *la casa de mi padre* no me matara a mi o a los miembros de mi familia antes de nuestro tiempo señalado; tampoco destruirá mi habilidad de vivir una vida pacífica y próspera aquí en la tierra, en el nombre de Jesús yo oro.

3. Renuncia a tus derechos de autorrepresentación al Señor como tu abogado

Padre Celestial, Tu Palabra en 1 Juan 2:1-2 dice: *"Hijitos míos, estás cosas os escribo para que no pequéis. Y si alguno peca, abogado tenemos para con el Padre, a Jesucristo el justo. Y Él mismo es la propiciación por nuestros pecados, y no solo por los nuestros, sino también por los de todo el mundo"*. Te agradezco que Jesús es mi fiel Abogado ante el Juez Justo en las Cortes del Cielo. Señor Jesús, renuncio a mis derechos de autorrepresentación y te invoco como mi Abogado para que me ayudes a defender mi caso ante el Juez Justo y procesar el mal del altar de *la casa de mi padre* que satanás plantó en mi linaje. También le pido al bendito Espíritu Santo, quien es el más alto oficial de las Cortes del Cielo aquí en la tierra, que me haga sensible a los procedimientos de está Corte para poder procesar exitosamente el mal del altar de la casa de mi padre en el nombre de Jesús.

4. Invoca al altar del mal y al ídolo que se sienta sobre él para que comparezcan ante el tribunal.

Padre Celestial, al estar en Tu corte real me presento a mí mismo como un sacrificio vivo, santo y aceptable delante de Ti de acuerdo a Romanos 12:1. Padre Celestial, Juez Justo, yo invoco al altar de *la casa de mi padre* en mi linaje y al ídolo que se sienta en el para que comparezca en Tu corte real para ser enjuiciado en el nombre de Jesús. Porque está escrito en 1 Corintios 6:3: *"¿No sabéis que nosotros [los creyentes] juzgaremos a los ángeles? ¿Cuánto más entonces [en cuanto a] los asuntos de esta vida?".* Padre Celestial, ejerzo la autoridad que Dios me ha dado en Cristo Jesús para juzgar demonios y principados, en el nombre de Jesús te lo ruego. Justo Juez, también está escrito en la Constitución de Tu Reino en 1 Juan 3:8, *"Para esto fue manifestado el Hijo de Dios, para deshacer las obras del diablo".*

5. Responder a las acusaciones de Satanás y ponerse de acuerdo con el adversario

Padre Celestial, yo sé que hasta el fin de la era del pecado, satanás todavía tiene acceso legal a las Cortes del Cielo para levantar acusaciones en contra de los hijos de los hombres; porque está escrito en el libro de Apocalipsis 12:10:

> *Entonces oí una gran voz en el cielo, que decía: "Ahora han llegado la salvación, el poder y el reino (dominio, reinado) de nuestro Dios, y la autoridad de su Cristo; porque ha sido arrojado [por fin] el acusador de nuestros hermanos [creyentes], el que los acusaba y seguía presentando cargos [de comportamiento pecaminoso] contra ellos ante nuestro Dios día y noche."*

Padre Celestial, el Señor Jesús también dijo en el libro de Mateo 5:25:

Ponte de acuerdo rápidamente [a la mayor brevedad posible] con tu adversario de derecho mientras estás con él de camino [al tribunal], para que tu adversario no te entregue al juez, y el juez al guardia, y te metan en la cárcel.

Padre Celestial, con toda humildad, mientras renuncio al espíritu de orgullo, elijo rápidamente estar de acuerdo con las acusaciones legales de mi adversario, satanás. Justo Juez, todas las acusaciones que satanás ha presentado contra mí y mi linaje en está Corte son ciertas.

6. *Arrepiéntete*

Padre Celestial, me arrepiento por mis transgresiones personales, y por los pecados e iniquidades de mis antepasados que abrieron la puerta para que el espíritu y el altar de *la casa de mi padre* oprimieran mi vida, en el nombre de Jesús te lo pido. Señor, cada pecado de mis antepasados que el enemigo está usando como un derecho legal para construir casos en mi contra y para negarme mi destino, te pido que la sangre de Jesús simplemente los lave. También me arrepiento por maldiciones de palabras auto infligidas y todos los pactos con demonios que han existido en mi linaje ancestral. Te pido que cada pacto con los poderes demoniacos conectados con el altar maligno de la casa de mi padre sea revocado y que su derecho a reclamarme a mí y a mi linaje sea desechado ante Tu corte, en el nombre de Jesús. Gracias, Señor, por revocar estos pactos demoniacos y altares malignos en el poderoso nombre de Jesús. Padre Celestial, en mi sincero deseo de divorciarme del espíritu y del altar de *la casa de mi padre*, te devuelvo todo y cualquier cosa que el diablo diga que viene de su reino. Solo quiero lo que la sangre de Jesús me ha asegurado.

7. Apelar a la Sangre de Jesús para Limpiar Todo Pecado (Evidencia de Satanás)

Señor Jesús, gracias por limpiarme con Tu sangre para que Satanás no tenga base legal contra mí en Tu corte. Está escrito en 1 Juan 1:9:

> *Si admitimos [libremente] que hemos pecado y confesamos nuestros pecados, Él es fiel y justo [fiel a Su propia naturaleza y promesas], y perdonará nuestros pecados y nos limpiará continuamente de toda maldad [nuestras malas acciones, todo lo que no esté en conformidad con Su voluntad y propósito].*

Justo Juez, apelo a la sangre de Jesús para que limpie todos mis defectos, transgresiones e iniquidades, en el nombre de Jesús, te lo ruego. Recibo por fe el poder limpiador de la sangre de Jesús.

8. Pedir al Tribunal que desestime todas las acusaciones y cargos de Satanás.

Padre Celestial, basado en la obra terminada de Jesús y en mi arrepentimiento de corazón, ahora me muevo a la Corte del cielo para desechar todas las acusaciones y cargos de Satanás en contra mía y de mi linaje en el nombre de Jesús. Porque está escrito que el acusador de los hermanos ha sido arrojado. Así que, te pido Padre que deseches todas las acusaciones de satanás en mi contra, en el nombre de Jesús, te lo ruego.

9. Pídele al Señor que envíe ángeles para destruir el altar maligno y ejecutar el juicio del Señor contra él.

Padre Celestial, Juez Justo, te pido que envíes oficiales angélicos de alto rango de las Cortes que sobresalgan en fuerza para ejecutar el juicio de Tu corte suprema y destruir el altar maligno de *la casa de mi padre* y el ídolo que se sienta en él que satanás plantó en mi línea de sangre, en el nombre de

Jesús yo oro. Por el espíritu de profecía, profetizo la destrucción completa del altar maligno de *la casa de mi padre* en mi vida, en el nombre de Jesús. Porque está escrito en Salmo 91:11-12, *"Porque Él ordenará a Sus ángeles con respecto a ti, para protegerte y defenderte y guardarte en todos tus caminos [de obediencia y servicio]. Te levantarán en sus manos, para que ni siquiera tropieces con piedra alguna".* Recibo asistencia angelical, ahora mismo, en el nombre de Jesús.

10. Presente las Escrituras que se Usarán para Emitir una Orden Divina de Restricción

Padre Celestial, presento ante Tu Corte Suprema las siguientes escrituras como mi evidencia solida contra el espíritu y el altar de *la casa de mi padre* en mi vida. Está escrito:

> *Entonces Elías dijo a todo el pueblo: "Acercaos a mí". Así que todo el pueblo se acercó a él. Y él reparó y reconstruyó el [antiguo] altar del Señor que había sido derribado [por Jezabel]* (1 Reyes 18:30).

> *Pero vosotros decís: "¿Por qué no ha de llevar el hijo el castigo por el pecado del padre?". Cuando el hijo haya practicado la justicia y la rectitud y haya guardado todos Mis estatutos y los haya cumplido, ciertamente vivirá. La persona que peque [es la que] morirá. El hijo no llevará el castigo por el pecado del padre, ni el padre llevará el castigo por el pecado del hijo; la justicia del justo recaerá sobre sí mismo, y la maldad del malvado recaerá sobre sí mismo* (Ezequiel 18:19-20).

Justo Juez, basado en las escrituras antes mencionadas, es claro que el espíritu y el altar de *la casa de mi padre*, si se le permite tener éxito, causaría gran daño a mi vida, destino, y también infligiría un daño irreparable a los propósitos de Dios. Pido que todo derecho legal que el espíritu y el altar de *la casa de mi padre* está sosteniendo sea revocado en el glorioso nombre de Jesús. Justo Juez, basado en las escrituras antes mencionadas, es claro que califico para una orden de restricción divina contra el altar de *la casa de mi padre* y el ídolo que se sienta en él, en el nombre de Jesús.

11. Pedir al Tribunal que emita una Orden Divina de Restricción y Recibir la Orden Divina de Restricción por Fe.

Padre Celestial, Juez Justo, ahora te pido que una orden divina de restricción y una orden permanente contra el espíritu y el altar de *la casa de mi padre* en mi vida sea emitida por la autoridad de Tu Corte Suprema, en el nombre de Jesús. Padre Celestial, yo decreto y declaro que cualquier calamidad o desgracia que el diablo este orquestando en contra de mi vida a través del altar maligno de *la casa de mi padre* es ahora cancelada en el glorioso nombre de Jesús. Padre Celestial, recibo está orden divina de restricción y mandato permanente por fe, en el nombre de Jesús. Porque está escrito en la Constitución de Tu Reino en Hebreos 11:6, *"Pero sin fe es imposible [caminar con Dios y] agradarle, porque cualquiera que se acerque [a] Dios debe [necesariamente] creer que Dios existe y que Él recompensa a aquellos que [seria y diligentemente] lo buscan."* Creo y declaro por fe que el espíritu y el altar de *la casa de mi padre* en mi vida han sido juzgados, ¡en el nombre de Jesús!

12. Pídele al Señor que selle tu veredicto justo y tus procedimientos judiciales con la sangre de Jesús.

Padre Celestial, Justo Juez, ahora te pido que selles mi justo veredicto contra el espíritu y el altar de *la casa de mi padre* con la preciosa sangre de Jesús. Que también cubras con la sangre de Jesús todos mis procedimientos legales en está Corte en el nombre de Jesús. Yo decreto y declaro que mi justo veredicto de liberación y rompimiento del malvado altar de *la casa de mi padre* está ahora asegurado en los documentos de las Cortes del Cielo. Porque está escrito en el Evangelio de Juan, capítulo 8:36, *"Así que si el Hijo os hace libres, entonces sois incuestionablemente libres."* Yo decreto y declaro que soy libre del altar maligno de la casa de mi padre en el nombre de Jesús, ¡amén!

Oración #27

Desarraigar el altar de la infidelidad conyugal

Presenta cargos contra tu madre, presenta cargos; ¡porque ella no es Mi esposa, ni Yo soy su Esposo! Que aparte de su vista sus fornicaciones, y de entre sus pechos sus adulterios.
—Oseas 2:1-2 LBLA

No hay ninguna institución humana ordenada por Dios que Satanás haya atacado con tanta saña como la institución del matrimonio. Las alarmantes tasas de divorcio tanto en el mundo como en la iglesia cristiana son profundamente preocupantes. Las estadísticas no mienten. El matrimonio está bajo asalto demoníaco y cultural. Muchos de estos matrimonios son víctimas de lo que yo llamo el altar de la infidelidad matrimonial. Este altar se forma generalmente cuando un hombre o una mujer casados se involucran en una aventura sexual o emocional con un miembro del sexo opuesto. En los tiempos en que vivimos, en los que el matrimonio, el sexo y la sexualidad se han redefinido radicalmente, sé de maridos que perdieron a sus esposas por otras mujeres y viceversa. Las mayores víctimas de este malvado altar de la infidelidad conyugal son los niños, ¡que se ven atrapados entre dos fuegos! Por eso me apasiona la siguiente "Oración peligrosa".

ORACIÓN DE ACTIVACIÓN

1. Dirigirse al Padre en alabanza y adoración

Padre Celestial, santo es Tu nombre y grandemente para ser alabado. Te adoro en el nombre de Jesús. Que Tu Reino se manifieste en mi vida como en el Cielo. Defiende mi causa, oh, Señor, con aquellos que luchan conmigo; lucha contra cualquier entidad o persona que este contendiendo en mi contra. Padre Celestial, está escrito en Salmo 27:6, *"Y ahora mi cabeza se alzará sobre mis enemigos que me rodean, en Su tienda ofreceré sacrificios con gritos de alegría; cantaré, sí, cantaré alabanzas al Señor".* Abba, encomiendo mi adoración al coro celestial de adoración de Tus santos ángeles y la multitud de testigos, en el nombre de Jesús.

2. Pedir al Tribunal que se siente

Padre Celestial, Juez Justo, te pido que las Cortes del Cielo sean sentadas de acuerdo a Daniel 7:9-10. Te lo pido en el poderoso nombre de Jesús. Te pido esto en el poderoso nombre de Jesús. Está escrito:

> *Seguí mirando hasta que se levantaron tronos, y el Anciano de Días (Dios) tomó asiento; su manto era blanco como la nieve y el pelo de su cabeza como lana pura. Su trono era llamas de fuego; sus ruedas eran un fuego ardiente. Un río de fuego fluía y salía de delante de Él; mil millares le asistían, y diez mil veces diez mil Estaban de pie delante de Él; el tribunal Estaba sentado, y los libros abiertos.*

Padre Celestial, estoy solicitando el privilegio de estar delante de la corte del Anciano de Días de acuerdo a lo que fue revelado al profeta Daniel, en el nombre de Jesús, yo oro. Padre Celestial, estoy en Tu corte real por la sangre y el trabajo de Jesús en la cruz. He venido a recibir Tu justo juicio sobre mi

vida en contra del espíritu y el altar de la *infidelidad matrimonial* que Satanás ha plantado en mi linaje generacional. Padre Celestial, invoco a Tus santos ángeles para que sean testigos de mi demanda y justo juicio en contra del altar maligno de la infidelidad *matrimonial*. Yo decreto y declaro que este altar maligno de la infidelidad *marital* no destruirá mi matrimonio o abrirá una puerta a una aventura extramarital, en el nombre de Jesús yo oro.

3. Renuncia a tus derechos de autorrepresentación al Señor como tu abogado

Padre Celestial, Tu Palabra en 1 Juan 2:1-2 dice: "*Hijitos míos, estás cosas os escribo para que no pequéis. Y si alguno peca, abogado tenemos para con el Padre, a Jesucristo el justo. Y Él mismo es la propiciación por nuestros pecados, y no solo por los nuestros, sino también por los de todo el mundo*". Te agradezco que Jesús es mi fiel Abogado ante el Juez Justo en las Cortes del Cielo. Señor Jesús, renuncio a mis derechos de autorrepresentación y te invoco como mi Abogado para que me ayudes a defender mi caso ante el Juez Justo y procesar el mal del altar de la *infidelidad matrimonial* que satanás plantó en mi linaje. También le pido al bendito Espíritu Santo, quien es el más alto oficial de las Cortes del Cielo aquí en la tierra, que me haga sensible a los procedimientos de está Corte para poder procesar exitosamente el altar maligno de la infidelidad marital en el nombre de Jesús.

4. Invoca al altar del mal y al ídolo que se sienta sobre él para que comparezcan ante el tribunal.

Padre Celestial, al estar en Tu corte real me presento como un sacrificio vivo, santo y aceptable delante de Ti de acuerdo a Romanos 12:1. Padre Celestial, Juez Justo, yo invoco al altar de la *infidelidad matrimonial* en mi linaje y al ídolo que se sienta en él para que comparezca en Tu corte real para ser enjuiciado en el nombre de Jesús. Porque está escrito en 1 Corintios 6:3, "*¿No sabéis que nosotros [los creyentes] juzgaremos a los ángeles? ¿Cuánto*

más entonces [en cuanto a] los asuntos de esta vida?". Padre Celestial, ejerzo la autoridad que Dios me ha dado en Cristo Jesús para juzgar demonios y principados, en el nombre de Jesús te lo ruego. Justo Juez, también está escrito en la Constitución de Tu Reino en 1 Juan 3:8, *"Para esto fue manifestado el Hijo de Dios, para deshacer las obras del diablo".*

5. *Responder a las acusaciones de Satanás y ponerse de acuerdo con el adversario*

Padre Celestial, yo sé que hasta el fin de la era del pecado, satanás todavía tiene acceso legal a las Cortes del Cielo para levantar acusaciones en contra de los hijos de los hombres; porque está escrito en el libro de Apocalipsis 12:10:

> *Entonces oí una gran voz en el cielo, que decía: "Ahora han llegado la salvación, el poder y el reino (dominio, reinado) de nuestro Dios, y la autoridad de su Cristo; porque ha sido arrojado [por fin] el acusador de nuestros hermanos [creyentes], el que los acusaba y seguía presentando cargos [de conducta pecaminosa] contra ellos ante nuestro Dios día y noche."*

Padre Celestial, el Señor Jesús también dijo en el libro de Mateo 5:25:

> *Ponte de acuerdo rápidamente [a la primera oportunidad] con tu adversario de derecho mientras estás con él de camino [al tribunal], para que tu adversario no te entregue al juez, y el juez a la guardia, y te metan en la cárcel.*

Padre Celestial, con toda humildad, mientras renuncio al espíritu de orgullo, elijo rápidamente estar de acuerdo con las acusaciones legales de mi adversario, satanás. Justo Juez, todas las acusaciones que satanás ha presentado contra mí y mi linaje en está Corte son ciertas.

6. Arrepiéntete

Padre Celestial, me arrepiento de mis transgresiones personales, y de los pecados e iniquidades de mis antepasados que abrieron la puerta para que el espíritu y el altar de *la infidelidad matrimonial* oprimiera mi vida, en el nombre de Jesús te lo pido. Señor, cada pecado de mis antepasados que el enemigo está usando como un derecho legal para construir casos en mi contra y negarme un matrimonio piadoso, te pido que la sangre de Jesús los lave. Me arrepiento de cualquier aventura sexual o emocional que haya tenido con personas que no son mi cónyuge. También me arrepiento por maldiciones de palabra auto infligidas y todos los pactos con demonios que han existido en mi linaje ancestral. Te pido que todo pacto con poderes demoníacos sea revocado y que su derecho a reclamarme a mí y a mi linaje sea desechado ante Tu corte, en el nombre de Jesús. Gracias, Señor, por revocar estos pactos demoniacos y altares malignos en el poderoso nombre de Jesús. Padre Celestial, en mi sincero deseo de divorciarme del espíritu y del altar de la *infidelidad marital*, te devuelvo todo y cualquier cosa que el diablo diga que viene de su reino. Solo quiero lo que la sangre de Jesús ha asegurado para mí.

7. Apelar a la Sangre de Jesús para Limpiar Todo Pecado (Evidencia de Satanás)

Señor Jesús, gracias por limpiarme con Tu sangre para que Satanás no tenga base legal contra mí en Tu corte. Está escrito en 1 Juan 1:9:

> *Si admitimos [libremente] que hemos pecado y confesamos nuestros pecados, Él es fiel y justo [fiel a Su propia naturaleza y promesas], y perdonará nuestros pecados y nos limpiará continuamente de toda maldad [nuestras malas acciones, todo lo que no esté en conformidad con Su voluntad y propósito].*

Justo Juez, apelo a la sangre de Jesús para que limpie todos mis defectos, transgresiones e iniquidades, en el nombre de Jesús, te lo ruego. Recibo por fe el poder limpiador de la sangre de Jesús.

8. Pedir al Tribunal que desestime todas las acusaciones y cargos de Satanás.

Padre Celestial, basado en la obra terminada de Jesús y en mi arrepentimiento de corazón, ahora me muevo a la Corte del cielo para desechar todas las acusaciones y cargos de Satanás en contra mía y de mi linaje en el nombre de Jesús. Porque está escrito que el acusador de los hermanos ha sido arrojado. Así que, te pido Padre que deseches todas las acusaciones de satanás en mi contra, en el nombre de Jesús, te lo ruego.

9. Pídele al Señor que envíe ángeles para destruir el altar maligno y ejecutar el juicio del Señor contra él.

Padre Celestial, Juez Justo, te pido que envíes oficiales angelicales de alto rango de las Cortes que sobresalgan en fuerza para ejecutar el juicio de Tu corte suprema y destruir el altar maligno de la infidelidad *marital* y el ídolo que se sienta en él que satanás plantó en mi línea de sangre, en el nombre de Jesús yo oro. Por el espíritu de profecía, yo profetizo la destrucción completa del altar maligno de la infidelidad *marital* en mi vida, en el nombre de Jesús. Porque está escrito en Salmo 91:11-12, *"Porque él mandará a sus ángeles acerca de ti, para que te protejan, te defiendan y te guarden en todos tus caminos [de obediencia y servicio]. Te levantarán en sus manos, para que ni siquiera tropieces con piedra alguna".* Recibo asistencia angelical, ahora mismo, en el nombre de Jesús.

10. Presente las Escrituras que se Usarán para Emitir una Orden Divina de Restricción

Padre Celestial, presento ante Tu Corte Suprema las siguientes escrituras como mi evidencia sólida contra el espíritu y el altar de la *infidelidad matrimonial* en mi vida. Está escrito:

> *Así que ya no son dos, sino una sola carne. Por tanto, lo que Dios ha unido, que no lo separe nadie* (Mateo 19:6).
>
> *El matrimonio debe ser tenido en honor entre todos [es decir, considerado como algo de gran valor], y el lecho matrimonial sin mancilla [por inmoralidad o por cualquier pecado sexual]; porque Dios juzgará a los inmorales y adúlteros* (Hebreos 13:4).

Justo Juez, basado en las escrituras antes mencionadas, es claro que el espíritu y el altar de la *infidelidad matrimonial*, si se le permite tener éxito, causaría gran daño a mi vida, destino, y también infligiría un daño irreparable a los propósitos de Dios. Pido que todo derecho legal que el espíritu y el altar de la *infidelidad matrimonial* está sosteniendo sea revocado en el glorioso nombre de Jesús. Justo Juez, basado en las escrituras antes mencionadas, es claro que califico para una orden de restricción divina contra el altar de la *infidelidad marital* y el ídolo que se sienta en él, en el nombre de Jesús.

11. Pedir al Tribunal que emita una Orden Divina de Restricción y Recibir la Orden Divina de Restricción por Fe.

Padre Celestial, Juez Justo, ahora te pido que una orden de restricción divina y una orden judicial permanente contra el espíritu y el altar de la *infidelidad matrimonial* en mi vida sea emitida por la autoridad de Tu Corte Suprema, en el nombre de Jesús. Padre Celestial, yo decreto y declaro que todas y cada una de las formas de *infidelidad marital que* el diablo está orquestando en contra de mi vida son ahora canceladas en el glorioso nombre de Jesús. Padre Celestial, yo recibo está orden divina de restricción y mandato permanente por fe, en el nombre de Jesús. Porque está escrito en la Constitución de Tu Reino en Hebreos 11:6, *"Pero sin fe es imposible [caminar con Dios y] agradarle, porque cualquiera que se acerque [a] Dios debe [necesariamente] creer que Dios existe y que Él recompensa a aquellos que [seria y diligentemente] lo buscan."* Creo y declaro por fe que el espíritu y el altar de la *infidelidad matrimonial* en mi vida han sido juzgados, ¡en el nombre de Jesús!

12. Pídele al Señor que selle tu veredicto justo y tus procedimientos judiciales con la sangre de Jesús.

Padre Celestial, Justo Juez, ahora te pido que selles mi justo veredicto en contra del espíritu y el altar de la *infidelidad marital* con la preciosa sangre de Jesús. Que Tú también cubras con la sangre de Jesús todos mis procedimientos legales en está Corte en el nombre de Jesús. Yo decreto y declaro que mi justo veredicto de liberación y ruptura del malvado altar de la infidelidad *marital* está ahora asegurado en los documentos de las Cortes del Cielo. Porque está escrito en el Evangelio de Juan, capítulo 8:36, *"Así que, si el Hijo os hace libres, entonces sois incuestionablemente libres."* Yo decreto y declaro que soy libre del altar maligno de la infidelidad matrimonial en el nombre de Jesús, ¡amén!

Oración #28

Desarraigar el altar del sueño o de la falta de oración

Los centinelas de Israel son ciegos, todos ellos carecen de conocimiento. Son todos perros mudos, no pueden ladrar; jadeantes, echados, aman el sueño.
—Isaías 56:10

Cuando se trata del arte secreto de la comunión con Dios, no hay nada más importante que el arte y la práctica de la oración. La oración es muy importante para una vida espiritual sana y dinámica. La verdad del asunto es que cuando la oración muere en la vida de un creyente, su relación íntima con Dios ya ha comenzado a morir. Y lo que es más importante, es imposible recurrir a los recursos divinos para manifestar el destino y hacer avanzar el reino de Dios sin el vehículo de la oración. Uno de los altares malignos que a Satanás le encanta asignar a los cristianos es lo que yo llamo el altar del sueño o de la falta de oración. ¡Según el grupo Barna Research se descubrió que muchos pastores americanos no oran más de 15 minutos al día! ¡Qué trágico! Sin embargo, esto explica el nivel de impotencia en la iglesia y en las vidas de tantos cristianos. Dicho esto, hay muchos cristianos bienintencionados que realmente quieren orar. Sin embargo, cada vez que quieren orar un espíritu de letargo o peora los envuelve como una oscura nube monzónica y terminan por no orar en absoluto. Afortunadamente, la

"Oración Peligrosa" a continuación fue diseñada para destruir este altar maligno de somnolencia y falta de oración.

ORACIÓN DE ACTIVACIÓN

1. Dirigirse al Padre en alabanza y adoración

Padre Celestial, santo es Tu nombre y grandemente para ser alabado. Te adoro en el nombre de Jesús. Que Tu Reino se manifieste en mi vida como en el Cielo. Defiende mi causa, oh, Señor, con aquellos que luchan conmigo; lucha contra cualquier entidad o persona que este contendiendo en mi contra. Padre Celestial, está escrito en Salmo 27:6, *"Y ahora mi cabeza se alzará sobre mis enemigos que me rodean, en Su tienda ofreceré sacrificios con gritos de alegría; cantaré, sí, cantaré alabanzas al Señor".* Abba, encomiendo mi adoración al coro celestial de adoración de Tus santos ángeles y la multitud de testigos, en el nombre de Jesús.

2. Pedir al Tribunal que se siente

Padre Celestial, Juez Justo, te pido que las Cortes del Cielo sean sentadas de acuerdo a Daniel 7:9-10. Te lo pido en el poderoso nombre de Jesús. Te pido esto en el poderoso nombre de Jesús. Está escrito:

> *Seguí mirando hasta que se levantaron tronos, y el Anciano de Días (Dios) tomó asiento; su manto era blanco como la nieve y el pelo de su cabeza como lana pura. Su trono era llamas de fuego; sus ruedas eran un fuego ardiente. Un río de fuego fluía y salía de delante de Él; mil millares le asistían, y diez mil veces diez mil Estaban de pie delante de Él; el tribunal Estaba sentado, y los libros abiertos.*

Padre Celestial, estoy solicitando el privilegio de estar delante de la corte del Anciano de Días de acuerdo a lo que fue revelado al profeta Daniel, en el nombre de Jesús, yo oro. Padre Celestial, estoy en Tu corte real por la sangre y el trabajo terminado de Jesús en la cruz. He venido a recibir Tu justo juicio sobre mi vida en contra del espíritu y el altar del *sueño o de la falta de oración* que Satanás ha plantado en mi linaje generacional. Padre Celestial, invoco a Tus santos ángeles para que sean testigos de mi demanda y justo juicio en contra del altar maligno del sueño o de la *falta de oración*. Yo decreto y declaro que este altar maligno del sueño o de la falta de *oración* no continuara matando mi vida de oración o robándome los tiempos especiales de intimidad con Dios en el lugar secreto, en el nombre de Jesús yo oro.

3. Renuncia a tus derechos de autorrepresentación al Señor como tu abogado

Padre Celestial, Tu Palabra en 1 Juan 2:1-2 dice: "*Hijitos míos, estás cosas os escribo para que no pequéis. Y si alguno peca, abogado tenemos para con el Padre, a Jesucristo el justo. Y Él mismo es la propiciación por nuestros pecados, y no solo por los nuestros, sino también por los de todo el mundo*". Te agradezco que Jesús es mi fiel Abogado ante el Juez Justo en las Cortes del Cielo. Señor Jesús, renuncio a mis derechos de autorrepresentación y te invoco como mi Abogado para que me ayudes a defender mi caso ante el Juez Justo y procesar el mal del altar del *sueño o la falta de oración* que satanás sembró en mi linaje. También pido al bendito Espíritu Santo, quien es el más alto oficial de las Cortes del Cielo aquí en la tierra, que me haga sensible a los procedimientos de está Corte para poder procesar exitosamente el malvado altar del sueño y la falta de oración en el nombre de Jesús.

4. Invoca al altar del mal y al ídolo que se sienta sobre él para que comparezcan ante el tribunal.

Padre Celestial, al estar en Tu corte real me presento a mí mismo como un sacrificio vivo, santo y aceptable delante de Ti de acuerdo a Romanos

12:1. Padre Celestial, Juez Justo, yo invoco al altar del *sueño o de la falta de oración* en mi linaje y al ídolo que se sienta en el para que comparezca en Tu corte real para ser enjuiciado en el nombre de Jesús. Porque está escrito en 1 Corintios 6:3, *"¿No sabéis que nosotros [los creyentes] juzgaremos a los ángeles? ¿Cuánto más entonces [en cuanto a] los asuntos de esta vida?"*. Padre Celestial, ejerzo la autoridad que Dios me ha dado en Cristo Jesús para juzgar demonios y principados, en el nombre de Jesús te lo ruego. Justo Juez, también está escrito en la Constitución de Tu Reino en 1 Juan 3:8, *"Para esto fue manifestado el Hijo de Dios, para deshacer las obras del diablo"*.

5. Responder a las acusaciones de Satanás y ponerse de acuerdo con el adversario

Padre Celestial, yo sé que hasta el fin de la era del pecado, satanás todavía tiene acceso legal a las Cortes del Cielo para levantar acusaciones en contra de los hijos de los hombres; porque está escrito en el libro de Apocalipsis 12:10:

> *Entonces oí una gran voz en el cielo, que decía: "Ahora han llegado la salvación, el poder y el reino (dominio, reinado) de nuestro Dios, y la autoridad de su Cristo; porque ha sido arrojado [por fin] el acusador de nuestros hermanos [creyentes], el que los acusaba y seguía presentando cargos [de comportamiento pecaminoso] contra ellos ante nuestro Dios día y noche."*

Padre Celestial, el Señor Jesús también dijo en el libro de Mateo 5:25:

> *Ponte de acuerdo rápidamente [a la primera oportunidad] con tu adversario de derecho mientras estás con él de camino [al tribunal], para que tu adversario no te entregue al juez, y el juez al guardia, y te metan en la cárcel.*

Padre Celestial, con toda humildad, mientras renuncio al espíritu de orgullo, elijo rápidamente estar de acuerdo con las acusaciones legales de mi adversario, satanás. Justo Juez, todas las acusaciones que satanás ha presentado contra mí y mi linaje en está Corte son ciertas.

6. Arrepiéntete

Padre Celestial, me arrepiento de mis transgresiones personales, y de los pecados e iniquidades de mis antepasados que abrieron la puerta para que el espíritu y el altar del *sueño o de la falta de oración* oprimieran mi vida, en el nombre de Jesús te lo pido. Señor, cada pecado de mis antepasados que el enemigo está usando como un derecho legal para construir casos en mi contra y negarme una vida de oración vibrante, te pido que la sangre de Jesús simplemente los lave. Me arrepiento de las muchas veces que he pasado el día o me he ido a la cama sin reunirme contigo en oración. También me arrepiento de las maldiciones de palabra auto infligidas y de todos los pactos con demonios que han existido en mi linaje ancestral. Te pido que todo pacto con poderes demoníacos sea revocado y que su derecho a reclamarme a mí y a mi linaje sea desechado ante Tu corte, en el nombre de Jesús. Gracias, Señor, por revocar estos pactos demoniacos y altares malignos en el poderoso nombre de Jesús. Padre Celestial, en mi sincero deseo de divorciarme del espíritu y del altar del *sueño o de la falta de oración*, te devuelvo todo y cualquier cosa que el diablo diga que viene de su reino. Solo quiero lo que la sangre de Jesús me ha asegurado.

7. Apelar a la Sangre de Jesús para Limpiar Todo Pecado (Evidencia de Satanás)

Señor Jesús, gracias por limpiarme con Tu sangre para que Satanás no tenga base legal contra mí en Tu corte. Está escrito en 1 Juan 1:9:

> *Si admitimos [libremente] que hemos pecado y confesamos nuestros pecados, Él es fiel y justo [fiel a Su propia naturaleza*

y promesas], y perdonará nuestros pecados y nos limpiará continuamente de toda maldad [nuestras malas acciones, todo lo que no esté en conformidad con Su voluntad y propósito].

Justo Juez, apelo a la sangre de Jesús para que limpie todos mis defectos, transgresiones e iniquidades, en el nombre de Jesús, te lo ruego. Recibo por fe el poder limpiador de la sangre de Jesús.

8. Pedir al Tribunal que desestime todas las acusaciones y cargos de Satanás.

Padre Celestial, basado en la obra terminada de Jesús y en mi arrepentimiento de corazón, ahora me muevo a la Corte del cielo para desechar todas las acusaciones y cargos de Satanás en contra mía y de mi linaje en el nombre de Jesús. Porque está escrito que el acusador de los hermanos ha sido arrojado. Así que, te pido Padre que deseches todas las acusaciones de satanás en mi contra, en el nombre de Jesús, te lo ruego.

9. Pídele al Señor que envíe ángeles para destruir el altar maligno y ejecutar el juicio del Señor contra él.

Padre Celestial, Juez Justo, te pido que envíes a los oficiales de alto rango de las cortes que sobresalen en fuerza para ejecutar el juicio de tu corte suprema y destruir el altar maligno del sueño o de la falta de *oración* y el ídolo que se sienta en él que Satanás plantó en mi línea de sangre, en el nombre de Jesús yo oro. Por el espíritu de profecía, yo profetizo la destrucción completa del altar maligno del sueño o de la *falta de oración* en mi vida, en el nombre de Jesús. Porque está escrito en Salmo 91:11-12, *"Porque él mandará a sus ángeles acerca de ti, para protegerte, defenderte y guardarte en todos tus caminos [de obediencia y servicio]. Te levantarán en sus manos, para que ni siquiera tropieces con piedra alguna"*. Recibo asistencia angelical, ahora mismo, en el nombre de Jesús.

10. Presente las Escrituras que se Usarán para Emitir una Orden Divina de Restricción

Padre Celestial, presento ante Tu Corte Suprema las siguientes escrituras como mi evidencia sólida contra el espíritu y el altar del *sueño o la falta de oración* en mi vida. Está escrito:

> *Jesús Estaba contando una parábola a sus discípulos para decirles que en todo momento debían orar y no desanimarse ni desfallecer* (Lucas 18:1).

> *Por eso dice: "Despierta, dormilón, y levántate de entre los muertos, y Cristo resplandecerá [como el alba] sobre ti y te iluminará"* (Efesios 5:14).

Justo Juez, basado en las escrituras antes mencionadas, es claro que el espíritu y el altar del sueño o de la falta de *oración,* si se le permite tener éxito, causaría gran daño a mi vida, destino, y también infligiría un daño irreparable a los propósitos de Dios. Pido que todo derecho legal que el espíritu y el altar del sueño o de la falta de *oración* está sosteniendo sea revocado en el glorioso nombre de Jesús. Justo Juez, basado en las escrituras antes mencionadas, es claro que califico para una orden de restricción divina contra el altar del sopor o la falta de *oración* y el ídolo que se sienta en él, en el nombre de Jesús.

11. Pedir al Tribunal que emita una Orden Divina de Restricción y Recibir la Orden Divina de Restricción por Fe.

Padre Celestial, Juez Justo, ahora te pido que una orden de restricción divina y una orden judicial permanente contra el espíritu y el altar del sueño *o de la falta de oración* en mi vida sea emitida por la autoridad de Tu Corte Suprema, en el nombre de Jesús. Padre Celestial, yo decreto y declaro que cualquier forma de letargo o falta de *oración que* el diablo ha emitido o está orquestando en contra de mi vida es ahora cancelada en el glorioso nombre de Jesús. Padre Celestial, recibo está orden divina de restricción y mandato permanente por fe, en el nombre de Jesús. Porque está escrito en la Constitución de Tu Reino en Hebreos 11:6, *"Pero sin fe es imposible [caminar con Dios y] agradarle, porque cualquiera que se acerque [a] Dios debe [necesariamente] creer que Dios existe y que Él recompensa a aquellos que [seria y diligentemente] lo buscan."* Creo y declaro por fe que el espíritu y el altar del *sueño o de la falta de oración* en mi vida han sido juzgados, ¡en el nombre de Jesús!

12. Pídele al Señor que selle tu veredicto justo y tus procedimientos judiciales con la sangre de Jesús.

Padre Celestial, Justo Juez, ahora te pido que selles mi justo veredicto contra el espíritu y el altar del *sueño o la falta de oración* en la preciosa sangre de Jesús. Que también cubras con la sangre de Jesús todos mis procedimientos legales en está Corte en el nombre de Jesús. Yo decreto y declaro que mi justo veredicto de liberación y avance del malvado altar del sueño o de la falta *de oración* está ahora asegurado en los documentos de las Cortes del Cielo. Porque está escrito en el Evangelio de Juan, capítulo 8:36, *"Así que si el Hijo os hace libres, entonces sois incuestionablemente libres."* Yo decreto y declaro que soy libre del altar maligno del sueño y de la falta de oración en el nombre de Jesús, ¡amén!

Oración #29

Desarraigar el altar de la casa de tu madre

Contra Ti, solo contra Ti, he pecado y he hecho lo que es malo ante Tus ojos, para que seas justificado cuando hablas [Tu sentencia] e impecable en Tu juicio. Fui engendrado en [un estado de] maldad; en pecado me concibió mi madre [y desde mi principio yo también fui pecador].
—Salmo 51:4-5

No es solo el altar maligno de la casa de nuestro padre con el que todos debemos lidiar, también debemos enfrentar el altar(es) maligno(s) de la casa de nuestra madre o línea de sangre. La verdad es que nuestra ascendencia espiritual proviene tanto de nuestro padre como de nuestra madre. Esto significa que tanto espiritual como genéticamente estamos profundamente influenciados, lo sepamos o no, por las tendencias espirituales y genéticas del linaje de nuestra madre. Está es la razón por la que el Rey David declara en el Salmo 51:5, *Yo fui engendrado en [un estado de] maldad; en pecado me concibió mi madre [y desde mi principio yo también fui pecador]*. David reconoce claramente que parte de la iniquidad con la que lidió en su vida se debió a la corrupción espiritual inherente al linaje de su madre. Así como procesamos y destruimos el altar maligno de la casa de nuestro padre, es tiempo de hacer lo mismo con todos los altares malignos del linaje de nuestra madre.

ORACIÓN DE ACTIVACIÓN

1. Dirigirse al Padre en alabanza y adoración

Padre Celestial, santo es Tu nombre y grandemente para ser alabado. Te adoro en el nombre de Jesús. Que Tu Reino se manifieste en mi vida como en el Cielo. Defiende mi causa, oh, Señor, con aquellos que luchan conmigo; lucha contra cualquier entidad o persona que este contendiendo en mi contra. Padre Celestial, está escrito en Salmo 27:6, *"Y ahora mi cabeza se alzará sobre mis enemigos que me rodean, en Su tienda ofreceré sacrificios con gritos de alegría; cantaré, sí, cantaré alabanzas al Señor".* Abba, encomiendo mi adoración al coro celestial de adoración de Tus santos ángeles y la multitud de testigos, en el nombre de Jesús.

2. Pedir al Tribunal que se siente

Padre Celestial, Juez Justo, te pido que las Cortes del Cielo sean sentadas de acuerdo a Daniel 7:9-10. Te lo pido en el poderoso nombre de Jesús. Te pido esto en el poderoso nombre de Jesús. Está escrito:

> *Seguí mirando hasta que se levantaron tronos, y el Anciano de Días (Dios) tomó asiento; su manto era blanco como la nieve y el pelo de su cabeza como lana pura. Su trono era llamas de fuego; sus ruedas eran un fuego ardiente. Un río de fuego fluía y salía de delante de Él; mil millares le asistían, y diez mil veces diez mil Estaban de pie delante de Él; el tribunal Estaba sentado, y los libros abiertos.*

Padre Celestial, estoy solicitando el privilegio de estar delante de la corte del Anciano de Días de acuerdo a lo que fue revelado al profeta Daniel, en el nombre de Jesús, yo oro. Padre Celestial, estoy en Tu corte real por la sangre y el trabajo terminado de Jesús en la cruz. He venido a recibir Tu justo juicio sobre mi vida en contra del espíritu y el altar de *la casa de mi madre* que Satanás ha plantado en mi linaje generacional. Padre Celestial, invoco a Tus santos ángeles para que sean testigos de mi demanda y justo enjuiciamiento del altar maligno de *la casa de mi madre*. Yo decreto y declaro que este altar maligno de *la casa de mi madre* no me matara a mi o a los miembros de mi familia antes de nuestro tiempo señalado; tampoco me detendrá de vivir una vida pacífica y próspera aquí en la tierra, en el nombre de Jesús yo oro.

3. Renuncia a tus derechos de autorrepresentación al Señor como tu abogado

Padre Celestial, Tu Palabra en 1 Juan 2:1-2 dice: "*Hijitos míos, estás cosas os escribo para que no pequéis. Y si alguno peca, abogado tenemos para con el Padre, a Jesucristo el justo. Y Él mismo es la propiciación por nuestros pecados, y no solo por los nuestros, sino también por los de todo el mundo*". Te agradezco que Jesús es mi fiel Abogado ante el Juez Justo en las Cortes del Cielo. Señor Jesús, renuncio a mis derechos de auto representación y te invoco como mi Abogado para que me ayudes a defender mi caso ante el Juez Justo y procesar el mal del altar de *la casa de mi madre* que satanás sembró en mi linaje. También le pido al bendito Espíritu Santo, quien es el más alto oficial de las Cortes del Cielo aquí en la tierra, que me haga sensible a los procedimientos de está Corte para poder procesar exitosamente el mal del altar de la casa de mi madre en el nombre de Jesús.

4. Invoca al altar del mal y al ídolo que se sienta sobre él para que comparezcan ante el tribunal.

Padre Celestial, al estar en Tu corte real me presento a mí mismo como un sacrificio vivo, santo y aceptable delante de Ti de acuerdo a Romanos 12:1. Padre Celestial, Juez Justo, yo invoco al altar de *la casa de mi madre* en mi linaje y al ídolo que se sienta en el para que comparezca en Tu corte real para ser enjuiciado en el nombre de Jesús. Porque está escrito en 1 Corintios

6:3: *"¿No sabéis que nosotros [los creyentes] juzgaremos a los ángeles? ¿Cuánto más entonces [en cuanto a] los asuntos de esta vida?".* Padre Celestial, ejerzo la autoridad que Dios me ha dado en Cristo Jesús para juzgar demonios y principados, en el nombre de Jesús te lo ruego. Justo Juez, también está escrito en la Constitución de Tu Reino en 1 Juan 3:8, *"Para esto fue manifestado el Hijo de Dios, para deshacer las obras del diablo".*

5. Responder a las acusaciones de Satanás y ponerse de acuerdo con el adversario

Padre Celestial, yo sé que hasta el fin de la era del pecado, satanás todavía tiene acceso legal a las Cortes del Cielo para levantar acusaciones en contra de los hijos de los hombres; porque está escrito en el libro de Apocalipsis 12:10:

> *Entonces oí una gran voz en el cielo, que decía: "Ahora han llegado la salvación, el poder y el reino (dominio, reinado) de nuestro Dios, y la autoridad de su Cristo; porque ha sido arrojado [por fin] el acusador de nuestros hermanos [creyentes], el que los acusaba y seguía presentando cargos [de conducta pecaminosa] contra ellos ante nuestro Dios día y noche."*

Padre Celestial, el Señor Jesús también dijo en el libro de Mateo 5:25:

> *Ponte de acuerdo rápidamente [a la primera oportunidad] con tu adversario de derecho mientras estás con él de camino [al tribunal], para que tu adversario no te entregue al juez, y el juez al guardia, y te metan en la cárcel.*

Padre Celestial, con toda humildad, mientras renuncio al espíritu de orgullo, elijo rápidamente estar de acuerdo con las acusaciones legales de mi adversario, satanás. Justo Juez, todas las acusaciones que satanás ha presentado contra mí y mi linaje en está Corte son ciertas.

6. Arrepiéntete

Padre Celestial, me arrepiento por mis transgresiones personales, y por los pecados e iniquidades de mis antepasados que abrieron la puerta para que el espíritu y el altar de *la casa de mi madre* oprimieran mi vida, en el nombre de Jesús te lo pido. Señor, cada pecado de mis antepasados que el enemigo está usando como un derecho legal para construir casos en mi contra y negarme mi destino, te pido que la sangre de Jesús simplemente los lave. Me arrepiento de cualquier cosa que tenga en común con la iniquidad del linaje de mi madre. También me arrepiento de las maldiciones de palabra auto infligidas y de todos los pactos con demonios que hayan existido en mi línea de sangre ancestral. Te pido que cada pacto con los poderes demoníacos sea revocado y que su derecho a reclamarme a mí y a mi línea de sangre sea desechado ante Tu corte, en el nombre de Jesús. Gracias, Señor, por revocar estos pactos demoniacos y los altares malignos de la casa de mi madre en el poderoso nombre de Jesús. Padre Celestial, en mi sincero deseo de divorciarme del espíritu y del altar de *la casa de mi madre*, te devuelvo todo y cualquier cosa que el diablo diga que viene de su reino. Solo quiero lo que la sangre de Jesús me ha asegurado.

7. Apelar a la Sangre de Jesús para Limpiar Todo Pecado (Evidencia de Satanás)

Señor Jesús, gracias por limpiarme con Tu sangre para que Satanás no tenga base legal contra mí en Tu corte. Está escrito en 1 Juan 1:9:

> *Si admitimos [libremente] que hemos pecado y confesamos nuestros pecados, Él es fiel y justo [fiel a Su propia naturaleza y promesas], y perdonará nuestros pecados y nos limpiará continuamente de toda maldad [nuestras malas acciones, todo lo que no esté en conformidad con Su voluntad y propósito].*

Justo Juez, apelo a la sangre de Jesús para que limpie todos mis defectos, transgresiones e iniquidades, en el nombre de Jesús, te lo ruego. Recibo por fe el poder limpiador de la sangre de Jesús.

8. Pedir al Tribunal que desestime todas las acusaciones y cargos de Satanás.

Padre Celestial, basado en la obra terminada de Jesús y en mi arrepentimiento de corazón, ahora me muevo a la Corte del cielo para desechar todas las acusaciones y cargos de Satanás en contra mía y de mi linaje en el nombre de Jesús. Porque está escrito que el acusador de los hermanos ha sido arrojado. Así que, te pido Padre que deseches todas las acusaciones de satanás en mi contra, en el nombre de Jesús, te lo ruego.

9. Pídele al Señor que envíe ángeles para destruir el altar maligno y ejecutar el juicio del Señor contra él.

Padre Celestial, Juez Justo, te pido que envíes oficiales angelicales de alto rango de las Cortes que sobresalgan en fuerza para ejecutar el juicio de Tu corte suprema y destruir el altar maligno de la *casa de mi madre* y el ídolo que se sienta en él que satanás plantó en mi línea de sangre, en el nombre de Jesús yo oro. Por el espíritu de profecía, profetizo la destrucción completa del altar maligno de *la casa de mi madre* en mi vida, en el nombre de Jesús. Porque está escrito en Salmo 91:11-12, *"Porque Él ordenará a Sus ángeles con respecto a ti, para protegerte y defenderte y guardarte en todos tus caminos [de obediencia y servicio]. Te levantarán en sus manos, para que ni siquiera tropieces con piedra alguna".* Recibo asistencia angelical, ahora mismo, en el nombre de Jesús.

10. Presente las Escrituras que se Usarán para Emitir una Orden Divina de Restricción

Padre Celestial, presento ante Tu Corte Suprema las siguientes escrituras como mi evidencia solida contra el espíritu y el altar de *la casa de mi madre* en mi vida. Está escrito:

Cuando pasé junto a ti y te vi retorciéndote en tu sangre [de recién nacido], te dije mientras Estabas allí en tu sangre: "¡Vive!". Sí, te dije mientras Estabas allí en tu sangre: "¡Vive!". (Ezequiel 16:6)

El ladrón no viene sino para robar, matar y destruir. Yo he venido para que tengan vida, y para que la tengan en abundancia (Juan 10:10).

Justo Juez, basado en las escrituras antes mencionadas, es claro que el espíritu y el altar de *la casa de mi madre,* si se le permite tener éxito, causaría gran daño a mi vida, destino, y también infligiría un daño irreparable a los propósitos de Dios. Pido que todo derecho legal que el espíritu y el altar de *la casa de mi madre* están sosteniendo sea revocado en el glorioso nombre de Jesús. Justo Juez, basado en las escrituras antes mencionadas, es claro que califico para una orden de restricción divina contra el altar de *la casa de mi madre* y el ídolo que se sienta en él, en el nombre de Jesús.

11. Pedir al Tribunal que emita una Orden Divina de Restricción y Recibir la Orden Divina de Restricción por Fe.

Padre Celestial, Juez Justo, ahora te pido que una orden de restricción divina y una orden judicial permanente en contra del espíritu y el altar de *la casa de mi madre* en mi vida sea emitida por la autoridad de Tu Corte Suprema, en el nombre de Jesús. Padre Celestial, yo decreto y declaro que cualquier cosa que el diablo haya emitido o este orquestando en contra de mi vida usando el altar maligno de la *casa de mi madre* es ahora cancelado en el glorioso nombre de Jesús. Padre Celestial, recibo está orden divina de restricción y mandato permanente por fe, en el nombre de Jesús. Porque está escrito en la Constitución de Tu Reino en Hebreos 11:6, *"Pero sin fe es imposible [caminar con Dios y] agradarle, porque cualquiera que se acerque [a Dios] debe [necesariamente] creer que Dios existe y que Él recompensa a aquellos que [seria y diligentemente] lo buscan".* Creo y declaro por fe que el espíritu y el altar de *la casa de mi madre* en mi vida han sido juzgados, ¡en el nombre de Jesús!

12. Pídele al Señor que selle tu veredicto justo y tus procedimientos judiciales con la sangre de Jesús.

Padre Celestial, Justo Juez, ahora te pido que selles mi justo veredicto contra el espíritu y el altar de *la casa de mi madre* con la preciosa sangre de Jesús. Que también cubras con la sangre de Jesús todos mis procedimientos legales en está Corte en el nombre de Jesús. Yo decreto y declaro que mi justo veredicto de liberación y ruptura del malvado altar de *la casa de mi madre* está ahora asegurado en los documentos de las Cortes del Cielo. Porque está escrito en el Evangelio de Juan, capítulo 8:36, *"Así que si el Hijo os hace libres, entonces sois incuestionablemente libres."* Yo decreto y declaro que soy libre del altar maligno de la casa de mi madre en el nombre de Jesús, ¡amén!

Oración #30

Desarraigar el altar de la desnudez

Entonces los hombres de la ciudad dijeron a Eliseo: "Mira, está ciudad está en un lugar agradable, según ve mi señor [Eliseo]; pero el agua es mala y la tierra es estéril."
—**2 Reyes 2:19**

Cuando busqué palabras sinónimas de la palabra "desnudez" en el tesauro en línea, aparecieron rápidamente las siguientes.

1. sin hijos
2. infructuosidad
3. impotencia
4. infertilidad
5. improductividad
6. infecundidad

Cuando analicé el significado de todas estas palabras, ¡una cosa Estaba clara! Ninguna de ellas representa la voluntad de Dios para la humanidad. Son muchos matrimonios ahora mismo que se dirigen hacia la corte de Divorcio por la ausencia de hijos en el matrimonio. Son maridos que han justificado aventuras sexuales con su amante en busca de hijos porque por cualquier razón su legítima esposa está desnuda. Sin embargo, como sugieren las palabras anteriores, la "desnudez" va más allá de no tener hijos en el matrimonio y abarca la falta de productividad o fecundidad en cualquier empresa humana, especialmente en los negocios. Afortunadamente, la siguiente "Oración peligrosa" está diseñada para ayudarte a destruir el altar maligno de la desnudez.

ORACIÓN DE ACTIVACIÓN

1. Dirigirse al Padre en alabanza y adoración

Padre Celestial, santo es Tu nombre y grandemente para ser alabado. Te adoro en el nombre de Jesús. Que Tu Reino se manifieste en mi vida como en el Cielo. Defiende mi causa, oh, Señor, con aquellos que luchan conmigo; lucha contra cualquier entidad o persona que este contendiendo en mi contra. Padre Celestial, está escrito en Salmo 27:6, *"Y ahora mi cabeza se alzará sobre mis enemigos que me rodean, en Su tienda ofreceré sacrificios con gritos de alegría; cantaré, sí, cantaré alabanzas al Señor"*. Abba, encomiendo mi adoración al coro celestial de adoración de Tus santos ángeles y la multitud de testigos, en el nombre de Jesús.

2. Pedir al Tribunal que se siente

Padre Celestial, Juez Justo, te pido que las Cortes del Cielo sean sentadas de acuerdo a Daniel 7:9-10. Te lo pido en el poderoso nombre de Jesús. Te pido esto en el poderoso nombre de Jesús. Está escrito:

> *Seguí mirando hasta que se levantaron tronos, y el Anciano de Días (Dios) tomó asiento; su manto era blanco como la nieve y el pelo de su cabeza como lana pura. Su trono era llamas de fuego; sus ruedas eran un fuego ardiente. Un río de fuego fluía y salía de delante de Él; mil millares le asistían, y diez mil*

veces diez mil Estaban de pie delante de Él; el tribunal Estaba sentado, y los libros abiertos.

Padre Celestial, estoy solicitando el privilegio de estar delante de la corte del Anciano de Días de acuerdo a lo que fue revelado al profeta Daniel, en el nombre de Jesús, yo oro. Padre Celestial, estoy en Tu corte real por la sangre y el trabajo terminado de Jesús en la cruz. He venido a recibir Tu justo juicio sobre mi vida en contra del espíritu y el altar de la *desnudez* que Satanás ha plantado en mi linaje generacional. Padre Celestial, invoco a Tus santos ángeles para que sean testigos de mi demanda y justo juicio en contra del malvado altar de la *desnudez*. Yo decreto y declaro que este altar maligno de la *desnudez* no me robara la oportunidad que Dios me ha dado de dar a luz a mis propios hijos; tampoco hará estériles mis negocios y carreras, en el nombre de Jesús yo oro.

3. Renuncia a tus derechos de autorrepresentación al Señor como tu abogado

Padre Celestial, Tu Palabra en 1 Juan 2:1-2 dice: "*Hijitos míos, estás cosas os escribo para que no pequéis. Y si alguno peca, abogado tenemos para con el Padre, a Jesucristo el justo. Y Él mismo es la propiciación por nuestros pecados, y no solo por los nuestros, sino también por los de todo el mundo*". Te agradezco que Jesús es mi fiel Abogado ante el Juez Justo en las Cortes del Cielo. Señor Jesús, renuncio a mis derechos de autorrepresentación y te invoco como mi Abogado para que me ayudes a defender mi caso ante el Juez Justo y procesar el mal del altar de la *desnudez* que satanás plantó en mi linaje. También pido al bendito Espíritu Santo, quien es el más alto oficial de las Cortes del Cielo aquí en la tierra, que me haga sensible a los procedimientos de está Corte para poder procesar exitosamente el malvado altar de la desnudez en el nombre de Jesús.

4. Invoca al altar del mal y al ídolo que se sienta sobre él para que comparezcan ante el tribunal.

Padre Celestial, al estar en Tu corte real me presento a mí mismo como un sacrificio vivo, santo y aceptable delante de Ti de acuerdo a Romanos 12:1. Padre Celestial, Juez Justo, yo invoco al altar de la *desnudez* en mi línea de sangre y al ídolo que se sienta en el para que comparezca en Tu corte real para ser enjuiciado en el nombre de Jesús. Porque está escrito en 1 Corintios 6:3, *"¿No sabéis que nosotros [los creyentes] juzgaremos a los ángeles? ¿Cuánto más entonces [en cuanto a] los asuntos de esta vida?"*. Padre Celestial, ejerzo la autoridad que Dios me ha dado en Cristo Jesús para juzgar demonios y principados, en el nombre de Jesús te lo ruego. Justo Juez, también está escrito en la Constitución de Tu Reino en 1 Juan 3:8, *"Para esto fue manifestado el Hijo de Dios, para deshacer las obras del diablo"*.

5. Responder a las acusaciones de Satanás y ponerse de acuerdo con el adversario

Padre Celestial, yo sé que hasta el fin de la era del pecado, satanás todavía tiene acceso legal a las Cortes del Cielo para levantar acusaciones en contra de los hijos de los hombres; porque está escrito en el libro de Apocalipsis 12:10:

> *Entonces oí una gran voz en el cielo, que decía: "Ahora han llegado la salvación, el poder y el reino (dominio, reinado) de nuestro Dios, y la autoridad de su Cristo; porque ha sido arrojado [por fin] el acusador de nuestros hermanos [creyentes], el que los acusaba y seguía presentando cargos [de conducta pecaminosa] contra ellos ante nuestro Dios día y noche."*

Padre Celestial, el Señor Jesús también dijo en el libro de Mateo 5:25:

> *Ponte de acuerdo rápidamente [a la mayor brevedad posible] con tu adversario de derecho mientras estás con él de camino*

> *[al tribunal], para que tu adversario no te entregue al juez, y el juez al guardia, y te metan en la cárcel.*

Padre Celestial, con toda humildad, mientras renuncio al espíritu de orgullo, elijo rápidamente estar de acuerdo con las acusaciones legales de mi adversario, satanás. Justo Juez, todas las acusaciones que satanás ha presentado contra mí y mi linaje en está Corte son ciertas.

6. *Arrepiéntete*

Padre Celestial, me arrepiento por mis transgresiones personales, y por los pecados e iniquidades de mis antepasados que abrieron la puerta para que el espíritu y el altar de la *desnudez* oprimieran mi vida, en el nombre de Jesús te lo ruego. Señor, por cada pecado de mis antepasados que el enemigo está usando como un derecho legal para construir casos en mi contra y negarme mi destino a través de la desnudez. Te pido que la sangre de Jesús los lave. También me arrepiento por maldiciones de palabras auto infligidas y todos los pactos con demonios de desnudez que han existido en mi linaje ancestral. Te pido que cada pacto con los poderes demoniacos sea revocado y que su derecho a reclamarme a mí y a mi linaje sea desechado ante Tu corte, en el nombre de Jesús. Gracias, Señor, por revocar estos pactos demoniacos y altares malignos de desnudez en el poderoso nombre de Jesús. Padre Celestial, en mi sincero deseo de divorciarme del espíritu y del altar de la *desnudez* te devuelvo todo y cualquier cosa que el diablo diga que viene de su reino. Solo quiero lo que la sangre de Jesús me ha asegurado.

7. *Apelar a la Sangre de Jesús para Limpiar Todo Pecado (Evidencia de Satanás)*

Señor Jesús, gracias por limpiarme con Tu sangre para que Satanás no tenga base legal contra mí en Tu corte. Está escrito en 1 Juan 1:9:

> *Si admitimos [libremente] que hemos pecado y confesamos nuestros pecados, Él es fiel y justo [fiel a Su propia naturale-*

za y promesas], y perdonará nuestros pecados y nos limpiará continuamente de toda maldad [nuestras malas acciones, todo lo que no esté en conformidad con Su voluntad y propósito].

Justo Juez, apelo a la sangre de Jesús para que limpie todos mis defectos, transgresiones e iniquidades, en el nombre de Jesús, te lo ruego. Recibo por fe el poder limpiador de la sangre de Jesús.

8. *Pedir al Tribunal que desestime todas las acusaciones y cargos de Satanás.*

Padre Celestial, basado en la obra terminada de Jesús y en mi arrepentimiento de corazón, ahora me muevo a la Corte del cielo para desechar todas las acusaciones y cargos de Satanás en contra mía y de mi linaje en el nombre de Jesús. Porque está escrito que el acusador de los hermanos ha sido arrojado. Así que, te pido Padre que deseches todas las acusaciones de satanás en mi contra, en el nombre de Jesús, te lo ruego.

9. *Pídele al Señor que envíe ángeles para destruir el altar maligno y ejecutar el juicio del Señor contra él.*

Padre Celestial, Juez Justo, te pido que envíes oficiales angélicos de alto rango de las Cortes que sobresalgan en fuerza para ejecutar el juicio de Tu corte suprema y destruir el altar maligno de la *desnudez* y el ídolo que se sienta en él que satanás plantó en mi línea de sangre, en el nombre de Jesús yo oro. Por el espíritu de profecía, profetizo la destrucción completa del altar maligno de la *desnudez* en mi vida, en el nombre de Jesús. Porque está escrito en Salmo 91:11-12, *"Porque él mandará a sus ángeles acerca de ti, para protegerte, defenderte y guardarte en todos tus caminos [de obediencia y servicio]. Te levantarán en sus manos, para que ni siquiera tropieces con piedra alguna".* Recibo asistencia angelical, ahora mismo, en el nombre de Jesús.

10. Presente las Escrituras que se Usarán para Emitir una Orden Divina de Restricción

Padre Celestial, presento ante Tu Corte Suprema las siguientes escrituras como mi sólida evidencia contra el espíritu y el altar de la *desnudez* en mi vida. Está escrito:

> *Nadie sufrirá aborto ni será **estéril** en tu tierra; yo cumpliré el número de tus días* (Éxodo 23:26).

> *Entonces Eliseo fue al manantial de agua, echó la sal en él y dijo: "Así dice el Señor: 'Yo [no la sal] he purificado y sanado estás aguas; ya no habrá muerte ni **esterilidad** por su causa'"* (1 Reyes 2:21).

Justo Juez, basado en las escrituras antes mencionadas, es claro para mí que el espíritu y el altar de *la desnudez,* si se le permitiera tener éxito, causaría gran daño a mi vida, destino, y también infligiría un daño irreparable a los propósitos de Dios. Pido que cada derecho legal que el espíritu y el altar de la *desnudez* están sosteniendo sea revocado en el glorioso nombre de Jesús. Justo Juez, basado en las escrituras antes mencionadas, es claro que califico para una orden de restricción divina contra el altar de la *desnudez* y el ídolo que se sienta en él, en el nombre de Jesús.

11. Pedir al Tribunal que emita una Orden Divina de Restricción y Recibir la Orden Divina de Restricción por Fe.

Padre Celestial, Juez Justo, ahora te pido que una orden divina de restricción y una orden permanente contra el espíritu y el altar de la *desnudez* en mi vida sea emitida por la autoridad de Tu Corte Suprema, en el nombre de Jesús. Padre Celestial, yo decreto y declaro que toda forma de *desnudez que* el diablo ha emitido o está orquestando en contra de mi vida es ahora cancelada en el glorioso nombre de Jesús. Padre Celestial, yo recibo está orden divina de restricción y orden permanente por fe, en el nombre de Jesús. Porque está escrito en la Constitución de Tu Reino en Hebreos 11:6, *"Pero sin fe es imposible [caminar con Dios y] agradarle, porque cualquiera que se acerque [a] Dios debe [necesariamente] creer que Dios existe y que Él recompensa a aquellos que [seria y diligentemente] lo buscan."* Creo y declaro por fe que el espíritu y el altar de la *desnudez* en mi vida han sido juzgados, ¡en el nombre de Jesús!

12. Pídele al Señor que selle tu veredicto justo y tus procedimientos judiciales con la sangre de Jesús.

Padre Celestial, Justo Juez, ahora te pido que selles mi justo veredicto contra el espíritu y el altar de la *desnudez* en la preciosa sangre de Jesús. Que también cubras con la sangre de Jesús todos mis procedimientos legales en está Corte en el nombre de Jesús. Yo decreto y declaro que mi justo veredicto de liberación y ruptura del malvado altar de *la desnudez* está ahora asegurado en los documentos de las Cortes del Cielo. Porque está escrito en el Evangelio de Juan, capítulo 8:36, *"Así que si el Hijo os hace libres, entonces sois incuestionablemente libres."* Yo decreto y declaro que soy libre del altar maligno de la desnudez en el nombre de Jesús, ¡amén!

Oración #31

Desarraigar el altar de la infructuosidad

Viendo una higuera solitaria al borde del camino, se acercó a ella y no encontró en ella más que hojas; y le dijo: "Nunca más volverá a salir fruto de ti". Y al instante la higuera se secó.
—**Mateo 21:19**

Uno de los primeros mandamientos que Dios dio al hombre en el jardín del Edén es ¡ser fructífero! Por lo tanto, la fecundidad es una parte esencial de la existencia del hombre aquí en la tierra. Cuando somos fructíferos, estamos honrando nuestro verdadero propósito de ser. Muchas personas han pasado la prueba de la existencia, pero han fallado la prueba de la esencia porque no están siendo fructíferos en lo que Dios los llamó a ser. Ya que la fecundidad está atada a nuestra esencia, a satanás le encanta asignar altares de infructuosidad a las vidas de las personas, especialmente a los cristianos. La fecundidad es tan importante que Jesús maldijo a la higuera por no producir fruto. Que no acabes como la higuera. Por favor, utiliza la "Oración peligrosa" que encontrarás a continuación para desarraigar y destruir el altar maligno de la infructuosidad.

ORACIÓN DE ACTIVACIÓN

1. Dirigirse al Padre en alabanza y adoración

Padre Celestial, santo es Tu nombre y grandemente para ser alabado. Te adoro en el nombre de Jesús. Que Tu Reino se manifieste en mi vida como en el Cielo. Defiende mi causa, oh, Señor, con aquellos que luchan conmigo; lucha contra cualquier entidad o persona que este contendiendo en mi contra. Padre Celestial, está escrito en Salmo 27:6, *"Y ahora mi cabeza se alzará sobre mis enemigos que me rodean, en Su tienda ofreceré sacrificios con gritos de alegría; cantaré, sí, cantaré alabanzas al Señor".* Abba, encomiendo mi adoración al coro celestial de adoración de Tus santos ángeles y la multitud de testigos, en el nombre de Jesús.

2. Pedir al Tribunal que se siente

Padre Celestial, Juez Justo, te pido que las Cortes del Cielo sean sentadas de acuerdo a Daniel 7:9-10. Te lo pido en el poderoso nombre de Jesús. Te pido esto en el poderoso nombre de Jesús. Está escrito:

> *Seguí mirando hasta que se levantaron tronos, y el Anciano de Días (Dios) tomó asiento; su manto era blanco como la nieve y el pelo de su cabeza como lana pura. Su trono era llamas de fuego; sus ruedas eran un fuego ardiente. Un río de fuego fluía y salía de delante de Él; mil millares le asistían, y diez mil veces diez mil Estaban de pie delante de Él; el tribunal Estaba sentado, y los libros abiertos.*

Padre Celestial, estoy solicitando el privilegio de estar delante de la corte del Anciano de Días de acuerdo a lo que fue revelado al profeta Daniel, en el nombre de Jesús, yo oro. Padre Celestial, estoy en Tu corte real por la sangre y el trabajo de Jesús en la cruz. He venido a recibir Tu justo juicio sobre mi vida en contra del espíritu y el altar de *infructuosidad* que Satanás ha plantado en mi linaje generacional. Padre Celestial, invoco a Tus santos ángeles para que sean testigos de mi demanda y justo juicio en contra del altar maligno de la *infructuosidad*. Yo decreto y declaro que este altar maligno de *infructuosidad* no matara mi habilidad de ser fructífero en todos mis ministerios o negocios, en el nombre de Jesús yo oro.

3. Renuncia a tus derechos de autorrepresentación al Señor como tu abogado

Padre Celestial, Tu Palabra en 1 Juan 2:1-2 dice: "*Hijitos míos, estás cosas os escribo para que no pequéis. Y si alguno peca, abogado tenemos para con el Padre, a Jesucristo el justo. Y Él mismo es la propiciación por nuestros pecados, y no solo por los nuestros, sino también por los de todo el mundo*". Te agradezco que Jesús es mi fiel Abogado ante el Juez Justo en las Cortes del Cielo. Señor Jesús, renuncio a mis derechos de autorrepresentación y te invoco como mi Abogado para que me ayudes a defender mi caso ante el Juez Justo y procesar el mal del altar de *infructuosidad* que satanás plantó en mi linaje. También pido al bendito Espíritu Santo, quien es el más alto oficial de las Cortes del Cielo aquí en la tierra, que me haga sensible a los procedimientos de está Corte para poder procesar exitosamente el malvado altar de la infructuosidad en el nombre de Jesús.

4. Invoca al altar del mal y al ídolo que se sienta sobre él para que comparezcan ante el tribunal.

Padre Celestial, al estar en Tu corte real me presento a mí mismo como un sacrificio vivo, santo y aceptable delante de Ti de acuerdo a Romanos 12:1. Padre Celestial, Juez Justo, yo invoco al altar de *la infructuosidad* en mi linaje y al ídolo que se sienta en el para que comparezca en Tu corte real para ser enjuiciado en el nombre de Jesús. Porque está escrito en 1 Corintios 6:3, *"¿No sabéis que nosotros [los creyentes] juzgaremos a los ángeles? ¿Cuánto más entonces [en cuanto a] los asuntos de esta vida?"*. Padre Celestial, ejerzo la autoridad que Dios me ha dado en Cristo Jesús para juzgar demonios y principados, en el nombre de Jesús te lo ruego. Justo Juez, también está escrito en la Constitución de Tu Reino en 1 Juan 3:8, *"Para esto fue manifestado el Hijo de Dios, para deshacer las obras del diablo"*.

5. Responder a las acusaciones de Satanás y ponerse de acuerdo con el adversario

Padre Celestial, yo sé que hasta el fin de la era del pecado, satanás todavía tiene acceso legal a las Cortes del Cielo para levantar acusaciones en contra de los hijos de los hombres; porque está escrito en el libro de Apocalipsis 12:10:

> *Entonces oí una gran voz en el cielo, que decía: "Ahora han llegado la salvación, el poder y el reino (dominio, reinado) de nuestro Dios, y la autoridad de su Cristo; porque ha sido arrojado [por fin] el acusador de nuestros hermanos [creyentes], el que los acusaba y seguía presentando cargos [de conducta pecaminosa] contra ellos ante nuestro Dios día y noche."*

Padre Celestial, el Señor Jesús también dijo en el libro de Mateo 5:25:

> *Ponte de acuerdo rápidamente [a la primera oportunidad] con tu adversario de derecho mientras estás con él de camino [al tribunal], para que tu adversario no te entregue al juez, y el juez al guardia, y te metan en la cárcel.*

Padre Celestial, con toda humildad, mientras renuncio al espíritu de orgullo, elijo rápidamente estar de acuerdo con las acusaciones legales de mi adversario, satanás. Justo Juez, todas las acusaciones que satanás ha presentado contra mí y mi linaje en está Corte son ciertas.

6. Arrepiéntete

Padre Celestial, me arrepiento de mis transgresiones personales, y de los pecados e iniquidades de mis antepasados que abrieron la puerta para que el espíritu y el altar de *la infructuosidad* opriman mi vida, en el nombre de Jesús te lo pido. Señor, cada pecado de mis antepasados que el enemigo está usando como un derecho legal para construir casos en mi contra y negarme mi destino, te pido que la sangre de Jesús los lave. Me arrepiento de no haber aprovechado el potencial que Dios me ha dado. También me arrepiento por maldiciones de palabras autoinfligidas y todos los pactos con demonios que han existido en mi linaje ancestral. Te pido que cada pacto con los poderes demoníacos sea revocado y que su derecho a reclamarme a mí y a mi linaje sea desechado ante Tu corte, en el nombre de Jesús. Gracias, Señor, por revocar estos pactos demoniacos y altares malignos de infructuosidad en el poderoso nombre de Jesús. Padre Celestial, en mi sincero deseo de divorciarme del espíritu y del altar de lo *infructuoso*, te devuelvo todo y cualquier cosa que el diablo diga que viene de su reino. Solo quiero lo que la sangre de Jesús me ha asegurado.

7. Apelar a la Sangre de Jesús para Limpiar Todo Pecado (Evidencia de Satanás)

Señor Jesús, gracias por limpiarme con Tu sangre para que Satanás no tenga base legal contra mí en Tu corte. Está escrito en 1 Juan 1:9:

> *Si admitimos [libremente] que hemos pecado y confesamos nuestros pecados, Él es fiel y justo [fiel a Su propia naturaleza y promesas], y perdonará nuestros pecados y nos limpiará continuamente de toda maldad [nuestras malas acciones, todo lo que no esté en conformidad con Su voluntad y propósito].*

Justo Juez, apelo a la sangre de Jesús para que limpie todos mis defectos, transgresiones e iniquidades, en el nombre de Jesús, te lo ruego. Recibo por fe el poder limpiador de la sangre de Jesús.

8. Pedir al Tribunal que desestime todas las acusaciones y cargos de Satanás.

Padre Celestial, basado en la obra terminada de Jesús y en mi arrepentimiento de corazón, ahora me muevo a la Corte del cielo para desechar todas las acusaciones y cargos de Satanás en contra mía y de mi linaje en el nombre de Jesús. Porque está escrito que el acusador de los hermanos ha sido arrojado. Así que, te pido Padre que deseches todas las acusaciones de satanás en mi contra, en el nombre de Jesús, te lo ruego.

9. Pídele al Señor que envíe ángeles para destruir el altar maligno y ejecutar el juicio del Señor contra él.

Padre Celestial, Juez Justo, te pido que envíes oficiales de alto rango de las cortes que sobresalgan en fuerza para ejecutar el juicio de tu corte suprema y destruyan el altar maligno de la *infructuosidad* y el ídolo que se sienta en él que satanás plantó en mi línea de sangre, en el nombre de Jesús yo oro. Por el espíritu de profecía, profetizo la destrucción completa del altar maligno de la *infructuosidad* en mi vida, en el nombre de Jesús. Porque está escrito en Salmo 91:11-12, *"Porque él mandará a sus ángeles acerca de ti, para protegerte, defenderte y guardarte en todos tus caminos [de obediencia y servicio]. Te levantarán en sus manos, para que ni siquiera tropieces con piedra alguna"*. Recibo asistencia angelical, ahora mismo, en el nombre de Jesús.

10. Presente las Escrituras que se Usarán para Emitir una Orden Divina de Restricción

Padre Celestial, presento ante Tu Corte Suprema las siguientes escrituras como mi evidencia sólida contra el espíritu y altar de *infructuosidad* en mi vida. Está escrito:

El justo florecerá como la palmera datilera [longeva, erguida y útil]; crecerá como un cedro en el Líbano [majestuoso y estable] (Salmo 92:12).

Vosotros no me habéis elegido a Mí, sino que Yo os he elegido a vosotros y os he designado y colocado y plantado a propósito, para que vayáis y deis fruto y sigáis dando, y que vuestro fruto permanezca y sea duradero, para que todo lo que pidáis al Padre en Mi nombre [como Mi representante] Él os lo dé (Juan 15:16).

Justo Juez, basado en las escrituras antes mencionadas, es claro que el espíritu y el altar de la *infructuosidad*, si se le permite tener éxito, causaría gran daño a mi vida, destino, y también infligiría daño irreparable a los propósitos de Dios. Pido que todo derecho legal que el espíritu y el altar de la *infructuosidad* están sosteniendo sea revocado en el glorioso nombre de Jesús. Justo Juez, basado en las escrituras antes mencionadas, es claro que califico para una orden de restricción divina contra el altar de la *infructuosidad* y el ídolo que se sienta en él, en el nombre de Jesús.

11. Pedir al Tribunal que emita una Orden Divina de Restricción y Recibir la Orden Divina de Restricción por Fe.

Padre Celestial, Juez Justo, ahora te pido que una orden de restricción divina y una orden judicial permanente en contra del espíritu y el altar de *la infructuosidad* en mi vida sea emitida por la autoridad de Tu Corte Suprema, en el nombre de Jesús. Padre Celestial, yo decreto y declaro que cualquier y todas las formas de *infructuosidad que* el diablo tiene y está orquestando en contra de mi vida es ahora cancelada en el glorioso nombre de Jesús. Padre Celestial, yo recibo está orden divina de restricción y mandato permanente por fe, en el nombre de Jesús. Porque está escrito en la Constitución de Tu Reino en Hebreos 11:6, *"Pero sin fe es imposible [caminar con Dios y] agradarle, porque cualquiera que se acerque [a] Dios debe [necesariamente] creer que Dios existe y que Él recompensa a aquellos que [seria y diligentemente] lo buscan."* Creo y declaro por fe que el espíritu y el altar de *infructuosidad* en mi vida han sido juzgados, ¡en el nombre de Jesús!

12. Pídele al Señor que selle tu veredicto justo y tus procedimientos judiciales con la sangre de Jesús.

Padre Celestial, Justo Juez, ahora te pido que selles mi justo veredicto contra el espíritu y el altar de *la infructuosidad* en la preciosa sangre de Jesús. Que también cubras con la sangre de Jesús todos mis procedimientos legales en está Corte en el nombre de Jesús. Yo decreto y declaro que mi justo veredicto de liberación y avance del malvado altar de la *infructuosidad* está ahora asegurado en los documentos de las Cortes del Cielo. Porque está escrito en el Evangelio de Juan, capítulo 8:36, *"Así que si el Hijo os hace libres, entonces sois incuestionablemente libres."* Yo decreto y declaro que soy libre del altar maligno de la infructuosidad en el nombre de Jesús, ¡amén!

Oración #32

Desarraigar el altar de la desesperanza

Pero ellos dirán: "¡Es inútil! Porque vamos a seguir nuestros propios planes, y cada uno de nosotros actuará de acuerdo con la terquedad de su malvado corazón."
—Jeremías 18:12

No hay fuerza espiritual más poderosa que la esperanza. De hecho, la esperanza da sustancia a nuestra fe según Hebreos 11:1. La esperanza es el ingrediente más esencial en el alma humana que se requiere para permitir que el espíritu humano se eleve por encima de cualquier tragedia o circunstancia difícil. La esperanza es el poder sustentador que se eleva en el corazón humano para decir: "mañana será mejor que ayer". Sin ella, los índices de suicidios se disparan. Gran parte de la pandemia social de las personas sin hogar en Estados Unidos puede atribuirse a una pérdida de esperanza más que a una adicción a un estupefaciente. Me he cruzado con tanta gente que, en cuanto les miro a los ojos, puedo discernir fácilmente si han renunciado a la vida o al sueño que Dios les dio. Se han rendido y se han convertido en asistentes involuntarios a un altar maligno de desesperanza. Yo declaro que esto no será porción en el nombre de Jesús. Por favor usa la "Oración Peligrosa" de abajo para destruir este altar maligno y malicioso.

ORACIÓN DE ACTIVACIÓN

1. Dirigirse al Padre en alabanza y adoración

Padre Celestial, santo es Tu nombre y grandemente para ser alabado. Te adoro en el nombre de Jesús. Que Tu Reino se manifieste en mi vida como en el Cielo. Defiende mi causa, oh Señor, con aquellos que luchan conmigo; lucha contra cualquier entidad o persona que este contendiendo en mi contra. Padre Celestial, está escrito en Salmo 27:6, *"Y ahora mi cabeza se alzará sobre mis enemigos que me rodean, en Su tienda ofreceré sacrificios con gritos de alegría; cantaré, sí, cantaré alabanzas al Señor".* Abba, encomiendo mi adoración al coro celestial de adoración de Tus santos ángeles y la multitud de testigos, en el nombre de Jesús.

2. Pedir al Tribunal que se siente

Padre Celestial, Juez Justo, te pido que las Cortes del Cielo sean sentadas de acuerdo a Daniel 7:9-10. Te lo pido en el poderoso nombre de Jesús. Te pido esto en el poderoso nombre de Jesús. Está escrito:

> *Seguí mirando hasta que se levantaron tronos, y el Anciano de Días (Dios) tomó asiento; su manto era blanco como la nieve y el pelo de su cabeza como lana pura. Su trono era llamas de fuego; sus ruedas eran un fuego ardiente. Un río de fuego fluía y salía de delante de Él; mil millares le asistían, y diez mil veces diez mil Estaban de pie delante de Él; el tribunal Estaba sentado, y los libros abiertos.*

Padre Celestial, estoy solicitando el privilegio de estar delante de la corte del Anciano de Días de acuerdo a lo que fue revelado al profeta Daniel, en el nombre de Jesús, yo oro. Padre Celestial, estoy en Tu corte real por la sangre y el trabajo de Jesús en la cruz. He venido a recibir Tu justo juicio sobre mi

vida en contra del espíritu y el altar de *la desesperanza* que Satanás ha plantado en mi linaje generacional. Padre Celestial, invoco a Tus santos ángeles para que sean testigos de mi demanda y justo enjuiciamiento del malvado altar de la *desesperanza*. Yo decreto y declaro que este malvado altar de la *desesperanza* no continuara controlándome o matando mi optimismo por un mejor y brillante futuro, en el nombre de Jesús yo oro.

3. Renuncia a tus derechos de autorrepresentación al Señor como tu abogado

Padre Celestial, Tu Palabra en 1 Juan 2:1-2 dice: *"Hijitos míos, estás cosas os escribo para que no pequéis. Y si alguno peca, abogado tenemos para con el Padre, a Jesucristo el justo. Y Él mismo es la propiciación por nuestros pecados, y no solo por los nuestros, sino también por los de todo el mundo"*. Te agradezco que Jesús es mi fiel Abogado ante el Juez Justo en las Cortes del Cielo. Señor Jesús, renuncio a mis derechos de autorrepresentación y te invoco como mi Abogado para que me ayudes a defender mi caso ante el Juez Justo y procesar el mal del altar de la *desesperanza* que satanás plantó en mi linaje. También le pido al bendito Espíritu Santo, quien es el más alto oficial de las Cortes del Cielo aquí en la tierra, que me haga sensible a los procedimientos de está Corte para poder procesar exitosamente el malvado altar de la desesperanza en el nombre de Jesús.

4. Invoca al altar del mal y al ídolo que se sienta sobre él para que comparezcan ante el tribunal.

Padre Celestial, al estar en Tu corte real me presento a mí mismo como un sacrificio vivo, santo y aceptable delante de Ti de acuerdo a Romanos 12:1. Padre Celestial, Juez Justo, yo invoco al altar de *la desesperanza* en mi linaje y al ídolo que se sienta en el para que comparezca en Tu corte real para ser enjuiciado en el nombre de Jesús. Porque está escrito en 1 Corintios 6:3, *"¿No sabéis que nosotros [los creyentes] juzgaremos a los ángeles? ¿Cuánto*

más entonces [en cuanto a] los asuntos de esta vida?". Padre Celestial, ejerzo la autoridad que Dios me ha dado en Cristo Jesús para juzgar demonios y principados, en el nombre de Jesús te lo ruego. Justo Juez, también está escrito en la Constitución de Tu Reino en 1 Juan 3:8, *"Para esto fue manifestado el Hijo de Dios, para deshacer las obras del diablo".*

5. Responder a las acusaciones de Satanás y ponerse de acuerdo con el adversario

Padre Celestial, yo sé que hasta el final de la era del pecado, satanás todavía tiene acceso legal a las Cortes del Cielo para levantar acusaciones contra los hijos de los hombres; porque está escrito en el libro de Apocalipsis 12:10:

> *Entonces oí una gran voz en el cielo, que decía: "Ahora han llegado la salvación, el poder y el reino (dominio, reinado) de nuestro Dios, y la autoridad de su Cristo; porque ha sido arrojado [por fin] el acusador de nuestros hermanos [creyentes], el que los acusaba y seguía presentando cargos [de comportamiento pecaminoso] contra ellos ante nuestro Dios día y noche."*

Padre Celestial, el Señor Jesús también dijo en el libro de Mateo 5:25:

> *Ponte de acuerdo rápidamente [a la mayor brevedad posible] con tu adversario de derecho mientras estás con él de camino [al tribunal], para que tu adversario no te entregue al juez, y el juez al guardia, y te metan en la cárcel.*

Padre Celestial, con toda humildad, mientras renuncio al espíritu de orgullo, elijo rápidamente estar de acuerdo con las acusaciones legales de mi adversario, satanás. Justo Juez, todas las acusaciones que satanás ha presentado contra mí y mi linaje en está Corte son ciertas.

6. Arrepiéntete

Padre Celestial, me arrepiento por mis transgresiones personales, y por los pecados e iniquidades de mis antepasados que abrieron la puerta para que el espíritu y el altar de *la desesperanza* oprimieran mi vida, en el nombre de Jesús te lo pido. Señor, cada pecado de mis antepasados que el enemigo está usando como un derecho legal para construir casos en mi contra y negarme la esperanza, te pido que la sangre de Jesús simplemente los lave. Me arrepiento de haber renunciado a la vida y al sueño que Dios me dio. También me arrepiento por maldiciones de palabras auto infligidas y todos los pactos con demonios de desesperanza que han existido en mi linaje ancestral. Te pido que cada pacto con los poderes demoniacos sea revocado y que su derecho a reclamarme a mí y a mi linaje sea desechado ante Tu corte, en el nombre de Jesús. Gracias, Señor, por revocar estos pactos demoniacos y altares malignos de desesperanza en el poderoso nombre de Jesús. Padre Celestial, en mi sincero deseo de divorciarme del espíritu y del altar de *la desesperanza*, te devuelvo todo y cualquier cosa que el diablo diga que viene de su reino. Solo quiero lo que la sangre de Jesús me ha asegurado.

7. Apelar a la Sangre de Jesús para Limpiar Todo Pecado (Evidencia de Satanás)

Señor Jesús, gracias por limpiarme con Tu sangre para que Satanás no tenga base legal contra mí en Tu corte. Está escrito en 1 Juan 1:9:

> *Si admitimos [libremente] que hemos pecado y confesamos nuestros pecados, Él es fiel y justo [fiel a Su propia naturaleza y promesas], y perdonará nuestros pecados y nos limpiará continuamente de toda maldad [nuestras malas acciones, todo lo que no esté en conformidad con Su voluntad y propósito].*

Justo Juez, apelo a la sangre de Jesús para que limpie todos mis defectos, transgresiones e iniquidades, en el nombre de Jesús, te lo ruego. Recibo por fe el poder limpiador de la sangre de Jesús.

8. Pedir al Tribunal que desestime todas las acusaciones y cargos de Satanás.

Padre Celestial, basado en la obra terminada de Jesús y en mi arrepentimiento de corazón, ahora me muevo a la Corte del cielo para desechar todas las acusaciones y cargos de Satanás en contra mía y de mi linaje en el nombre de Jesús. Porque está escrito que el acusador de los hermanos ha sido arrojado. Así que, te pido Padre que deseches todas las acusaciones de satanás en mi contra, en el nombre de Jesús, te lo ruego.

9. Pídele al Señor que envíe ángeles para destruir el altar maligno y ejecutar el juicio del Señor contra él.

Padre Celestial, Juez Justo, te pido que envíes oficiales angélicos de alto rango de las Cortes que sobresalgan en fuerza para ejecutar el juicio de Tu corte suprema y destruir el altar maligno de la *desesperanza* y el ídolo que se sienta en él que satanás plantó en mi línea de sangre, en el nombre de Jesús yo oro. Por el espíritu de profecía, profetizo la destrucción completa del altar maligno de la *desesperanza* en mi vida, en el nombre de Jesús. Porque está escrito en Salmo 91:11-12, *"Porque él mandará a sus ángeles acerca de ti, para protegerte, defenderte y guardarte en todos tus caminos [de obediencia y servicio]. Te levantarán en sus manos, para que ni siquiera tropieces con piedra alguna".* Recibo asistencia angelical, ahora mismo, en el nombre de Jesús.

10. Presente las Escrituras que se Usarán para Emitir una Orden Divina de Restricción

Padre Celestial, presento ante Tu Corte Suprema las siguientes escrituras como mi evidencia sólida contra el espíritu y el altar de *la desesperanza* en mi vida. Está escrito:

> *Y ahora, Señor, ¿qué espero con expectación? Mi esperanza [mi espera confiada] está en Ti* (Salmo 39:7).
>
> *He aquí que el ojo del Señor está sobre los que le temen, sobre los que **esperan** en su misericordia* (Salmo 33:18 RVA).

Justo Juez, basado en las escrituras antes mencionadas, es claro que el espíritu y el altar de *la desesperanza,* si se le permite tener éxito, causaría gran daño a mi vida, destino, y también infligiría un daño irreparable a los propósitos de Dios. Pido que todo derecho legal que el espíritu y el altar de la *desesperanza* están sosteniendo sea revocado en el glorioso nombre de Jesús. Justo Juez, basado en las escrituras antes mencionadas, es claro que califico para una orden de restricción divina contra el altar de la *desesperanza* y el ídolo que se sienta en él, en el nombre de Jesús.

11. Pedir al Tribunal que emita una Orden Divina de Restricción y Recibir la Orden Divina de Restricción por Fe.

Padre Celestial, Juez Justo, ahora te pido que una orden de restricción divina y una orden judicial permanente contra el espíritu y el altar de la *desesperanza* en mi vida sea emitida por la autoridad de Tu Corte Suprema, en el nombre de Jesús. Padre Celestial, yo decreto y declaro que cualquier y todas las formas de *desesperanza que* el diablo ha emitido o está orquestando en contra de mi vida son ahora canceladas en el glorioso nombre de Jesús. Padre Celestial, yo recibo está orden divina de restricción y orden permanente por fe, en el nombre de Jesús. Porque está escrito en la Constitución de Tu Reino en Hebreos 11:6, *"Pero sin fe es imposible [caminar con Dios y] agradarle, porque cualquiera que se acerque [a] Dios debe [necesariamente] creer que Dios existe y que Él recompensa a aquellos que [seria y diligentemente] lo buscan."* Creo y declaro por fe que el espíritu y el altar de la *desesperanza* en mi vida han sido juzgados, ¡en el nombre de Jesús!

12. Pídele al Señor que selle tu veredicto justo y tus procedimientos judiciales con la sangre de Jesús.

Padre Celestial, Justo Juez, ahora te pido que selles mi justo veredicto en contra del espíritu y el altar de *la desesperanza* en la preciosa sangre de Jesús. Que también cubras con la sangre de Jesús todos mis procedimientos legales en está Corte en el nombre de Jesús. Yo decreto y declaro que mi justo veredicto de liberación y avance del malvado altar de *la desesperanza* está ahora asegurado en los documentos de las Cortes del Cielo. Porque está escrito en el Evangelio de Juan, capítulo 8:36, *"Así que si el Hijo os hace libres, entonces sois incuestionablemente libres."* Yo decreto y declaro que soy libre del altar maligno de la desesperanza en el nombre de Jesús, ¡amén!

Oración #33

Desarraigar el altar de la inquietud

Cuando me acuesto digo: "¿Cuándo me levantaré [y pasará la noche]?". Pero la noche continúa, y yo estoy continuamente dando vueltas hasta que amanece.
—Job 7:4

No hace falta decir ni contradecir que Dios nos ha llamado a una vida de descanso. Jesús nos amonesta en Mateo 11:29 a venir a Él y Él nos dará descanso para nuestras almas. Sin embargo, muchos de los hijos de Dios viven vidas inquietas. Incluso la hora de acostarse es una gran lucha. Por alguna razón no pueden relajarse y disfrutar de un sueño reparador. Lamentablemente, para muchas de estas personas, incluso las horas del día son tan inquietas como las de la noche. Job experimento el poder amenazador de este altar maligno de inquietud cuando satanás vino tras su familia y todo lo que poseía. Las compañías farmacéuticas están haciendo miles de millones de dólares en todo el mundo prescribiendo Prozac a una población de personas inquietas. Pero una píldora farmacéutica no puede deshacerse de un problema espiritual, excepto enmascararlo, temporalmente. Dios quiere destruir permanentemente el altar maligno de la inquietud que te ha estado acosando. Por favor, ¡utiliza la "Oración peligrosa" de abajo para destruir este altar maligno!

ORACIÓN DE ACTIVACIÓN

1. Dirigirse al Padre en alabanza y adoración

Padre Celestial, santo es Tu nombre y grandemente para ser alabado. Te adoro en el nombre de Jesús. Que Tu Reino se manifieste en mi vida como en el Cielo. Defiende mi causa, oh Señor, con aquellos que luchan conmigo; lucha contra cualquier entidad o persona que este contendiendo en mi contra. Padre Celestial, está escrito en Salmo 27:6, *"Y ahora mi cabeza se alzará sobre mis enemigos que me rodean, en Su tienda ofreceré sacrificios con gritos de alegría; cantaré, sí, cantaré alabanzas al Señor".* Abba, encomiendo mi adoración al coro celestial de adoración de Tus santos ángeles y la multitud de testigos, en el nombre de Jesús.

2. Pedir al Tribunal que se siente

Padre Celestial, Juez Justo, te pido que las Cortes del Cielo sean sentadas de acuerdo a Daniel 7:9-10. Te lo pido en el poderoso nombre de Jesús. Te pido esto en el poderoso nombre de Jesús. Está escrito:

> *Seguí mirando hasta que se levantaron tronos, y el Anciano de Días (Dios) tomó asiento; su manto era blanco como la nieve y el pelo de su cabeza como lana pura. Su trono era llamas de fuego; sus ruedas eran un fuego ardiente. Un río de fuego fluía y salía de delante de Él; mil millares le asistían, y diez mil veces diez mil Estaban de pie delante de Él; el tribunal Estaba sentado, y los libros abiertos.*

Padre Celestial, estoy solicitando el privilegio de estar delante de la corte del Anciano de Días de acuerdo a lo que fue revelado al profeta Daniel, en el nombre de Jesús, yo oro. Padre Celestial, estoy en Tu corte real por la sangre y el trabajo terminado de Jesús en la cruz. He venido a recibir Tu justo juicio sobre mi vida en contra del espíritu y el altar de la *inquietud* que Satanás ha plantado en mi linaje generacional. Padre Celestial, invoco a Tus santos ángeles para que sean testigos de mi demanda y justo enjuiciamiento del malvado altar de la *inquietud*. Yo decreto y declaro que este malvado altar de la *inquietud* no continuara controlándome o matando mi optimismo por un mejor y brillante futuro, en el nombre de Jesús yo oro.

3. Renuncia a tus derechos de autorrepresentación al Señor como tu abogado

Padre Celestial, Tu Palabra en 1 Juan 2:1-2 dice: *"Hijitos míos, estás cosas os escribo para que no pequéis. Y si alguno peca, abogado tenemos para con el Padre, a Jesucristo el justo. Y Él mismo es la propiciación por nuestros pecados, y no solo por los nuestros, sino también por los de todo el mundo".* Te agradezco que Jesús es mi fiel Abogado ante el Juez Justo en las Cortes del Cielo. Señor Jesús, renuncio a mis derechos de autorrepresentación y te invoco como mi Abogado para que me ayudes a defender mi caso ante el Juez Justo y procesar el mal del altar de la *inquietud* que satanás plantó en mi linaje. También le pido al bendito Espíritu Santo, quien es el más alto oficial de las Cortes del Cielo aquí en la tierra, que me haga sensible a los procedimientos de está Corte para poder procesar exitosamente el malvado altar de la inquietud en el nombre de Jesús.

4. Invoca al altar del mal y al ídolo que se sienta sobre él para que comparezcan ante el tribunal.

Padre Celestial, al estar en Tu corte real me presento a mí mismo como un sacrificio vivo, santo y aceptable delante de Ti de acuerdo a Romanos 12:1. Padre Celestial, Juez Justo, yo invoco al altar de la *intranquilidad* en mi linaje y al ídolo que se sienta en el para que comparezca en Tu corte real para ser enjuiciado en el nombre de Jesús. Porque está escrito en 1 Corintios 6:3, *"¿No sabéis que nosotros [los creyentes] juzgaremos a los ángeles? ¿Cuánto*

más entonces [en cuanto a] los asuntos de esta vida?". Padre Celestial, ejerzo la autoridad que Dios me ha dado en Cristo Jesús para juzgar demonios y principados, en el nombre de Jesús te lo ruego. Justo Juez, también está escrito en la Constitución de Tu Reino en 1 Juan 3:8, *"Para esto fue manifestado el Hijo de Dios, para deshacer las obras del diablo".*

5. Responder a las acusaciones de Satanás y ponerse de acuerdo con el adversario

Padre Celestial, yo sé que hasta el fin de la era del pecado, satanás todavía tiene acceso legal a las Cortes del Cielo para levantar acusaciones en contra de los hijos de los hombres; porque está escrito en el libro de Apocalipsis 12:10:

> *Entonces oí una gran voz en el cielo, que decía: "Ahora han llegado la salvación, el poder y el reino (dominio, reinado) de nuestro Dios, y la autoridad de su Cristo; porque ha sido arrojado [por fin] el acusador de nuestros hermanos [creyentes], el que los acusaba y seguía presentando cargos [de conducta pecaminosa] contra ellos ante nuestro Dios día y noche."*

Padre Celestial, el Señor Jesús también dijo en el libro de Mateo 5:25:

> *Ponte de acuerdo rápidamente [a la primera oportunidad] con tu adversario de derecho mientras estás con él de camino [al tribunal], para que tu adversario no te entregue al juez, y el juez al guardia, y te metan en la cárcel.*

Padre Celestial, con toda humildad, mientras renuncio al espíritu de orgullo, elijo rápidamente estar de acuerdo con las acusaciones legales de mi adversario, satanás. Justo Juez, todas las acusaciones que satanás ha presentado contra mí y mi linaje en está Corte son ciertas.

6. Arrepiéntete

Padre Celestial, me arrepiento por mis transgresiones personales, y por los pecados e iniquidades de mis antepasados que abrieron la puerta para que el espíritu y el altar de la *inquietud* oprimieran mi vida, en el nombre de Jesús te lo pido. Señor, cada pecado de mis antepasados que el enemigo está usando como un derecho legal para construir casos en mi contra y negarme una vida tranquila, te pido que la sangre de Jesús los lave. También me arrepiento por maldiciones de palabras auto infligidas y todos los pactos con demonios de inquietud que han existido en mi linaje ancestral. Te pido que cada pacto con los poderes demoniacos sea revocado y que su derecho a reclamarme a mí y a mi linaje sea desechado ante Tu corte, en el nombre de Jesús. Gracias, Señor, por revocar estos pactos demoniacos y altares malignos de inquietud en el poderoso nombre de Jesús. Padre Celestial, en mi sincero deseo de divorciarme del espíritu y del altar de la *intranquilidad*, te devuelvo todo y cualquier cosa que el diablo diga que viene de su reino. Solo quiero lo que la sangre de Jesús me ha asegurado.

7. Apelar a la Sangre de Jesús para Limpiar Todo Pecado (Evidencia de Satanás)

Señor Jesús, gracias por limpiarme con Tu sangre para que Satanás no tenga base legal contra mí en Tu corte. Está escrito en 1 Juan 1:9:

> *Si admitimos [libremente] que hemos pecado y confesamos nuestros pecados, Él es fiel y justo [fiel a Su propia naturaleza y promesas], y perdonará nuestros pecados y nos limpiará continuamente de toda maldad [nuestras malas acciones, todo lo que no esté en conformidad con Su voluntad y propósito].*

Justo Juez, apelo a la sangre de Jesús para que limpie todos mis defectos, transgresiones e iniquidades, en el nombre de Jesús, te lo ruego. Recibo por fe el poder limpiador de la sangre de Jesús.

8. Pedir al Tribunal que desestime todas las acusaciones y cargos de Satanás.

Padre Celestial, basado en la obra terminada de Jesús y en mi arrepentimiento de corazón, ahora me muevo a la Corte del cielo para desechar todas las acusaciones y cargos de Satanás en contra mía y de mi linaje en el nombre de Jesús. Porque está escrito que el acusador de los hermanos ha sido arrojado. Así que, te pido Padre que deseches todas las acusaciones de satanás en mi contra, en el nombre de Jesús, te lo ruego.

9. Pídele al Señor que envíe ángeles para destruir el altar maligno y ejecutar el juicio del Señor contra él.

Padre Celestial, Juez Justo, te pido que envíes oficiales angélicos de alto rango de las Cortes que sobresalgan en fuerza para ejecutar el juicio de Tu corte suprema y destruir el altar maligno de la *inquietud* y el ídolo que se sienta en él que satanás plantó en mi línea de sangre, en el nombre de Jesús yo oro. Por el espíritu de profecía, profetizo la destrucción completa del altar maligno de la *inquietud* en mi vida, en el nombre de Jesús. Porque está escrito en Salmo 91:11-12, *"Porque él mandará a sus ángeles acerca de ti, para protegerte, defenderte y guardarte en todos tus caminos [de obediencia y servicio]. Te levantarán en sus manos, para que ni siquiera tropieces con piedra alguna"*. Recibo asistencia angelical, ahora mismo, en el nombre de Jesús.

10. Presente las Escrituras que se Usarán para Emitir una Orden Divina de Restricción

Padre Celestial, presento ante Tu Corte Suprema las siguientes escrituras como mi evidencia sólida contra el espíritu y el altar de la *inquietud* en mi vida. Está escrito:

> *Venid a Mí todos los que estáis cansados y agobiados [por rituales religiosos que no proporcionan paz], y Yo os daré descanso [refrescando vuestras almas con la salvación]. Llevad Mi yugo sobre vosotros y aprended de Mí [siguiéndome como Mi discípulo], porque soy manso y humilde de corazón, y hallaréis descanso (renovación, bendita tranquilidad) para vuestras almas* (Mateo 11:28-29).

Justo Juez, basado en las escrituras antes mencionadas, es claro que el espíritu y el altar de la *inquietud,* si se le permite tener éxito, causaría gran daño a mi vida, destino, y también infligiría un daño irreparable a los propósitos de Dios. Pido que todo derecho legal que el espíritu y el altar de la *inquietud* están sosteniendo sea revocado en el glorioso nombre de Jesús. Justo Juez, basado en las escrituras antes mencionadas, es claro que califico para una orden de restricción divina contra el altar de la *inquietud* y el ídolo que se sienta en él, en el nombre de Jesús.

11. Pedir al Tribunal que emita una Orden Divina de Restricción y Recibir la Orden Divina de Restricción por Fe.

Padre Celestial, Juez Justo, ahora te pido que una orden de restricción divina y una orden judicial permanente contra el espíritu y el altar de la *inquietud* en mi vida sea emitida por la autoridad de Tu Corte Suprema, en el nombre de Jesús. Padre Celestial, yo decreto y declaro que cualquier y todas las formas de *intranquilidad que* el diablo ha emitido o está orquestando en contra de mi vida son ahora canceladas en el glorioso nombre de Jesús. Padre Celestial, recibo está orden divina de restricción y mandato permanente por fe, en el nombre de Jesús. Porque está escrito en la Constitución de Tu Reino en Hebreos 11:6, *"Pero sin fe es imposible [caminar con Dios y] agradarle, porque cualquiera que se acerque [a] Dios debe [necesariamente] creer que Dios existe y que Él recompensa a aquellos que [seria y diligentemente] lo buscan."*

Creo y declaro por fe que el espíritu y el altar de la *inquietud* en mi vida han sido juzgados, ¡en el nombre de Jesús!

12. Pídele al Señor que selle tu veredicto justo y tus procedimientos judiciales con la sangre de Jesús.

Padre Celestial, Justo Juez, ahora te pido que selles mi justo veredicto en contra del espíritu y el altar de la *inquietud* en la preciosa sangre de Jesús. Que también cubras con la sangre de Jesús todos mis procedimientos legales en está Corte en el nombre de Jesús. Yo decreto y declaro que mi justo veredicto de liberación y avance del malvado altar de *inquietud* está ahora asegurado en los documentos de las Cortes del Cielo. Porque está escrito en el Evangelio de Juan, capítulo 8:36, *"Así que, si el Hijo os hace libres, entonces sois incuestionablemente libres."* Yo decreto y declaro que soy libre del altar maligno de la inquietud en el nombre de Jesús, ¡amén!

Oración #34

Desarraigar el altar del abuso sexual

Cuando ella se los llevó para comer, él la agarró y le dijo: "Ven, acuéstate conmigo, hermana mía". Ella respondió: "¡No, hermano mío! No me violes, pues tal cosa no se hace en Israel; ¡no hagas está deshonra! En cuanto a mí, ¿cómo podría librarme de mi vergüenza y deshonra? Y tú, serás considerado uno de los necios de Israel. Así que ahora habla con el rey [de tomarme por esposa], pues él no te negará mi presencia". Pero él no quiso escucharla; y como era más fuerte que ella, la violó y se acostó con ella.
—2 Samuel 13:11-14

No hace falta mirar más allá de las redes sociales para ver hasta qué punto se ha sexualizado nuestra cultura moderna. Parece que todo en las redes sociales y en la televisión, por no hablar de las "películas", está muy sexualizado. Nunca he visto una cultura tan obsesionada con el sexo y la orientación sexual como la cultura en la que vivimos. Por eso no es de extrañar que estén aumentando los delitos sexuales en todo el mundo, especialmente en Estados Unidos. El sistema de acogida estadounidense, que fue diseñado para dar cobijo a niños abandonados, es en sí mismo víctima de esta cultura tan sexualizada en la que vivimos. Los Servicios de Protección de la Infancia (SPI) informan de muchos casos de abusos sexuales a niños acogidos por parte de las mismas personas que se supone que deben protegerlos. Sin duda, el mayor cáncer del alma de las naciones es el rápido aumento del tráfico sexual de niños y niñas para la satisfacción sexual de adultos desviados sexuales de todo el mundo.

Cuando vivía en Texas, en la iglesia que pastoreaba, un hermano llamado Dirk fue arrestado por la policía por abusar de dos de sus sobrinas. Las dos tenían menos de nueve años. Nos quedamos muy sorprendidos, ¡por no decir enfadados! Desde nuestro punto de vista, este hermano amaba a Jesús y tenía una gran familia. Nunca me lo hubiera imaginado en su peor día, siendo arrestado por abuso sexual de dos menores. Desgraciadamente, eso es exactamente lo que ocurrió. Ahora cumple una condena de 45 años en un correccional del estado de Texas. ¡Qué tragedia! Cuando le pregunté qué había pasado... Lágrimas de pena y arrepentimiento inundaron su rostro. Me dijo que había dejado de tomar los medicamentos que le habían recetado para reprimir sus sentimientos de pedofilia. Al parecer, la pedofilia Estaba muy extendida en el linaje de su familia. Según él, su linaje era una orgía interminable de abusos sexuales de familiares a familiares. Era un secreto a voces. Por desgracia, en aquel momento no sabía que cualquier ritual maligno en cualquier familia que forme un patrón predecible se debe a la presencia de un altar maligno en esa línea de sangre, que se alimenta de ese ritual repetitivo. Afortunadamente, la "Oración peligrosa" que aparece a continuación está diseñada para ayudar a cualquier persona que haya sufrido abusos sexuales a liberarse de este estigma vicioso y de este altar opresivo.

ORACIÓN DE ACTIVACIÓN

1. Dirigirse al Padre en alabanza y adoración

Padre Celestial, santo es Tu nombre y grandemente para ser alabado. Te adoro en el nombre de Jesús. Que Tu Reino se manifieste en mi vida como en el Cielo. Defiende mi causa, oh, Señor, con aquellos que luchan conmigo;

lucha contra cualquier entidad o persona que este contendiendo en mi contra. Padre Celestial, está escrito en Salmo 27:6, *"Y ahora mi cabeza se alzará sobre mis enemigos que me rodean, en Su tienda ofreceré sacrificios con gritos de alegría; cantaré, sí, cantaré alabanzas al Señor".* Abba, encomiendo mi adoración al coro celestial de adoración de Tus santos ángeles y la multitud de testigos, en el nombre de Jesús.

2. Pedir al Tribunal que se siente

Padre Celestial, Juez Justo, te pido que las Cortes del Cielo sean sentadas de acuerdo a Daniel 7:9-10. Te lo pido en el poderoso nombre de Jesús. Te pido esto en el poderoso nombre de Jesús. Está escrito:

> *Seguí mirando hasta que se levantaron tronos, y el Anciano de Días (Dios) tomó asiento; su manto era blanco como la nieve y el pelo de su cabeza como lana pura. Su trono era llamas de fuego; sus ruedas eran un fuego ardiente. Un río de fuego fluía y salía de delante de Él; mil millares le asistían, y diez mil veces diez mil Estaban de pie delante de Él; el tribunal Estaba sentado, y los libros abiertos.*

Padre Celestial, estoy solicitando el privilegio de estar delante de la corte del Anciano de Días de acuerdo a lo que fue revelado al profeta Daniel, en el nombre de Jesús, yo oro. Padre Celestial, estoy en Tu corte real por la sangre y el trabajo terminado de Jesús en la cruz. He venido a recibir Tu justo juicio sobre mi vida en contra del espíritu y el altar de *abuso sexual* que Satanás ha plantado en mi linaje generacional. Padre Celestial, invoco a Tus santos ángeles para que sean testigos de mi demanda y justo juicio en contra del altar maligno del *abuso sexual*. Yo decreto y declaro que este altar maligno de abuso *sexual* no continuara traumatizándome y controlándome, ni me envenenara o me detendrá de tener una visión piadosa del sexo y la sexualidad, en el nombre de Jesús yo oro.

3. Renuncia a tus derechos de autorrepresentación al Señor como tu abogado

Padre Celestial, Tu Palabra en 1 Juan 2:1-2 dice: "*Hijitos míos, estás cosas os escribo para que no pequéis. Y si alguno peca, abogado tenemos para con el Padre, a Jesucristo el justo. Y Él mismo es la propiciación por nuestros pecados, y no solo por los nuestros, sino también por los de todo el mundo*". Te agradezco que Jesús es mi fiel Abogado ante el Juez Justo en las Cortes del Cielo. Señor Jesús, renuncio a mis derechos de autorrepresentación y te invoco como mi Abogado para que me ayudes a defender mi caso ante el Juez Justo y procesar el mal del altar de *abuso sexual* que satanás sembró en mi linaje. También pido al bendito Espíritu Santo, quien es el más alto oficial de las Cortes del Cielo aquí en la tierra, que me haga sensible a los procedimientos de está Corte para poder procesar exitosamente el malvado altar de *abuso sexual* en el nombre de Jesús.

4. Invoca al altar del mal y al ídolo que se sienta sobre él para que comparezcan ante el tribunal.

Padre Celestial, al estar en Tu corte real me presento como un sacrificio vivo, santo y aceptable delante de Ti de acuerdo a Romanos 12:1. Padre Celestial, Juez Justo, yo invoco al altar de *abuso sexual* en mi linaje y al ídolo que se sienta en el para que comparezca en Tu corte real para ser enjuiciado en el nombre de Jesús. Porque está escrito en 1 Corintios 6:3, "*¿No sabéis que nosotros [los creyentes] juzgaremos a los ángeles? ¿Cuánto más entonces [en cuanto a] los asuntos de esta vida?*". Padre Celestial, ejerzo la autoridad que Dios me ha dado en Cristo Jesús para juzgar demonios y principados, en el nombre de Jesús te lo ruego. Justo Juez, también está escrito en la Constitución de Tu Reino en 1 Juan 3:8, "*Para esto fue manifestado el Hijo de Dios, para deshacer las obras del diablo*".

5. Responder a las acusaciones de Satanás y ponerse de acuerdo con el adversario

Padre Celestial, yo sé que hasta el fin de la era del pecado, satanás todavía tiene acceso legal a las Cortes del Cielo para levantar acusaciones en contra de los hijos de los hombres; porque está escrito en el libro de Apocalipsis 12:10:

> *Entonces oí una gran voz en el cielo, que decía: "Ahora han llegado la salvación, el poder y el reino (dominio, reinado) de nuestro Dios, y la autoridad de su Cristo; porque ha sido arrojado [por fin] el acusador de nuestros hermanos [creyentes], el que los acusaba y seguía presentando cargos [de comportamiento pecaminoso] contra ellos ante nuestro Dios día y noche."*

Padre Celestial, el Señor Jesús también dijo en el libro de Mateo 5:25:

> *Ponte de acuerdo rápidamente [a la primera oportunidad] con tu adversario de derecho mientras estás con él de camino [al tribunal], para que tu adversario no te entregue al juez, y el juez a la guardia, y te metan en la cárcel.*

Padre Celestial, con toda humildad, mientras renuncio al espíritu de orgullo, elijo rápidamente estar de acuerdo con las acusaciones legales de mi adversario, satanás. Justo Juez, todas las acusaciones que satanás ha presentado contra mí y mi linaje en está Corte son ciertas.

6. Arrepiéntete

Padre Celestial, me arrepiento por mis transgresiones personales, y por los pecados e iniquidades de mis antepasados que abrieron la puerta para que el espíritu y el altar del *abuso sexual* oprimieran mi vida, en el nombre de

Jesús te lo pido. Señor, cada pecado de mis antepasados que el enemigo está usando como un derecho legal para construir casos en mi contra y negarme mi destino, te pido que la sangre de Jesús los lave. También me arrepiento por maldiciones de palabras auto infligidas y todos los pactos con demonios que han existido en mi linaje ancestral. Te pido que cada pacto con los poderes demoniacos sea revocado y que su derecho a reclamarme a mí y a mi linaje sea desechado ante Tu corte, en el nombre de Jesús. Gracias, Señor, por revocar estos pactos demoniacos y altares malignos en el poderoso nombre de Jesús. Padre Celestial, en mi sincero deseo de divorciarme del espíritu y del altar del *abuso sexual*, te devuelvo todo y cualquier cosa que el diablo diga que viene de su reino. Solo quiero lo que la sangre de Jesús me ha asegurado.

7. Apelar a la Sangre de Jesús para Limpiar Todo Pecado (Evidencia de Satanás)

Señor Jesús, gracias por limpiarme con Tu sangre para que Satanás no tenga base legal contra mí en Tu corte. Está escrito en 1 Juan 1:9:

> *Si admitimos [libremente] que hemos pecado y confesamos nuestros pecados, Él es fiel y justo [fiel a Su propia naturaleza y promesas], y perdonará nuestros pecados y nos limpiará continuamente de toda maldad [nuestras malas acciones, todo lo que no esté en conformidad con Su voluntad y propósito].*

Justo Juez, apelo a la sangre de Jesús para que limpie todos mis defectos, transgresiones e iniquidades, en el nombre de Jesús, te lo ruego. Recibo por fe el poder limpiador de la sangre de Jesús.

8. Pedir al Tribunal que desestime todas las acusaciones y cargos de Satanás.

Padre Celestial, basado en la obra terminada de Jesús y en mi arrepentimiento de corazón, ahora me muevo a la Corte del cielo para desechar todas las acusaciones y cargos de Satanás en contra mía y de mi linaje en el nombre de Jesús. Porque está escrito que el acusador de los hermanos ha sido arrojado. Así que, te pido Padre que deseches todas las acusaciones de satanás en mi contra, en el nombre de Jesús, te lo ruego.

9. Pídele al Señor que envíe ángeles para destruir el altar maligno y ejecutar el juicio del Señor contra él.

Padre Celestial, Juez Justo, te pido que envíes oficiales angélicos de alto rango de las Cortes que sobresalgan en fuerza para ejecutar el juicio de Tu corte suprema y destruyan el altar maligno del *abuso sexual* y el ídolo que se sienta en él que satanás plantó en mi línea de sangre, en el nombre de Jesús yo oro. Por el espíritu de profecía, yo profetizo la destrucción completa del altar maligno del *abuso sexual* en mi vida, en el nombre de Jesús. Porque está escrito en Salmo 91:11-12, *"Porque él mandará a sus ángeles acerca de ti, para protegerte, defenderte y guardarte en todos tus caminos [de obediencia y servicio]. Te levantarán en sus manos, para que ni siquiera tropieces con piedra alguna".* Recibo asistencia angelical, ahora mismo, en el nombre de Jesús.

10. Presente las Escrituras que se Usarán para Emitir una Orden Divina de Restricción

Padre Celestial, presento ante Tu Corte Suprema las siguientes escrituras como mi evidencia sólida contra el espíritu y el altar del *abuso sexual* en mi vida. Está escrito:

> *El Espíritu del Señor Dios está sobre mí, porque el Señor me ha ungido y me ha encargado que traiga buenas noticias a los humildes y afligidos; me ha enviado a vendar [las heridas de] los quebrantados de corazón, a proclamar la liberación [del confinamiento y la condena] a los cautivos [físicos y espirituales] y la libertad a los prisioneros* (Isaías 61:1).

> *En verdes praderas me hace descansar; junto a aguas tranquilas y apacibles me conduce. Refresca y restaura mi alma (vida); me guía por sendas de justicia por amor de Su nombre* (Salmo 23:2-3).

Justo Juez, basado en las escrituras antes mencionadas, es claro que el espíritu y el altar de *abuso sexual*, si se le permite tener éxito, causaría gran daño a mi vida, destino, y también infligiría daño irreparable a los propósitos de Dios. Pido que todo derecho legal que el espíritu y el altar del abuso *sexual* están sosteniendo sea revocado en el glorioso nombre de Jesús. Justo Juez, basado en las escrituras antes mencionadas, es claro que califico para una orden de restricción divina contra el altar del *abuso sexual* y el ídolo que se sienta en él, en el nombre de Jesús.

11. Pedir al Tribunal que emita una Orden Divina de Restricción y Recibir la Orden Divina de Restricción por Fe.

Padre Celestial, Juez Justo, ahora te pido que una orden de restricción divina y una orden judicial permanente contra el espíritu y el altar del abuso *sexual* en mi vida sea emitida por la autoridad de Tu Corte Suprema, en el nombre de Jesús. Padre Celestial, yo decreto y declaro que cualquier y todas las formas de *abuso sexual que* el diablo ha emitido o está orquestando en contra de mi vida son ahora canceladas en el glorioso nombre de Jesús. Padre Celestial, yo recibo está orden divina de restricción y orden permanente por fe, en el nombre de Jesús. Porque está escrito en la Constitución de Tu Reino en Hebreos 11:6, *"Pero sin fe es imposible [caminar con Dios y] agradarle, porque cualquiera que se acerque [a] Dios debe [necesariamente] creer que Dios existe y que Él recompensa a aquellos que [seria y diligentemente] lo buscan."* Creo y declaro por fe que el espíritu y el altar del *abuso sexual* en mi vida han sido juzgados, ¡en el nombre de Jesús!

12. Pídele al Señor que selle tu veredicto justo y tus procedimientos judiciales con la sangre de Jesús.

Padre Celestial, Justo Juez, ahora te pido que selles mi justo veredicto en contra del espíritu y el altar del *abuso sexual* en la preciosa sangre de Jesús. Que también cubras con la sangre de Jesús todos mis procedimientos legales en está Corte en el nombre de Jesús. Yo decreto y declaro que mi justo veredicto de liberación y ruptura del malvado altar del *abuso sexual* está ahora asegurado en los documentos de las Cortes del Cielo. Porque está escrito en el Evangelio de Juan, capítulo 8:36, *"Así que, si el Hijo os hace libres, entonces sois incuestionablemente libres."* Yo decreto y declaro que soy libre del altar maligno del abuso sexual en el nombre de Jesús, ¡amén!

Oración #35

Desarraigar el altar de la Masonería libre

El carpintero extiende una línea de medida, traza la forma [del ídolo] con tiza roja; lo trabaja con planos y lo perfila con el compás; y lo hace semejante a la forma de un hombre, como la belleza del hombre, para que pueda sentarse en una casa.
—Isaías 44:13

He estado involucrado en el ministerio de liberación por al menos 3 décadas, desde que fui introducido al ministerio de Derek Prince. Sus libros sobre la guerra espiritual y la liberación, como *They Shall Expel Demons*, cambiaron drásticamente mi vida. En la mayoría de los casos serios de liberación con los que Derek Prince se encontró y con los que yo me encontré, usualmente había una raíz común de involucramiento en la Masonería Libre. Los "Masones Libres" son una sociedad secreta que parecen dóciles e inocentes en los niveles más bajos de membresía. Sin embargo, muchas mujeres y hombres son ahora "ex masones" que alcanzaron el grado 32nd y superiores pueden atestiguar que fueron iniciados en la adoración directa e íntima de Lucifer (satanás). Así que en esencia la Masonería Libre es una religión de adoración a satanás y cualquiera que lleve el altar maligno de la Masonería Libre en su linaje necesita liberarse o enfrentar consecuencias espirituales muy severas.

Según Jack Harris autor de *Masonería Libre*, y antiguo "Worshipful Master" de una logia masónica, habla con autoridad sobre uno de los cultos más engañosos de los Estados Unidos en la actualidad. *"La Masonería es una religión falsa, que enseña que los hombres pueden acercarse a Dios no a través de la obra terminada de Jesucristo, sino a través de sus propias habilidades. Está organización secreta ha enredado a ministros, ancianos, diáconos, fideicomisarios, maestros de escuela dominical y personas de todo el mundo en una red de mentiras y rituales satánicos, ¡todo ello velado con el lenguaje de la Biblia!"* La "Oración Peligrosa" a continuación fue diseñada para ayudarle a silenciar y destruir este altar maligno en las Cortes del Cielo.

ORACIÓN DE ACTIVACIÓN

1. Dirigirse al Padre en alabanza y adoración

Padre Celestial, santo es Tu nombre y grandemente para ser alabado. Te adoro en el nombre de Jesús. Que Tu Reino se manifieste en mi vida como en el Cielo. Defiende mi causa, oh, Señor, con aquellos que luchan conmigo; lucha contra cualquier entidad o persona que este contendiendo en mi contra. Padre Celestial, está escrito en Salmo 27:6, *"Y ahora mi cabeza se alzará sobre mis enemigos que me rodean, en Su tienda ofreceré sacrificios con gritos de alegría; cantaré, sí, cantaré alabanzas al Señor".* Abba, encomiendo mi adoración al coro celestial de adoración de Tus santos ángeles y la multitud de testigos, en el nombre de Jesús.

2. Pedir al Tribunal que se siente

Padre Celestial, Juez Justo, te pido que las Cortes del Cielo sean sentadas de acuerdo a Daniel 7:9-10. Te lo pido en el poderoso nombre de Jesús. Te pido esto en el poderoso nombre de Jesús. Está escrito:

Seguí mirando hasta que se levantaron tronos, y el Anciano de Días (Dios) tomó asiento; su manto era blanco como la nieve y el pelo de su cabeza como lana pura. Su trono era llamas de fuego; sus ruedas eran un fuego ardiente. Un río de fuego fluía y salía de delante de Él; mil millares le asistían, y diez mil veces diez mil Estaban de pie delante de Él; el tribunal Estaba sentado, y los libros abiertos.

Padre Celestial, estoy solicitando el privilegio de estar delante de la corte del Anciano de Días de acuerdo a lo que fue revelado al profeta Daniel, en el nombre de Jesús, yo oro. Padre Celestial, estoy en Tu corte real por la sangre y el trabajo de Jesús en la cruz. He venido a recibir Tu justo juicio sobre mi vida en contra del espíritu y el altar de *la Masonería* que Satanás ha plantado en mi linaje generacional. Padre Celestial, invoco a Tus santos ángeles para que sean testigos de mi demanda y justo enjuiciamiento del malvado altar de la *Masonería*. Yo decreto y declaro que este malvado altar de la *Masonería* no continuara controlándome o forzándome a convertirme en un miembro de la sociedad secreta de los masones, en el nombre de Jesús yo oro.

3. *Renuncia a tus derechos de autorrepresentación al Señor como tu abogado*

Padre Celestial, Tu Palabra en 1 Juan 2:1-2 dice: "*Hijitos míos, estás cosas os escribo para que no pequéis. Y si alguno peca, abogado tenemos para con el Padre, a Jesucristo el justo. Y Él mismo es la propiciación por nuestros pecados, y no solo por los nuestros, sino también por los de todo el mundo*". Te agradezco que Jesús es mi fiel Abogado ante el Juez Justo en las Cortes del Cielo. Señor Jesús, renuncio a mis derechos de autorrepresentación y te invoco como mi Abogado para que me ayudes a defender mi caso ante el Juez Justo y procesar el mal del altar de la *Masonería* que satanás plantó en mi linaje. También pido al bendito Espíritu Santo, que es el más alto funcionario de los Tribunales del Cielo aquí en la tierra, que me haga sensible a los procedimientos de este

Tribunal con el fin de procesar con éxito el mal altar de la *Masonería* en el nombre de Jesús.

4. Invoca al altar del mal y al ídolo que se sienta sobre él para que comparezcan ante el tribunal.

Padre Celestial, al estar en Tu corte real me presento a mí mismo como un sacrificio vivo, santo y aceptable delante de Ti de acuerdo a Romanos 12:1. Padre Celestial, Juez Justo, yo invoco al altar de *la libre Masonería* en mi linaje y al ídolo que se sienta en el para que comparezca en Tu corte real para ser enjuiciado en el nombre de Jesús. Porque está escrito en 1 Corintios 6:3, *"¿No sabéis que nosotros [los creyentes] juzgaremos a los ángeles? ¿Cuánto más entonces [en cuanto a] los asuntos de esta vida?".* Padre Celestial, ejerzo la autoridad que Dios me ha dado en Cristo Jesús para juzgar demonios y principados, en el nombre de Jesús te lo ruego. Justo Juez, también está escrito en la Constitución de Tu Reino en 1 Juan 3:8, *"Para esto fue manifestado el Hijo de Dios, para deshacer las obras del diablo".*

5. Responder a las acusaciones de Satanás y ponerse de acuerdo con el adversario

Padre Celestial, yo sé que hasta el fin de la era del pecado, satanás todavía tiene acceso legal a las Cortes del Cielo para levantar acusaciones en contra de los hijos de los hombres; porque está escrito en el libro de Apocalipsis 12:10:

> *Entonces oí una gran voz en el cielo, que decía: "Ahora han llegado la salvación, el poder y el reino (dominio, reinado) de nuestro Dios, y la autoridad de su Cristo; porque ha sido arrojado [por fin] el acusador de nuestros hermanos [creyentes], el que los acusaba y seguía presentando cargos [de conducta pecaminosa] contra ellos ante nuestro Dios día y noche."*

Padre Celestial, el Señor Jesús también dijo en el libro de Mateo 5:25:

Ponte de acuerdo rápidamente [a la mayor brevedad posible] con tu adversario de derecho mientras estás con él de camino [al tribunal], para que tu adversario no te entregue al juez, y el juez al guardia, y te metan en la cárcel.

Padre Celestial, con toda humildad, mientras renuncio al espíritu de orgullo, elijo rápidamente estar de acuerdo con las acusaciones legales de mi adversario, satanás. Justo Juez, todas las acusaciones que satanás ha presentado contra mí y mi linaje en está Corte son ciertas.

6. Arrepiéntete

Padre Celestial, me arrepiento por mis transgresiones personales, y por los pecados e iniquidades de mis antepasados que abrieron la puerta para que el espíritu y el altar de *la Masonería libre* oprimiera mi vida, en el nombre de Jesús te lo pido. Señor, cada pecado de mis antepasados que el enemigo está usando como un derecho legal para construir casos en mi contra y para negarme mi destino, te pido que la sangre de Jesús los lave. Me arrepiento de cualquier sociedad secreta de la que haya formado parte. También me arrepiento por maldiciones de palabra auto infligidas y todos los pactos con demonios detrás de la Masonería que han existido en mi línea de sangre ancestral. Te pido que cada pacto con los poderes demoniacos sea revocado y que su derecho a reclamarme a mí y a mi linaje sea desestimado ante Tu corte, en el nombre de Jesús. Gracias, Señor, por revocar estos pactos demoniacos y altares malignos en el poderoso nombre de Jesús. Padre Celestial, en mi sincero deseo de divorciarme del espíritu y del altar de *la Masonería libre*, te devuelvo todo y cualquier cosa que el diablo diga que viene de su reino. Solo quiero lo que la sangre de Jesús me ha asegurado.

7. Apelar a la Sangre de Jesús para Limpiar Todo Pecado (Evidencia de Satanás)

Señor Jesús, gracias por limpiarme con Tu sangre para que Satanás no tenga base legal contra mí en Tu corte. Está escrito en 1 Juan 1:9:

> *Si admitimos [libremente] que hemos pecado y confesamos nuestros pecados, Él es fiel y justo [fiel a Su propia naturaleza y promesas], y perdonará nuestros pecados y nos limpiará continuamente de toda maldad [nuestras malas acciones, todo lo que no esté en conformidad con Su voluntad y propósito].*

Justo Juez, apelo a la sangre de Jesús para que limpie todos mis defectos, transgresiones e iniquidades, en el nombre de Jesús, te lo ruego. Recibo por fe el poder limpiador de la sangre de Jesús.

8. Pedir al Tribunal que desestime todas las acusaciones y cargos de Satanás.

Padre Celestial, basado en la obra terminada de Jesús y en mi arrepentimiento de corazón, ahora me muevo a la Corte del cielo para desechar todas las acusaciones y cargos de Satanás en contra mía y de mi linaje en el nombre de Jesús. Porque está escrito que el acusador de los hermanos ha sido arrojado. Así que, te pido Padre que deseches todas las acusaciones de satanás en mi contra, en el nombre de Jesús, te lo ruego.

9. Pídele al Señor que envíe ángeles para destruir el altar maligno y ejecutar el juicio del Señor contra él.

Padre Celestial, Juez Justo, te pido que envíes oficiales angélicos de alto rango de las Cortes que sobresalgan en fuerza para ejecutar el juicio de Tu corte suprema y destruir el altar maligno de *la Masonería* y el ídolo que se sienta en él que satanás plantó en mi línea de sangre, en el nombre de Jesús yo oro. Por el espíritu de profecía, profetizo la destrucción completa del altar maligno de *la Masonería* en mi vida, en el nombre de Jesús. Porque está escrito en Salmo 91:11-12, *"Porque él mandará a sus ángeles acerca de ti, para protegerte, defenderte y guardarte en todos tus caminos [de obediencia y servicio]. Te levantarán en sus manos, para que ni siquiera tropieces con piedra alguna".* Recibo asistencia angelical, ahora mismo, en el nombre de Jesús.

10. Presente las Escrituras que se Usarán para Emitir una Orden Divina de Restricción

Padre Celestial, presento ante Tu Corte Suprema las siguientes escrituras como mi evidencia solida contra el espíritu y el altar de *la libre-Masonería* en mi vida. Está escrito:

> *Mirad que nadie os lleve cautivos por medio de filosofías y vanas supercherías [palabrería pseudointelectual], según la tradición [y las elucubraciones] de simples hombres, siguiendo los principios elementales de este mundo, en lugar de seguir [la verdad-las enseñanzas de] Cristo* (Colosenses 2:8).

> *Jesús les preguntó: "¿Nunca habéis leído en las Escrituras: La [misma] Piedra que los constructores desecharon y tiraron, se ha convertido en la principal Piedra Angular; esto es obra del Señor, ¿y es maravilloso y admirable a nuestros ojos'"?* (Mateo 21:42)

Justo Juez, basado en las escrituras antes mencionadas, es claro que el espíritu y el altar de la *Masonería,* si se le permite triunfar, causaría gran daño a mi vida, destino, y también infligiría un daño irreparable a los propósitos de Dios. Pido que todo derecho legal que el espíritu y el altar de la *Masonería* están sosteniendo sea revocado en el glorioso nombre de Jesús. Justo Juez, basado en las escrituras antes mencionadas, es claro que califico para una orden de restricción divina contra el altar de la *Masonería* y el ídolo que se sienta en él, en el nombre de Jesús.

11. Pedir al Tribunal que emita una Orden Divina de Restricción y Recibir la Orden Divina de Restricción por Fe.

Padre Celestial, Juez Justo, ahora te pido que una orden de restricción divina y una orden judicial permanente contra el espíritu y el altar de *la Masonería* en mi vida sea emitida por la autoridad de Tu Corte Suprema, en el nombre de Jesús. Padre Celestial, yo decreto y declaro que cualquier y todas las formas de *Masonería que* el diablo está orquestando en contra de mi vida son ahora canceladas en el glorioso nombre de Jesús. Padre Celestial, recibo está orden divina de restricción y mandato permanente por fe, en el nombre de Jesús. Porque está escrito en la Constitución de Tu Reino en Hebreos 11:6, *"Pero sin fe es imposible [caminar con Dios y] agradarle, porque cualquiera que se acerque [a] Dios debe [necesariamente] creer que Dios existe y que Él recompensa a aquellos que [seria y diligentemente] lo buscan."* Creo y declaro por fe que el espíritu y el altar de *la Masonería* en mi vida han sido juzgados, ¡en el nombre de Jesús!

12. Pídele al Señor que selle tu veredicto justo y tus procedimientos judiciales con la sangre de Jesús.

Padre Celestial, Justo Juez, ahora te pido que selles mi justo veredicto contra el espíritu y el altar de *la Masonería* con la preciosa sangre de Jesús. Que también cubras con la sangre de Jesús todos mis procedimientos legales en está Corte en el nombre de Jesús. Yo decreto y declaro que mi justo veredicto de liberación y ruptura del malvado altar de la *Masonería* está ahora asegurado en los documentos de las Cortes del Cielo. Porque está escrito en el Evangelio de Juan, capítulo 8:36, *"Así que si el Hijo os hace libres, entonces sois incuestionablemente libres."* Yo decreto y declaro que soy libre del altar maligno de la Masonería en el nombre de Jesús, ¡amén!

Oración #36

Desarraigar el altar que dispersa

Entonces alcé los ojos y miré, y había cuatro cuernos. Y dije al ángel que hablaba conmigo: "¿Qué son éstos?". Y él me respondió: "Estos son los cuernos que han dispersado a Judá, a Israel y a Jerusalén."
—Zacarías 1:18-19 LBLA

La pauta bíblica es que Dios utiliza aquello por lo que sus siervos han luchado o sufrido para desvelar misterios espirituales que son remedios para esos mismos desafíos. En otras palabras, Dios convierte nuestro "desorden" en nuestro mensaje, nuestro "dolor" en nuestro "poder" y así sucesivamente. Este es ciertamente mi caso, en referencia a lo que ahora sé sobre el altar maligno del dispersor. ¡Sufrí terriblemente bajo el poder opresivo de este altar maligno durante 28 años! Aunque amé a Jesús y le entregué toda mi vida sin reservas, la mayoría de los proyectos ministeriales y empresariales de avance que se me presentaron, terminaron dispersados en mil pedazos de sueños y aspiraciones rotas. No puedo decirles cuantas veces lloré hasta quedarme dormido, mientras veía impotente como satanás hacía pedazos mis mejores planes. Por eso me apasiona tanto el libro que tienes ahora en tus manos.

¡Durante esos muy frustrantes 28 años me encontré con cristianos de todas las razas y condición social que también luchaban contra este malvado y perverso altar del esparcidor! Desafortunadamente para mí, en ese tiempo, ¡tenía una revelación muy limitada acerca de la naturaleza y dinámica operacional de los altares! Cuando Dios comenzó a enseñar sobre los altares, yo mismo publiqué un libro sobre el tema llamado *La Batalla de los Altares*, principalmente para ayudarme a mí mismo a envolver mi mente alrededor de lo que Estaba luchando. Cuando a mi joven hermana Judy se le dio un sueño profético revelando que el altar maligno que Estaba oprimiendo a nuestra familia era el altar del esparcidor - ¡se encendió la bombilla! El Espíritu Santo me mostro que este era el altar maligno de la casa de mi padre que tenía que ser destruido- si quería recibir todo lo que Dios había ordenado para mi vida. La "Oración Peligrosa" de abajo vino como resultado de esa experiencia. ¡Créanme! ¡¡¡Odio el altar maligno del desparramador con pasión!!!

ORACIÓN DE ACTIVACIÓN

1. Dirigirse al Padre en alabanza y adoración

Padre Celestial, santo es Tu nombre y grandemente para ser alabado. Te adoro en el nombre de Jesús. Que Tu Reino se manifieste en mi vida como en el Cielo. Defiende mi causa, oh, Señor, con aquellos que luchan conmigo; lucha contra cualquier entidad o persona que este contendiendo en mi contra. Padre Celestial, está escrito en Salmo 27:6, *"Y ahora mi cabeza se alzará sobre mis enemigos que me rodean, en Su tienda ofreceré sacrificios con gritos de alegría; cantaré, sí, cantaré alabanzas al Señor".* Abba, encomiendo mi adoración al coro celestial de adoración de Tus santos ángeles y la multitud de testigos, en el nombre de Jesús.

2. Pedir al Tribunal que se siente

Padre Celestial, Juez Justo, te pido que las Cortes del Cielo sean sentadas de acuerdo a Daniel 7:9-10. Te lo pido en el poderoso nombre de Jesús. Te pido esto en el poderoso nombre de Jesús. Está escrito:

> *Seguí mirando hasta que se levantaron tronos, y el Anciano de Días (Dios) tomó asiento; su manto era blanco como la nieve y el pelo de su cabeza como lana pura. Su trono era llamas de fuego; sus ruedas eran un fuego ardiente. Un río de fuego fluía y salía de delante de Él; mil millares le asistían, y diez mil veces diez mil Estaban de pie delante de Él; el tribunal Estaba sentado, y los libros abiertos.*

Padre Celestial, estoy solicitando el privilegio de estar delante de la corte del Anciano de Días de acuerdo a lo que fue revelado al profeta Daniel, en el nombre de Jesús, yo oro. Padre Celestial, estoy en Tu corte real por la sangre y el trabajo de Jesús en la cruz. He venido a recibir Tu justo juicio sobre mi vida en contra del espíritu y el altar *del dispersor* que Satanás ha plantado en mi linaje generacional. Padre Celestial, invoco a Tus santos ángeles para que sean testigos de mi demanda y justo enjuiciamiento del malvado altar *del dispersor*. Yo decreto y declaro que este malvado altar *del dispersor* no continuara controlándome o dispersando mis bendiciones dadas por Dios y forzándome a vivir por debajo de mis derechos y privilegios dados por Dios, en el nombre de Jesús yo oro.

3. Renuncia a tus derechos de autorrepresentación al Señor como tu abogado

Padre Celestial, Tu Palabra en 1 Juan 2:1-2 dice: "*Hijitos míos, estás cosas os escribo para que no pequéis. Y si alguno peca, abogado tenemos para con el Padre, a Jesucristo el justo. Y Él mismo es la propiciación por nuestros pecados, y no solo por los nuestros, sino también por los de todo el mundo*". Te agradezco que Jesús es mi fiel Abogado ante el Juez Justo en las Cortes del Cielo. Señor Jesús, renuncio a mis derechos de autorrepresentación y te invoco como mi Abogado para que me ayudes a defender mi caso ante el Juez Justo y procesar el mal del altar *del esparcidor* que satanás plantó en mi linaje. También le pido al bendito Espíritu Santo, quien es el más alto oficial de las Cortes del

Cielo aquí en la tierra, que me haga sensible a los procedimientos de está Corte para poder procesar exitosamente al malvado altar del scatterer en el nombre de Jesús.

4. Invoca al altar del mal y al ídolo que se sienta sobre él para que comparezcan ante el tribunal.

Padre Celestial, al estar en Tu corte real me presento a mí mismo como un sacrificio vivo, santo y aceptable delante de Ti de acuerdo a Romanos 12:1. Padre Celestial, Juez Justo, yo invoco al altar *del dispersor* en mi línea de sangre y al ídolo que se sienta en el para que comparezca en Tu corte real para ser enjuiciado en el nombre de Jesús. Porque está escrito en 1 Corintios 6:3, *"¿No sabéis que nosotros [los creyentes] juzgaremos a los ángeles? ¿Cuánto más entonces [en cuanto a] los asuntos de esta vida?"*. Padre Celestial, ejerzo la autoridad que Dios me ha dado en Cristo Jesús para juzgar demonios y principados, en el nombre de Jesús te lo ruego. Justo Juez, también está escrito en la Constitución de Tu Reino en 1 Juan 3:8, *"Para esto fue manifestado el Hijo de Dios, para deshacer las obras del diablo"*.

5. Responder a las acusaciones de Satanás y ponerse de acuerdo con el adversario

Padre Celestial, yo sé que hasta el fin de la era del pecado, satanás todavía tiene acceso legal a las Cortes del Cielo para levantar acusaciones en contra de los hijos de los hombres; porque está escrito en el libro de Apocalipsis 12:10:

> *Entonces oí una gran voz en el cielo, que decía: "Ahora han llegado la salvación, el poder y el reino (dominio, reinado) de nuestro Dios, y la autoridad de su Cristo; porque ha sido arrojado [por fin] el acusador de nuestros hermanos [creyentes], el que los acusaba y seguía presentando cargos [de com-*

portamiento pecaminoso] contra ellos ante nuestro Dios día y noche."

Padre Celestial, el Señor Jesús también dijo en el libro de Mateo 5:25:

Ponte de acuerdo rápidamente [a la mayor brevedad posible] con tu adversario de derecho mientras estás con él de camino [al tribunal], para que tu adversario no te entregue al juez, y el juez al guardia, y te metan en la cárcel.

Padre Celestial, con toda humildad, mientras renuncio al espíritu de orgullo, elijo rápidamente estar de acuerdo con las acusaciones legales de mi adversario, satanás. Justo Juez, todas las acusaciones que satanás ha presentado contra mí y mi linaje en está Corte son ciertas.

6. *Arrepiéntete*

Padre Celestial, me arrepiento por mis transgresiones personales, y por los pecados e iniquidades de mis antepasados que abrieron la puerta para que el espíritu y el altar *del esparcidor* oprimieran mi vida, en el nombre de Jesús yo oro. Señor, cada pecado de mis antepasados que el enemigo está usando como un derecho legal para construir casos en mi contra y negarme mi destino, te pido que la sangre de Jesús simplemente los lave. Me arrepiento por cada vez que he sido un agente de dispersión de los recursos de otras personas. También me arrepiento por maldiciones de palabras auto infligidas y todos los pactos con demonios de dispersión que han existido en mi linaje ancestral. Te pido que cada pacto con los poderes demoníacos sea revocado y que su derecho a reclamarme a mí y a mi linaje sea desechado ante Tu corte, en el nombre de Jesús. Gracias, Señor, por revocar estos pactos demoniacos y altares malignos en el poderoso nombre de Jesús. Padre Celestial, en mi sincero deseo de divorciarme del espíritu y del altar *del esparcidor*, te devuelvo todo y cualquier cosa que el diablo diga que viene de su reino. Solo quiero lo que la sangre de Jesús me ha asegurado.

7. Apelar a la Sangre de Jesús para Limpiar Todo Pecado (Evidencia de Satanás)

Señor Jesús, gracias por limpiarme con Tu sangre para que Satanás no tenga base legal contra mí en Tu corte. Está escrito en 1 Juan 1:9:

> *Si admitimos [libremente] que hemos pecado y confesamos nuestros pecados, Él es fiel y justo [fiel a Su propia naturaleza y promesas], y perdonará nuestros pecados y nos limpiará continuamente de toda maldad [nuestras malas acciones, todo lo que no esté en conformidad con Su voluntad y propósito].*

Justo Juez, apelo a la sangre de Jesús para que limpie todos mis defectos, transgresiones e iniquidades, en el nombre de Jesús, te lo ruego. Recibo por fe el poder limpiador de la sangre de Jesús.

8. Pedir al Tribunal que desestime todas las acusaciones y cargos de Satanás.

Padre Celestial, basado en la obra terminada de Jesús y en mi arrepentimiento de corazón, ahora me muevo a la Corte del cielo para desechar todas las acusaciones y cargos de Satanás en contra mía y de mi linaje en el nombre de Jesús. Porque está escrito que el acusador de los hermanos ha sido arrojado. Así que, te pido Padre que deseches todas las acusaciones de satanás en mi contra, en el nombre de Jesús, te lo ruego.

9. Pídele al Señor que envíe ángeles para destruir el altar maligno y ejecutar el juicio del Señor contra él.

Padre Celestial, Juez Justo, te pido que envíes oficiales angélicos de alto rango de las Cortes que sobresalgan en fuerza para ejecutar el juicio de Tu corte suprema y destruyan el altar maligno *del esparcidor* y el ídolo que se sienta en él que satanás plantó en mi línea de sangre, en el nombre de Jesús yo oro. Por el espíritu de profecía, yo profetizo la destrucción completa del altar maligno *del dispersor* en mi vida, en el nombre de Jesús. Porque está escrito en Salmo 91:11-12, *"Porque Él ordenará a Sus ángeles con respecto a ti, para protegerte y defenderte y guardarte en todos tus caminos [de obediencia y servicio]. Te levantarán en sus manos, para que ni siquiera tropieces con piedra alguna".* Recibo asistencia angelical, ahora mismo, en el nombre de Jesús.

10. Presente las Escrituras que se Usarán para Emitir una Orden Divina de Restricción

Padre Celestial, presento ante Tu Corte Suprema las siguientes escrituras como mi evidencia solida contra el espíritu y el altar *del dispersor* en mi vida. Está escrito:

> *Entonces el Señor me mostró cuatro artesanos. Y pregunté: "¿Qué vienen a hacer éstos?". Y él respondió: "Estos son los cuernos que dispersaron a Judá, de modo que nadie podía levantar la cabeza; pero los artífices vienen para aterrorizarlos, para echar fuera los cuernos de las naciones que levantaron su cuerno contra la tierra de Judá para dispersarla"* (Zacarías 1:20-21 RVA).

> *Y te compensaré por los años que se ha comido la langosta enjambre, la langosta rastrera, la langosta desgarradora y la langosta roedora: mi gran ejército que envié entre vosotros. Tendréis abundancia para comer y estaréis satisfechos y alabaréis el nombre del Señor, vuestro Dios, que ha hecho maravillas con vosotros; y mi pueblo nunca será avergonzado* (Joel 2:25-26 LBLA).

Justo Juez, basado en las escrituras antes mencionadas, es claro que el espíritu y el altar *del scatter*, si se le permite tener éxito, causaría gran daño a mi vida, destino, y también infligiría daño irreparable a los propósitos de Dios. Pido que todo derecho legal que el espíritu y el altar *del esparcidor* están sosteniendo sea revocado en el glorioso nombre de Jesús. Justo Juez, basado en las escrituras antes mencionadas, es claro que califico para una orden de restricción divina en contra del altar del *escandaloso* y el ídolo que se sienta en él, en el nombre de Jesús.

11. Pedir al Tribunal que emita una Orden Divina de Restricción y Recibir la Orden Divina de Restricción por Fe.

Padre Celestial, Juez Justo, ahora te pido que una orden de restricción divina y una orden judicial permanente en contra del espíritu y el altar *del scatter* en mi vida sea emitida por la autoridad de Tu Corte Suprema, en el nombre de Jesús. Padre Celestial, yo decreto y declaro que cualquier y todas las actividades *del scatter que* el diablo está orquestando en contra de mi vida son ahora canceladas en el glorioso nombre de Jesús. Padre Celestial, yo recibo está orden divina de restricción y orden permanente por fe, en el nombre de Jesús. Porque está escrito en la Constitución de Tu Reino en Hebreos 11:6, *"Pero sin fe es imposible [caminar con Dios y] agradarle, porque cualquiera que se acerque [a] Dios debe [necesariamente] creer que Dios existe y que Él recompensa a aquellos que [seria y diligentemente] lo buscan."* Creo y declaro por fe que el espíritu y el altar *del dispersor* en mi vida han sido juzgados, ¡en el nombre de Jesús!

12. Pídele al Señor que selle tu veredicto justo y tus procedimientos judiciales con la sangre de Jesús.

Padre Celestial, Justo Juez, ahora te pido que selles mi justo veredicto contra el espíritu y el altar *del dispersor* en la preciosa sangre de Jesús. Que también cubras con la sangre de Jesús todos mis procedimientos legales en está Corte en el nombre de Jesús. Yo decreto y declaro que mi justo veredicto de liberación y ruptura del malvado altar *del esparcidor* está ahora asegurado en los documentos de las Cortes del Cielo. Porque está escrito en el Evangelio de Juan, capítulo 8:36, *"Así que, si el Hijo os hace libres, entonces sois incuestionablemente libres."* Yo decreto y declaro que soy libre del altar maligno del esparcidor en el nombre de Jesús, ¡amén!

Oración #37

Desarraigar el altar del suicidio

Cuando Judas, su traidor, vio que Jesús Estaba condenado, se sintió presa del remordimiento y devolvió las treinta monedas de plata a los sumos sacerdotes y a los ancianos, diciendo: "He pecado traicionando sangre inocente". Ellos le respondieron: "¿Y a nosotros qué nos importa? Ocúpate tú mismo". Y arrojando las piezas de plata en el santuario del templo, se marchó; y se fue y [a]y se ahorcó.
—Mateo 27:3-5, AMP

En mi humilde opinión, ¡no hay muerte más trágica que el suicidio! Es la única muerte en la que el "muerto" es su propio asesino. Hace más de dos décadas perdí a uno de mis primos favoritos llamado Chungu, MHSRIP. Acababa de graduarse en el instituto como el mejor de su clase y se dirigía a una prestigiosa universidad. Todos nos alegramos mucho por él. Mientras esperaba a que empezara su primer semestre universitario, decidió visitar a su hermano mayor. Durante su visita, la esposa Jezabel de su hermano mayor le acusó falsamente de robar algo de lo que él no tenía conocimiento. Estaba muy disgustado por este desafortunado giro de los acontecimientos. Rápidamente se desanimó, salió por la noche mientras todos dormían, se subió a un árbol alto y se ahorcó. Por la mañana, su hermano mayor descubrió su cuerpo sin vida colgando del árbol. La muerte por suicidio de Chungu nos cambió la vida a todos y quebró el espíritu de su hermano mayor. Desde entonces comprendo muy bien a las familias que han sufrido está tragedia.

Según el CDC (Centro de Control de Enfermedades) "El suicidio es un problema de salud pública grande y creciente. Las tasas de suicidio aumentaron un 33% entre 1999 y 2019, con un pequeño descenso en 2019. El suicidio es la 10ª causa de muerte en los Estados Unidos. Fue responsable de más de 47.500 muertes en 2019, lo que equivale aproximadamente a una muerte cada 11 minutos." Quiero que esta estadística se hunda en tu corazón: ¡una muerte *cada 11 minutos!* En mi estudio de los altares del mal, estoy convencido de que el altar del suicidio sigue siendo el arma favorita de satanás para acortar la vida de las personas y arrastrar sus almas al infierno. Esto no quiere decir que crea que todos los que se suicidan van al infierno. Solo Dios lo sabe. Pero puedes usar la "Oración Peligrosa" de abajo para destruir este altar maligno en tu vida y linaje. Si conoces a alguien que lucha con pensamientos suicidas usa está oración en ellos.

ORACIÓN DE ACTIVACIÓN

1. Dirigirse al Padre en alabanza y adoración

Padre Celestial, santo es Tu nombre y grandemente para ser alabado. Te adoro en el nombre de Jesús. Que Tu Reino se manifieste en mi vida como en el Cielo. Defiende mi causa, oh, Señor, con aquellos que luchan conmigo; lucha contra cualquier entidad o persona que este contendiendo en mi contra. Padre Celestial, está escrito en Salmo 27:6, *"Y ahora mi cabeza se alzará sobre mis enemigos que me rodean, en Su tienda ofreceré sacrificios con gritos de alegría; cantaré, sí, cantaré alabanzas al Señor".* Abba, encomiendo mi adoración al coro celestial de adoración de Tus santos ángeles y la multitud de testigos, en el nombre de Jesús.

2. Pedir al Tribunal que se siente

Padre Celestial, Juez Justo, te pido que las Cortes del Cielo sean sentadas de acuerdo a Daniel 7:9-10. Te lo pido en el poderoso nombre de Jesús. Te pido esto en el poderoso nombre de Jesús. Está escrito:

> *Seguí mirando hasta que se levantaron tronos, y el Anciano de Días (Dios) tomó asiento; su manto era blanco como la nieve y el pelo de su cabeza como lana pura. Su trono era llamas de fuego; sus ruedas eran un fuego ardiente. Un río de fuego fluía y salía de delante de Él; mil millares le asistían, y diez mil veces diez mil Estaban de pie delante de Él; el tribunal Estaba sentado, y los libros abiertos.*

Padre Celestial, estoy solicitando el privilegio de estar delante de la corte del Anciano de Días de acuerdo a lo que fue revelado al profeta Daniel, en el nombre de Jesús, yo oro. Padre Celestial, estoy en Tu corte real por la sangre y el trabajo de Jesús en la cruz. He venido a recibir Tu justo juicio sobre mi vida en contra del espíritu y el altar del *suicidio* que Satanás ha plantado en mi linaje generacional. Padre Celestial, invoco a Tus santos ángeles para que sean testigos de mi demanda y justo enjuiciamiento del malvado altar del *suicidio*. Yo decreto y declaro que este altar maligno del *suicidio* no continuara controlándome con pensamientos suicidas o matándome a mi o a los miembros de mi familia antes de nuestro tiempo señalado de muerte, en el nombre de Jesús yo oro.

3. Renuncia a tus derechos de autorrepresentación al Señor como tu abogado

Padre Celestial, Tu Palabra en 1 Juan 2:1-2 dice: "*Hijitos míos, estás cosas os escribo para que no pequéis. Y si alguno peca, abogado tenemos para con el Padre, a Jesucristo el justo. Y Él mismo es la propiciación por nuestros pecados,*

y no solo por los nuestros, sino también por los de todo el mundo". Te agradezco que Jesús es mi fiel Abogado ante el Juez Justo en las Cortes del Cielo. Señor Jesús, renuncio a mis derechos de autorrepresentación y te invoco como mi Abogado para que me ayudes a defender mi caso ante el Juez Justo y procesar el mal del altar del *suicidio* que satanás plantó en mi alma o linaje. También le pido al bendito Espíritu Santo, quien es el más alto oficial de las Cortes del Cielo aquí en la tierra, que me haga sensible a los procedimientos de está Corte para poder procesar exitosamente el mal del altar del *suicidio* en el nombre de Jesús.

4. Invoca al altar del mal y al ídolo que se sienta sobre él para que comparezcan ante el tribunal.

Padre Celestial, al estar en Tu corte real me presento a mí mismo como un sacrificio vivo, santo y aceptable delante de Ti de acuerdo a Romanos 12:1. Padre Celestial, Juez Justo, yo invoco al altar del *suicidio* en mi línea de sangre y al ídolo que se sienta en el para que comparezca en Tu corte real para ser enjuiciado en el nombre de Jesús. Porque está escrito en 1 Corintios 6:3, *"¿No sabéis que nosotros [los creyentes] juzgaremos a los ángeles? ¿Cuánto más entonces [en cuanto a] los asuntos de esta vida?"*. Padre Celestial, ejerzo la autoridad que Dios me ha dado en Cristo Jesús para juzgar demonios y principados, en el nombre de Jesús te lo ruego. Justo Juez, también está escrito en la Constitución de Tu Reino en 1 Juan 3:8, *"Para esto fue manifestado el Hijo de Dios, para deshacer las obras del diablo"*.

5. Responder a las acusaciones de Satanás y ponerse de acuerdo con el adversario

Padre Celestial, yo sé que hasta el fin de la era del pecado, satanás todavía tiene acceso legal a las Cortes del Cielo para levantar acusaciones en contra de los hijos de los hombres; porque está escrito en el libro de Apocalipsis 12:10:

> *Entonces oí una gran voz en el cielo, que decía: "Ahora han llegado la salvación, el poder y el reino (dominio, reinado) de nuestro Dios, y la autoridad de su Cristo; porque ha sido arrojado [por fin] el acusador de nuestros hermanos [creyentes], el que los acusaba y seguía presentando cargos [de conducta pecaminosa] contra ellos ante nuestro Dios día y noche."*

Padre Celestial, el Señor Jesús también dijo en el libro de Mateo 5:25:

> *Ponte de acuerdo rápidamente [a la primera oportunidad] con tu adversario de derecho mientras estás con él de camino [al tribunal], para que tu adversario no te entregue al juez, y el juez al guardia, y te metan en la cárcel.*

Padre Celestial, con toda humildad, mientras renuncio al espíritu de orgullo, elijo rápidamente estar de acuerdo con las acusaciones legales de mi adversario, satanás. Justo Juez, todas las acusaciones que satanás ha presentado contra mí y mi linaje en está Corte son ciertas.

6. *Arrepiéntete*

Padre Celestial, me arrepiento por mis transgresiones personales, y por los pecados e iniquidades de mis antepasados que abrieron la puerta para que el espíritu y el altar del *suicidio* oprimieran mi vida, en el nombre de Jesús te lo pido. Señor, cada pecado de mis antepasados que el enemigo está usando como un derecho legal para construir casos en mi contra y para oprimir mi mente con pensamientos suicidas, te pido que la sangre de Jesús los lave. Me arrepiento por cada vez que he fantaseado con cometer suicidio. También me arrepiento de las maldiciones de palabra auto infligidas y de todos los pactos con demonios de *suicidio* que hayan existido en mi linaje ancestral. Te pido que cada pacto con los poderes demoníacos sea revocado y que su derecho a reclamarme a mí y a mi linaje sea desechado ante Tu corte, en el nombre de Jesús. Gracias, Señor, por revocar estos pactos demoniacos y destruir el altar maligno del *suicidio* en el poderoso nombre de Jesús. Padre Celestial, en mi sincero deseo de divorciarme del espíritu y del altar del *suicidio*, te devuelvo todo y cualquier cosa que el diablo diga que viene de su reino. Solo quiero lo que la sangre de Jesús me ha asegurado.

7. Apelar a la Sangre de Jesús para Limpiar Todo Pecado (Evidencia de Satanás)

Señor Jesús, gracias por limpiarme con Tu sangre para que Satanás no tenga base legal contra mí en Tu corte. Está escrito en 1 Juan 1:9:

> *Si admitimos [libremente] que hemos pecado y confesamos nuestros pecados, Él es fiel y justo [fiel a Su propia naturaleza y promesas], y perdonará nuestros pecados y nos limpiará continuamente de toda maldad [nuestras malas acciones, todo lo que no esté en conformidad con Su voluntad y propósito].*

Justo Juez, apelo a la sangre de Jesús para que limpie todos mis defectos, transgresiones e iniquidades, en el nombre de Jesús, te lo ruego. Recibo por fe el poder limpiador de la sangre de Jesús.

8. Pedir al Tribunal que desestime todas las acusaciones y cargos de Satanás.

Padre Celestial, basado en la obra terminada de Jesús y en mi arrepentimiento de corazón, ahora me muevo a la Corte del cielo para desechar todas las acusaciones y cargos de Satanás en contra mía y de mi linaje en el nombre de Jesús. Porque está escrito que el acusador de los hermanos ha sido arrojado. Así que, te pido Padre que deseches todas las acusaciones de satanás en mi contra, en el nombre de Jesús, te lo ruego.

9. Pídele al Señor que envíe ángeles para destruir el altar maligno y ejecutar el juicio del Señor contra él.

Padre Celestial, Juez Justo, te pido que envíes oficiales angélicos de alto rango de las Cortes que sobresalgan en fuerza para ejecutar el juicio de Tu corte suprema y destruir el altar maligno del *suicidio* y el ídolo que se sienta en él que satanás plantó en mi línea de sangre, en el nombre de Jesús yo oro. Por el espíritu de profecía, profetizo la destrucción completa del altar maligno del *suicidio* en mi vida, en el nombre de Jesús. Porque está escrito en Salmo 91:11-12, *"Porque Él ordenará a Sus ángeles con respecto a ti, para protegerte y defenderte y guardarte en todos tus caminos [de obediencia y servicio]. Te levantarán en sus manos, para que ni siquiera tropieces con piedra alguna".* Recibo asistencia angelical, ahora mismo, en el nombre de Jesús.

10. Presente las Escrituras que se Usarán para Emitir una Orden Divina de Restricción

Padre Celestial, presento ante Tu Corte Suprema las siguientes escrituras como mi sólida evidencia contra el espíritu y el altar del *suicidio* en mi vida. Está escrito:

> *Entonces el Señor me mostró cuatro artesanos. Y pregunté: "¿Qué vienen a hacer éstos?". Y él respondió: "Estos son los cuernos que dispersaron a Judá, de modo que nadie podía levantar la cabeza; pero los artífices vienen para aterrorizarlos, para echar fuera los cuernos de las naciones que levantaron su cuerno contra la tierra de Judá para dispersarla"* (Zacarías 1:20-21 RVA).

> *Y te compensaré por los años que se ha comido la langosta enjambre, la langosta rastrera, la langosta desgarradora y la langosta roedora: mi gran ejército que envié entre vosotros.*

Tendréis abundancia para comer y estaréis satisfechos y alabaréis el nombre del Señor, vuestro Dios, que ha hecho maravillas con vosotros; y mi pueblo nunca será avergonzado (Joel 2:25-26 LBLA).

Justo Juez, basado en las escrituras antes mencionadas, es claro que el espíritu y altar del *suicidio,* si se le permite tener éxito en su misión, causaría gran daño a mi vida, destino, y también infligiría un daño irreparable a los propósitos de Dios. Pido que todo derecho legal que el espíritu y altar del *suicidio* está sosteniendo sea revocado en el glorioso nombre de Jesús. Justo Juez, basado en las escrituras antes mencionadas, es claro que califico para una orden de restricción divina contra el altar del *suicidio* y el ídolo que se sienta en él, en el nombre de Jesús.

11. Pedir al Tribunal que emita una Orden Divina de Restricción y Recibir la Orden Divina de Restricción por Fe.

Padre Celestial, Juez Justo, ahora te pido que una orden de restricción divina y una orden judicial permanente contra el espíritu y el altar del *suicidio* en mi vida sea emitida por la autoridad de Tu Corte Suprema, en el nombre de Jesús. Padre Celestial, yo decreto y declaro que cualquier y todas las actividades de *suicidio que* el diablo está orquestando en contra de mi vida son ahora canceladas en el glorioso nombre de Jesús. Padre Celestial, yo recibo está orden divina de restricción y orden permanente por fe, en el nombre de Jesús. Porque está escrito en la Constitución de Tu Reino en Hebreos 11:6, *"Pero sin fe es imposible [caminar con Dios y] agradarle, porque cualquiera que se acerque [a] Dios debe [necesariamente] creer que Dios existe y que Él recompensa a aquellos que [seria y diligentemente] lo buscan."* Creo y declaro por fe que el espíritu y el altar del *suicidio* en mi vida han sido juzgados, ¡en el nombre de Jesús!

12. Pídele al Señor que selle tu veredicto justo y tus procedimientos judiciales con la sangre de Jesús.

Padre Celestial, Justo Juez, ahora te pido que selles mi justo veredicto contra el espíritu y el altar del *suicidio* en la preciosa sangre de Jesús. Que también cubras con la sangre de Jesús todos mis procedimientos legales en está Corte en el nombre de Jesús. Yo decreto y declaro que mi justo veredicto de liberación y ruptura del malvado altar del *suicidio* está ahora asegurado en los documentos de las Cortes del Cielo. Porque está escrito en el Evangelio de Juan, capítulo 8:36, *"Así que si el Hijo os hace libres, entonces sois incuestionablemente libres."* Yo decreto y declaro que soy libre del altar del *suicidio* en el nombre de Jesús, ¡amén!

Sobre el Dr. Francis Myles

El Dr. Francis Myles es un conferenciante motivacional internacional, consultor empresarial y apóstol de las naciones. Pastor principal de Lovefest Church International en Tempe, Arizona y Lusaka, Zambia, es también el creador y fundador de la primera Marketplace Bible™ del mundo. Es un conferenciante muy solicitado tanto en seminarios ministeriales como de mercado. También es un entrenador de vida espiritual para los que mueven los hilos en el mercado y la arena política. Ha aparecido en TBN, GodTV y Daystar. ¡Ha sido invitado en el programa de Sid Roth *It's Supernatural!* TV de Sid Roth y *This Is Your Day* con el pastor Benny Hinn. Está felizmente casado con el amor de su vida, Carmela Real Myles, y residen en Scottsdale, en el estado de Arizona.

From
Robert Henderson

Presenta tu caso ante el Tribunal del Cielo... ¡y recibe victoria!

Cómo operar en los tribunales del cielo ha llegado a ser un libro de mayor venta internacional que ha transformado vidas sobrenaturalmente por todo el mundo. No es una estrategia de oración más; es un modelo para involucrar una dimensión espiritual llamada los Tribunales del Cielo. Robert Henderson enseña bíblicamente a los creyentes cómo venir ante el Tribunal y presentar sus casos de oraciones no contestadas o victorias demoradas al Juez Justo.

En esta edición completamente actualizada y con material totalmente nuevo, Robert presenta percepciones bíblicas frescas y un marco sistemático que muestra a todo creyente cómo entrar a los Tribunales del Cielo. Además, Robert contesta preguntas frecuentes acerca de los Tribunales y revela cómo este lugar en el espíritu es accesible a todos los creyentes a través de la sangre de Cristo.

La pasión de Dios es contestar tus oraciones. Cuando aprendas cómo operar en el tribunal del Cielo, puedes deshacer las legalidades espirituales que impiden que tu oración sea contestada. ¡Prepárate para resultados milagrosos!

Purchase your copy wherever books are sold

www.ingramcontent.com/pod-product-compliance
Lightning Source LLC
Chambersburg PA
CBHW070434170426
43201CB00010B/1084